来安地名探源

会文学艺术界联合会　组编

海　叶永寿　编

来安文化叢書

时代出版传媒股份有限公司
安　徽　教　育　出　版　社

图书在版编目（CIP）数据

来安地名探源 / 来安县文学艺术界联合会组编；黄学海，叶永寿编. —合肥：安徽教育出版社，2024.11
（来安文化丛书）
ISBN 978-7-5748-0099-1

Ⅰ.①来…　Ⅱ.①来…　②黄…　③叶…　Ⅲ.①地名—研究—来安县　Ⅳ.①K925.44

中国国家版本馆 CIP 数据核字(2023)第 201029 号

来安地名探源
LAI'AN DIMING TANYUAN

出 版 人:王能玉
策划编辑:黄　玲
责任编辑:黄　玲　于　芳
装帧设计:梅比安
责任印制:陈善军

出版发行:安徽教育出版社
地　　址:合肥市经开区繁华大道西路 398 号　邮编:230601
网　　址:http://www.ahep.com.cn
营销电话:(0551)63683012,63683013
排　　版:安徽时代华印出版服务有限责任公司
印　　刷:安徽新华印刷股份有限公司

开　　本:710 mm×1010 mm　1/16
印　　张:16.5
字　　数:224 千字
版　　次:2024 年 11 月第 1 版
印　　次:2024 年 11 月第 1 次印刷
定　　价:78.00 元

总 序

来安县地处皖东，历史悠久，早在新石器时代就有人类在此繁衍生息。来安地界唐虞时代属扬州之域，周初属徐国，春秋时先属吴后属楚。秦王政二十六年（前221）始置县，称建阳。后历经沿革，几易县名，曾名顿丘、高塘、新昌、清流、永阳，至南唐中兴元年（958）改永阳为来安。

来安位于江淮之间，紧邻六朝古都南京，据江北之门户，扼浦泗之要邑。2000多年来，随着朝代更迭、商贸流通和移民迁徙，淮河文化、徽州文化、长江文化、齐鲁文化在这片土地上交汇融合、传承发展，形成了兼收并蓄的独特地域文化。为深度挖掘地域文化，传承弘扬优秀传统文化，进一步增强来安民众的文化归属感、认同感，来安县委、县政府决定编撰出版《来安文化丛书》。

本套丛书共计8本，旨在多角度呈现来安人文历史、民风民俗和文学艺术创作成果，多层次展示来安文化艺术魅力。《来安地名探源》展现了来安的地理特征、经济和社会发展脉络，力求让具有特色的地名资料得以保存和传承，进而起到弘扬地名文化、加强地名文化遗产保护和传承的积极作用。《来安风采》收录古代、近现代来安著名人物的事迹或简介，彰显各时期的来安人文精神。《来安风物》通过对史料典籍与民间传说的挖掘，以生动通俗的文字多角度、多方位呈现来安的人文历史、名胜物宝、民间歌舞、民风民俗、特产美食等。《诗意永阳》收录来安籍或在来安工作生活过的文人墨客、诗词爱好者创作的古诗词、新诗和与诗歌有关评论文章，以及非来安籍人士歌咏来安人文风物的诗词作品。《文韵来安》收录来安籍或在来安工作生活过的作者，以及省内外知名作家创作的与来安有关的优秀散文、小说、报告文学、剧本等文学作品。《永阳墨韵》主要收录社会公认成就突出、德艺双馨的来安籍和在来安工作生活过的非来安籍书画家代表作品，同时收录部分名家评论随笔，让读者更好地品读书画家及其书画艺术的特点，并从其艺术成长经历中汲取向上的力量。《影像来安》精选大量图片，结合文字介绍，让读者通过光影直观感受1949年以来来安的发展变迁。《战地黄花——抗日战争时期的来安文艺》围绕抗日战争期间活跃在皖东淮南抗日根据地特别是来安境内的文艺团体，以及戏剧、文学、音乐、美术、报刊等红色文艺及其代表性人物的辉煌与荣光，全面呈现那个时代的文艺高峰和文艺特质。

丛书的编者、作者或在来安本地长期从事地方文化研究，或在文学艺术创作领域有所成就。他们积极搜集整理、深入研读挖掘资料，潜心筛选编撰稿件，力求更好地实现每一本书的定位。书稿完成后，丛书编撰推进工作领导小组又先后聘请了张祥林（滁州市政协文史委原主任、滁州市地情人文研究会副会长）、贾鸿彬（中国作家协会会员、安徽省报告文学家协会副主席、滁州市文联副主席、滁州市作协主席）、黄学海（来安县委宣传部原副部长）、吴朝元（来安县委史志研究室原主任）等专家、学者对8部作品分别进行审读，提出修改意见。在此，我们向各位主编、作者和专家表达衷心感谢！

党的十八大以来，习近平总书记指出，“文化自信，是更基础、更广泛、更深厚的自信，是更基本、更深沉、更持久的力量。坚定文化自信，是事关国运兴衰、事关文化安全、事关民族精神独立性的大问题”，“乡风文明，是乡村振兴的紧迫任务”，“我们要深入挖掘、继承、创新优秀传统乡土文化”。习近平总书记的重要论述，彰显了中国共产党人高度的文化自信和文化使命感，也为我们推动新时代县域文化振兴、筑牢文化自信之基提供了重要遵循。《来安文化丛书》的编撰出版，正是践行习近平文化思想的具体体现。希望这套丛书能够成为打开品读来安地域文化的一扇窗，让更多的人了解这片土地的过往；让更多的人铭记，没有一代又一代人的辛勤耕耘，没有前辈的浴血奋战，就没有今天的幸福生活。

来安，近者悦，远者来，来者皆安。愿中华优秀传统文化和来安地域文化藉此不断发扬光大。

是为序！

《来安文化丛书》推进工作领导小组

2023 年 10 月 22 日

前　言

来安县地处安徽省东部，介于长江和淮河之间。东邻天长市和南京市六合区，西接滁州市琅琊区、南谯区和明光市，南连南京市浦口区，北与淮安市盱眙县毗邻。宁洛高速公路、天天高速公路和 104、345、235 国道贯穿全县境内，宁启铁路和京沪铁路倚县而过；来安县城距南京禄口国际机场约 80 千米，离京沪铁路滁州北站约 10 千米；内河航运直通长江。

新石器时期人类在来安县这片古老土地上繁衍生息，留下了顿丘古人类遗址。相传舜帝曾躬耕于此，“舜歌樵乐”佳话流传至今。自秦王政二十六年（公元前 221 年）置建阳县，《南畿志》载“建阳城在滁州东四十里”，即今县南水口镇东；后有顿丘、清流、新昌、永阳之称。至南唐中兴元年（公元 958 年）以来安水改永阳为来安，取“来者安之”之意。

千百年来，在这片温润的土地上，勤劳的来安人民劳作、生息、繁衍、发展，谱写了一曲曲赞歌，书写了一篇篇华章。

地名，是人们赋予某一特定空间位置上自然或人文地理实体的专有名称。它客观地浓缩和反映当地自然地理、人文环境，寄托着人们的情感，是岁月的沉淀和印记。自有人类居住生活，便产生了地名。

来安县已顺利完成第二次地名普查，县民政局依托普查资料编纂出版了《来安县标准地名录》（2020 年 8 月第 1 版），共收录 5369 条地名，其中现今地名 4482 条，历史地名 887 条。现今地名中包含行政区域 13 条，群众自治组织 138 条，非行政区域 89 条，居民点 3014

条，交通运输设施 186 条，水利、电力、通信设施 456 条，纪念地与旅游景点 28 条，建筑物 10 条，单位 453 条，陆地水系 16 条，陆地地形 79 条。

通过对这本《来安县标准地名录》和《安徽省来安县地名录》（来安县地名委员会 1986 年编印）的研究，我们发现随着社会发展和朝代更替，来安县的地名数量越来越多，意涵愈加丰富。有的地名显现地理特征，有的地名反映时代的印痕，有的地名来源于图腾文化、名胜古迹、历史故事。有的地名保留了历史掌故、宗教信仰、神话传说。这些地名具有鲜明的地域文化特色，是来安历史文化底蕴的重要组成部分，不少地名还反映出时代的变迁和社会的发展。

为了弘扬地名文化，加强地名文化遗产的保护和传承，使具有特色的地名资料成为宣传和推介来安的名片，反映来安地方文化、地理特征、经济和社会发展，我们通过对《来安县志》（清道光版 点校本 2007 年 8 月第 1 版）、《来安县志　修订本》（2018 年 10 月第 1 版）、《来安县志》（2011 年 11 月第 1 版），再对《来安县标准地名录》、《安徽省来安县地名录》、《安徽民间故事全书·来安卷》（三秦出版社 2002 年 7 月）、《安徽民间故事集成·滁州卷·来安分册》（三秦出版社 2002 年 7 月）、《来安民间故事集锦》《来安文史》《古邑来安话地名》等资料进行筛选、修订、整理，又通过多种渠道广泛征集文稿，以严谨认真的治学态度，怀着深厚的家乡情结，编辑成《来安地名探源》这本书。

全书内容分为“图组”“来安县名考略”“县城街道问名”“乡镇地名史话”“村组地名故事”“山川地名传奇”“景观地名由来”和“附录”八个部分。语言文字方面，力求规范流畅，使之更具趣味性、可读性。书中录用部分旧有文章，其时所用地名的行政归属后来有所改变，为和现名保持一致，编者对原文做了改动，敬请原作者能够理解。因为采集、编写所用时间较短，还有许多内涵丰富的地名未被挖掘，我们对此深表遗憾。

由于时间仓促，经验缺乏，此书难免存在缺点和错误，恳切希望读者能提出宝贵意见。我们将进一步加大地名文化的挖掘、保护、传承，为增强文化自信，促进文化与经济融合发展作出新贡献。

目　录

图组

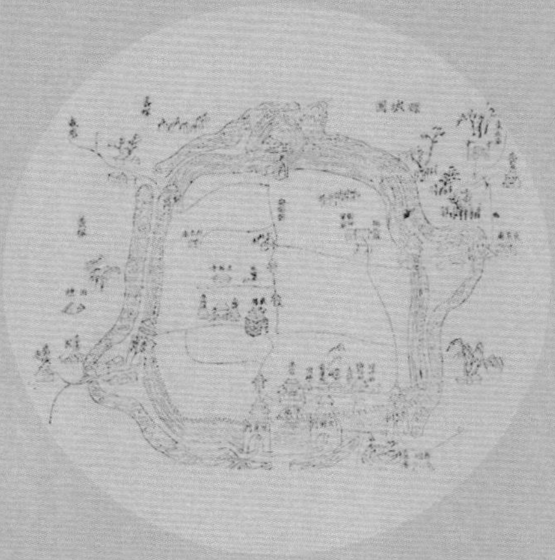

政区版

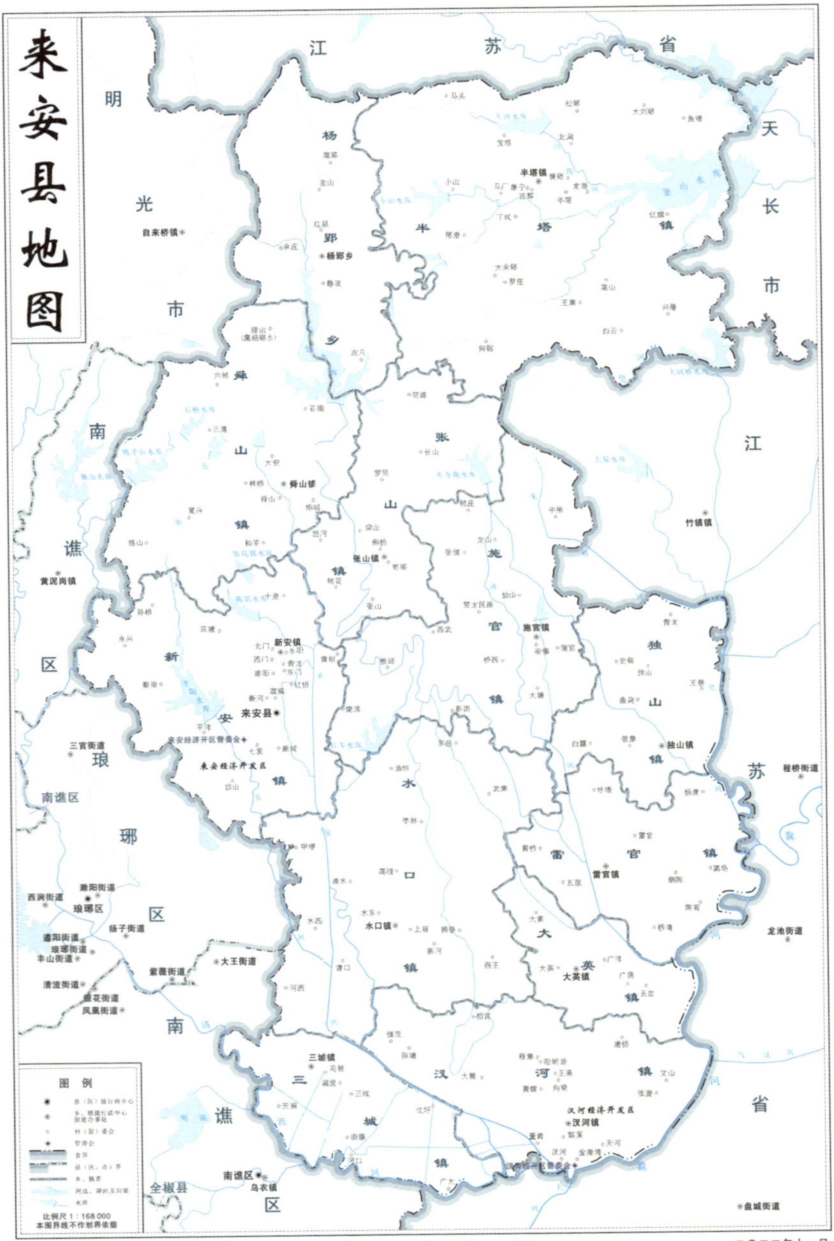

来安县自然资源和规划局 监制　安徽省第四测绘院 编制　审图号：滁S(2022)18号　二〇二二年十一月

来安县行政区划图

自然地理版

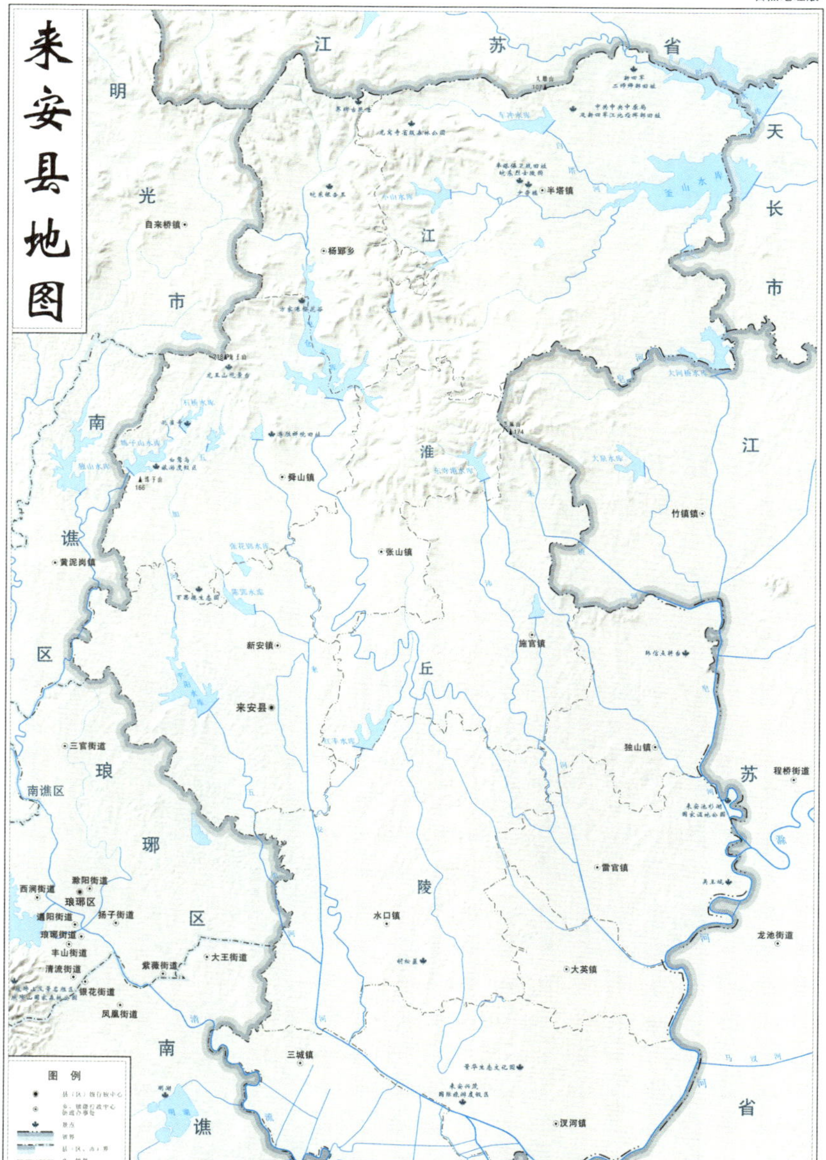

来安县自然资源和规划局 监制　安徽省第四测绘院 编制　审图号：滁S(2022)18号　二〇二二年十一月

来安县陆地地形和陆地水系分布图

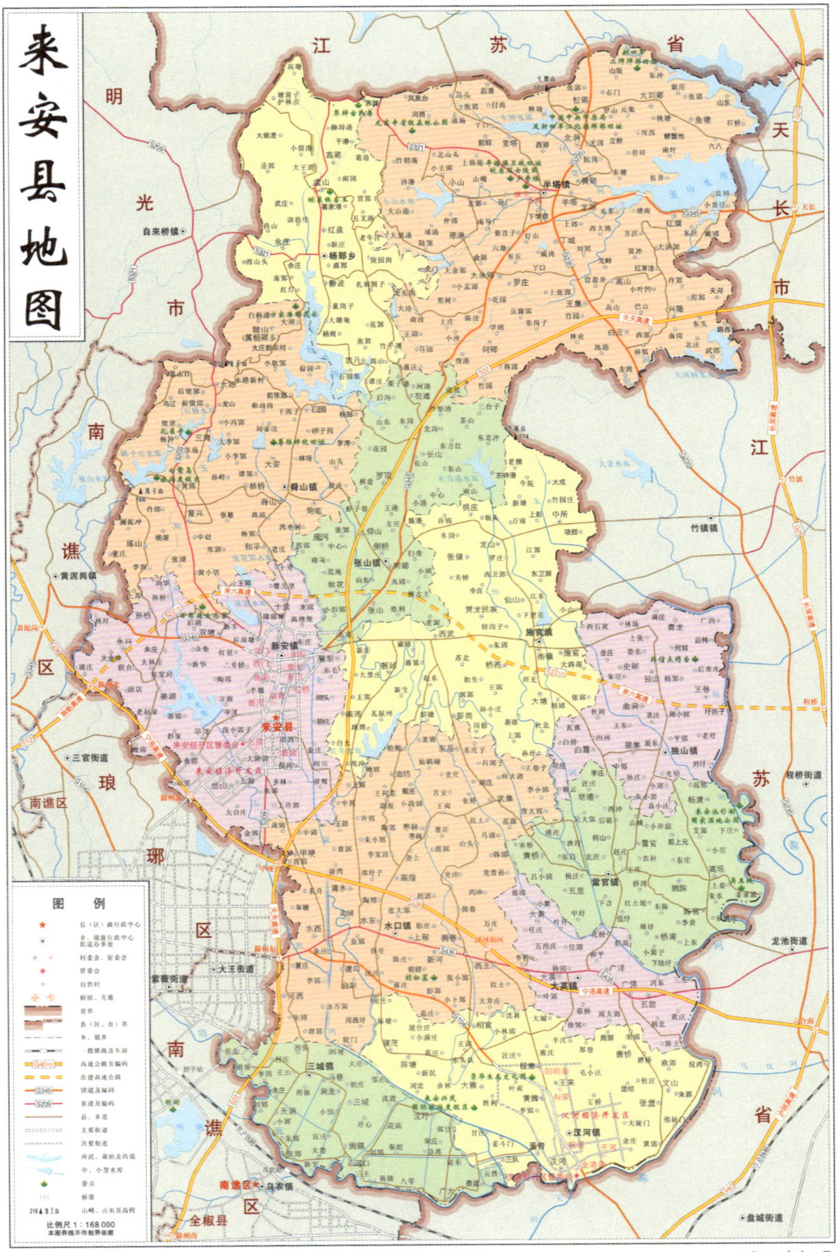

来安县自然资源和规划局 监制 安徽省第四测绘院 编制 审图号：滁S（2022）18号 二〇二二年十一月

来安县纪念地与旅游景点建筑物分布图

来安县名考略

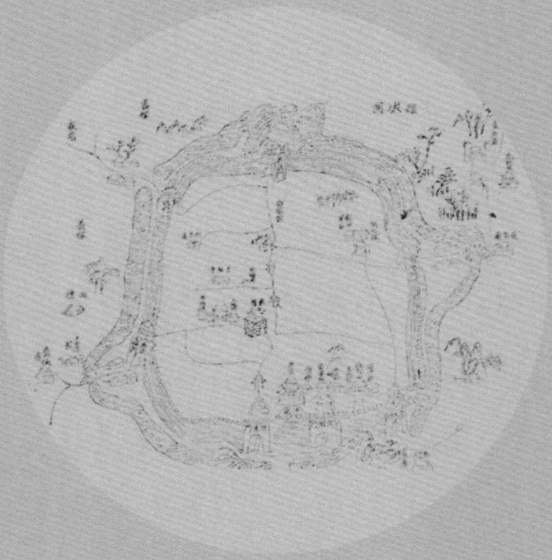

来安县历史上最早的县名是什么？有多少次更名？名为来安是在什么时候？是谁命名的？为什么命名为来安？本章收录的几篇文章会回答这些问题。

来安县名沿革

来安县位于安徽省东部，地处江淮之间。总面积 1481 平方千米，耕地面积 721818 亩。

来安县历史悠久，建置沿革变动频繁。殷商时期，属广陵（今扬州）管辖。周朝属徐国（徐国都城在今泗县一带）。春秋时先属吴国，后属楚国，故有“吴头楚尾”之说。秦统一六国后始设郡县制，当时来安名建阳县（城址在水口镇东一里处），属九江郡管辖（九江郡邑在今寿县）。东汉时建阳县并入全椒县，三国时属吴国。到了东晋，在今县城东顿丘山侨置顿丘郡，后废郡为顿丘县。南北朝时期，由于政治动乱，行政设置和隶属关系比较复杂，顿丘县改名新昌郡，后又分置高塘郡（在今半塔镇）。隋朝初年，将高塘和乐钜（在今江苏省盱眙县古城镇）并入顿丘，改为新昌县属滁州管辖。唐朝景龙三年（公元 709 年）因县北有永阳山而改名永阳县（县城在今城北新安镇瓦岗自然村）。南唐中兴元年（公元 958 年），以县东南的一条来安水（即今来河）为名，改永阳县为来安县。宋初复名永阳郡。宋朝廷南渡后，金人南犯，永阳亦遭兵燹之灾，城池被毁后并入清流县。直到南宋绍兴十八年（公元 1148 年），恢复永阳县（县城就是现在的新安镇）。乾道九年（公元 1173 年），来安曾降为镇，淳熙二年（公元 1175 年），恢复为县。元朝仍称永阳县，属滁州管辖。明朝洪武十三年（公元 1380 年）十一月，复称来安县。明初以清流、全椒、来安三县并入滁州，隶属凤阳府。洪武十四年（公元 1381 年），复置全椒、来安为属县，直隶京师。清代隶安徽布政使司。清康熙六年（公元 1667 年），来安属安徽省滁州管辖。1949 年初成立人民民主政权——来安县人民政府，属皖北人民行政公署滁县专区专员公署；1956 年属蚌埠专区专员公署；1961 年属滁县地区行政公署。

中华人民共和国成立初期，全县政区略有更动。施河以东原属江苏省六合、江浦等县的独山、雷官、大英、汊河、文山（大英居滁河之西，汊河、文山居滁河之北）等地划归本县管辖，同时，将本县的古城等地划归江苏省盱眙县管辖。

（选自《安徽省来安县地名录》1986 年 8 月版）

来安县名溯源

县名以来安水改永阳为来安，取来者安之之意

来安县地处安徽省滁州市东部，介于长江、淮河之间。位于北纬32°11′～32°44′，东经118°18′～118°42′。县境东邻天长市和江苏省南京市六合区，南连江苏省南京市浦口区，西接琅琊区、南谯区和明光市，北与江苏省淮安市盱眙县毗邻。辖11镇和1乡。距滁州市区约22千米。县人民政府位于新城区黎明路与来安大道交叉口。

名称来历

秦王政二十六年（公元前221年），在今县南水口镇东城埂置建阳县，属九江郡。后几易县名，至南唐中兴元年（公元958年）定名来安县，以来安水改永阳为来安，取来者安之之意。

唐虞，属“扬州之域”。

西周初，属徐国。

春秋先属吴后属楚，故称“吴头楚尾”。

战国属楚。

秦王政二十六年（公元前221年）始置建阳县，《南畿志》载“建阳城在滁州东四十里”，即今县南水口镇东，有故城遗址，俗称东城埂。属九江郡。

西汉初，属淮南国。汉武帝元狩元年（公元前122年）复属九江郡。

东汉光武帝建武二十七年（公元51年）建阳并入全椒县，仍属九江郡，隶扬州。

三国属吴，罢县置屯田都尉，隶扬州管辖。

西晋属淮南郡，隶扬州，称全椒县。

东晋侨置顿丘郡，治顿丘，后治所迁至今滁州市区，隶北徐州，后废

郡为顿丘县，属秦郡，隶雍州。

南北朝·宋，属豫州秦郡，后改隶南兖州，称顿丘县。元徽间，属新昌郡。

南北朝·齐，属北徐州新昌郡，称顿丘县，隶北徐州，后属南兖州。

南北朝·梁，顿丘县属新昌郡，隶谯州治新昌，后析顿丘置高塘郡，隶谯州。

南北朝·东魏北齐，属谯州新昌郡，称顿丘县。

南北朝·陈，顿丘县属新昌郡，隶南谯州，太建末入北周，废高塘郡为高塘县。

北周，废高塘郡置高塘县。

隋开皇初，高塘县并入顿丘改称新昌县，属滁州。开皇十八年（公元598年），改新昌县为清流县。

唐初属滁州，称清流县，景龙三年（公元709年），析清流置永阳县，治今城北瓦岗，属淮南道滁州。唐天宝元年（公元742年）属淮南道永阳郡。乾元元年（公元758年）复属淮南道滁州。

五代·吴，永阳县属滁州。

五代·南唐，李璟中兴元年（公元958年）改永阳县为来安县（以来安水改永阳为来安，取来者安之之意），属淮南道滁州，治所同前。

五代·后周，来安县属滁州，隶淮南军。

北宋，属滁州永阳郡军事，直隶京师，后隶淮南路，又改隶淮南东路。

南宋，绍兴五年（公元1135年）来安县入清流县，绍兴十八年（公元1148年）复置来安县，属淮南东路滁州，治大雍（用）镇，即今之新安镇。乾道九年（公元1173年）废为镇。淳熙二年（公元1175年），复置来安县。

元初，属滁州路总管府，至元十五年（公元1278年）属扬州路滁州，隶江淮行省，后改隶河南江北行省。

明洪武元年（公元 1368 年）来安并入滁州，属凤阳府，隶南京京师中书省。洪武十三年（公元 1380 年）十一月，复置来安县，隶京师六部凤阳府滁州，后改隶京师滁州直隶州。洪武二十二年（公元 1389 年），属京师直隶滁州。永乐元年（公元 1403 年）属南京滁州直隶州。

清顺治二年（公元 1645 年）属江南省滁州。康熙六年（公元 1667 年）属安徽省滁州直隶州。

1912 年 4 月，废州，来安县直隶安徽省。

1914 年 6 月，属安徽省淮泗道。

1928 年 8 月，废道，直隶安徽省。

1932 年 10 月，属安徽省第五行政督察区。

1941 年 1 月 24 日，属安徽省第九行政督察区。

1943 年属中共淮南苏皖区委员会。

1944 年由安徽省第五行政督察区代管。

抗日战争胜利后复属安徽省第九行政督察区。

1949 年 1 月 22 日，来安县全境解放。同年 4 月 21 日属皖北行署滁县专区。

1952 年 4 月 12 日，属安徽省滁县专区。

1956 年 1 月 12 日，属安徽省蚌埠专区。

1961 年 4 月 13 日，复属安徽省滁县专区。

1971 年 3 月 29 日，属安徽省滁县地区。

1992 年 12 月，属安徽省滁州市。

境内地势西北高、东南低。西北部为山区，最高峰龙王山海拔 219 米。中部为丘陵区，南部是圩区。来安水资源充裕，蓄水量达7.4 亿立方米。主要河流有来安河、皂河、清流河、滁河等。属北亚热带湿润季风气候，温暖湿润，光照充足，雨热同季，四季分明。年平均气温 16.0 ℃，年降水量 1193 毫米，年日照时数 1957 小时，年无霜期 217 天。境内非金属矿藏储量大、品种多、品位高，主要有钾长石、膨润土、玄武岩、石英石等 20 多种，其中已探明的钾长石储量达 758.4 万吨。

交通概况

来安县位置优势显著，交通便捷，位于“南京一小时都市圈”核心层。宁洛高速公路横穿县境南部，在水口镇设有出入口（编者按：宁洛高速在来安县经济开发区与滁州交界处还设有一个滁州北出入口）；天潜高速公路穿境而过（编者按：此高速在来安县水口镇夹埂设有枢纽，在新安镇黄坝村设有出入口，在半塔镇境内设有出入口和收费站）；104、235、345 国道贯穿境内。县城距南京市中心约 60 千米，距南京禄口国际机场约 80 千米，距省城合肥 145 千米，离京沪铁路滁州北站仅 10 千米；内河航运直通长江，通航河流有清流河、滁河、来安河，通航总里程 78 千米。

文化旅游

来安旅游资源丰富，有“水上森林”“百鸟天堂”之称的安徽来安池杉湖国家湿地公园，有风光旖旎的白鹭岛生态旅游风景区，有休闲玩乐胜地的来安兴茂国际旅游度假区，有爱国主义教育基地皖东烈士陵园，还有景色各异的舜耕山、孔雀寺、林桥生态农业观光园。民间艺术丰富多彩，洪山戏、秧歌灯、手狮灯、白曲被列入省级非物质文化遗产名录。来安名茶有半塔嫩芽、半塔小兰花，土特产品有烟陈小花生、半塔小磨麻油、特色蔬菜等。传统美食主要有雷官板鸭等，中药材主要有蜈蚣、夏枯草等。

（选自《来安县标准地名录》2020 年 8 月第 1 版）

来安得名考

来安这片土地始建县在秦王政二十六年（公元前221年），县名建阳，县治在今水口镇水东村境内，隶九江郡（郡治寿春，今寿县）。其后曾更名顿丘、新昌、高塘、清流，至唐景龙三年（公元709年）析清流县置永阳县，以城北永阳山得名，治今城北瓦岗。

南唐中主李璟中兴元年（公元958年）改永阳县为来安县，以城东二里来安水得名，治仍在瓦岗。中兴元年永阳改来安之说见于明天启版《来安县志》、清道光版《来安县志》，又见胡松明嘉靖版《〈来安县志〉序》："来安置邑虽始自南唐，不甚久远，然自中兴戊午至今，则亦六百有余年矣。"文中戊午指中兴元年即公元958年。嘉靖版《来安县志》主编时任县令的魏大用作序一篇，序中亦言："自南唐中兴之岁首作原邑，以著始也。"

然而，清代本县人余培森，修订道光版《来安县志》时在"唐永阳县，南唐改为来安县"下面加注："……都金陵，号南唐，传子璟，始改永阳县为来安。无年月。魏《序》谓来安设自南唐中兴，或又以中兴元年戊午当之。考戊午为周显德五年，璟已尽献江北地；又，周分兵攻略滁州，在周显德三年二月，则来安非于戊午可知矣。"这条注的观点是周显德三年即公元956年，已略滁，五年尽献江北地，怎么能改永阳为来安呢！对此，我们不妨回顾一下历史。南唐历烈祖李昪、元宗李璟、后主李煜三朝，公元937年建南唐，公元975年灭国，历39年。李昪于公元943年传位于李璟，李璟不善治国之政，国势渐衰。《资治通鉴·征服南唐》记载："李璟于显德五年遣人渡江取表，献四州之地，划江为境，以求息兵。"周世宗回信说："朕本兴师取江北，尔主能举国内附，朕复何求。"并赐书慰问唐主。范文澜《中国通史简编》也有显德三年（公元956年）世宗亲征淮南，夺滁州，袭取扬州，以及世宗其时急图攻辽，收复失地，无意渡江接受南唐归附，以长江为境的叙述。综上史证，南唐在中兴戊午年只是献地，去国号，称国主，而南唐这个国仍在，一直维系到公元975年灭于宋。再者，李璟在公元958年先改元“中兴”，不久又改元“交泰”，献地、去国号都在这一年，由此看来魏大用说“中兴之岁首作原邑”，也就是说在新年伊始改永阳为来安，从时间看完全可以。余培森只提质疑，未提出新说法。光绪年间他编了一本《来安县乡土志》，志中采用了中兴戊午改永阳为来安的提法，也就是认同了这个提法。从另一个角度看，李璟其人生性爱好文学，却秉性庸懦，很想休兵息民，与周兵交战，屡居颓势，改元“中兴”当有希望之寄寓，接着改元“交泰”更有太平之盼望，以来安为县名大有出于祈求安宁之意。

（叶永寿）

来安县名传说

来安县历史悠久。早在公元前21世纪的虞时为禹贡扬州之域。周朝属扬州钟离国地，现舜山乡复兴集尚存有钟离古道遗迹。来安设县在秦朝，当时称建阳县，是来安最初县名，县城遗址在今水口镇东城埂，现存有汉代墓群。东晋时废顿丘郡为顿丘县，顿丘郡故城在今县城东顿丘山遗址。隋开皇初年并乐钜、高塘入顿丘，改名新昌，开皇十八年改新昌为清流县。唐景龙三年分清流县置永阳县，五代南唐改永阳为来安。此后，一直沿用，仅在明初时并入滁州，洪武十三年又重新设置来安至今。

关于来安县名有许多传说，其中有这样一段故事。故事发生在五代时期。当时，各国战争不断，烽烟四起，国无宁日，民不聊生。且永阳县地处南唐与后周的边境，战事更是频繁，交战双方你争我夺，使得永阳地瘠民贫，有时尸横遍野，造成疫病流行。由于缺医少药，许多人死于疾病。因此，许多老百姓纷纷背井离乡，另寻生路，致使永阳县城人烟稀少，百业凋零，百姓戏称为“瘟城县”。

历任县令对此都是忧心忡忡，煞费苦心。他们有的修建庙宇，焚香祈祷，祈盼上苍降福；有的请阴阳先生察看风水。结果都无济于事，许多地方官只好弃官而去。

这年，永阳县新上任一位知县，他得知此情此景后，十分担忧，沉思多日，苦想变通之计。

一日黄昏，知县在后堂正唉声叹气、愁眉不展的时候，忽然，衙役来报：“有一位道长求见。”知县立即让人将道长请入。只见此道长身穿道袍，手执云掸，年约七旬，鹤发童颜，一缕长髯飘洒胸前，目光如炬，面容慈祥，一副仙风道骨模样。知县一见，便知此道长非一般凡人。便立即赐座，奉上茶水。道长见知县大人满面愁容，便问是何缘故。知县就把心中所忧之事详细说了一遍。道长听罢，沉思良久，对知县大人说：“既来之则安之，大人无须烦忧，我在此地已经逗留数日，对县城地形察看了几遍。此城为‘牯牛地’，地脉硬，一般人是降不住的，所以民不聊生。”知县听罢，急忙询问良策。道长微微一笑，说：“要制服‘牯牛’并不难，你只需在县城四门挖四口深井，将‘牛’的四蹄陷住，在城南建一城楼，用城门将‘牯牛’的脖子卡住，在城中心建一座鼓楼镇在牛背之上，便可降服此牛。”知县听罢非常高兴，忙令左右速速备上酒菜，盛情款待道长。就在知县大人传令之时，道长带着爽朗的笑声，随着一阵清风飘然而去。知县和左右衙役大惊失色，方知是世外高人前来指点。次日，知县便按照道长的指点，令人在城东南西北四门挖了四口深井，城南盖了一座城楼，城中心建起了鼓楼。

与此同时，县令还邀请一些有识之士共同探讨治县良策，并且还采取了任用贤能、减免赋税等一系列有利于国计民生的措施。此后数年，来安境内日渐太平。县令上书朝廷把县名改为来安县，取“一来即安”之意。

说来也怪，自此以后，来安县官民平安，人寿年丰，百业兴旺。当初离开的人又重新回到了故乡，周边的乡民也纷纷迁入，整个县城呈现出一派欣欣向荣的景象。

（郝惠芳 胡子波　搜集整理　选自《永阳风物》）

县城街道问名

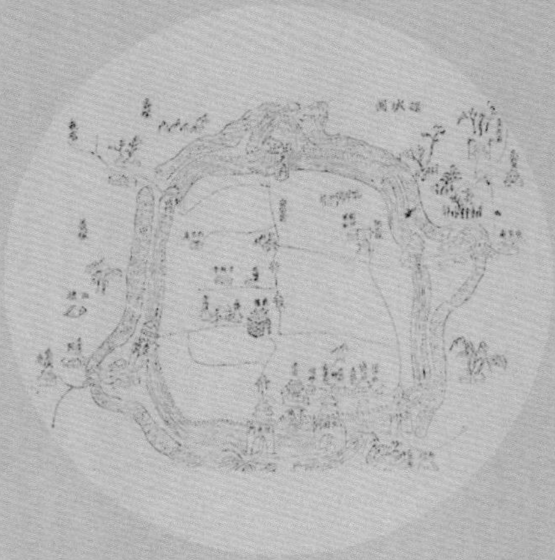

来安是一座古韵悠悠的秀丽之城，南宋时期的公元1148年这里已经为县治所在，公元1165年开始建筑周长1500米的土围墙。

此后县城逐渐扩大，但是直到中华人民共和国成立初期，县城街巷依然很少，除了东、西、南、北大街以外，很少有专门命名的街巷。1986年8月编印的《安徽省来安县地名录》收录的街道名称才16条，其中一条为路，7条为街，8条为巷。东西南北大街均以东大街、西大街、南大街和北大街命名。

随着县城建设的快速发展，县城街道不断增加，县里陆续对县城街道开展了几次命名。2020年3月出版的《来安县标准地名录》收录县城路、街、巷共68条。

这一章里，我们对68条街道名称由来进行了分类，并选辑了一些介绍主干道和故事性很强的街道名称由来的篇章，以便读者对这些街道有更深入的了解。另外还选编了几篇没有收入地名录的，但是县城居民却熟知的地名介绍，旨在让大家知其名，亦知其所以名。

来安古城

用“来安”作为县名是从南唐中主李璟中兴元年（公元958年）开始的，其时县治在今城北三里的瓦岗。南宋绍兴十八年（公元1148年），移至今址，时称大雍（用）镇。

起初，来安县没有城墙，到了南宋乾道年间（公元1165年—公元1173年），筑起周长1500米的土城墙，延续到明朝。元末明初，日本海盗在我国沿海侵扰抢掠，“县旧有土城不足守，倭寇时至，民多襁负遁去”。嘉靖三十四年（公元1555年）魏大用任来安县令，为防御倭寇，于次年（公元1556年）动用民力，筑成高6.7米，长3100米的砖砌城墙，并设6座城门，东曰宾阳门，西曰庆成门，南曰迎薰门，北曰拱极门，东南崇文门，西北耀武门，楼橹悉具，城墙内外开挖城濠。这一年，倭寇由扬州达天长，抵泗州，距来安仅约 50 千米，却相诫说“城始作，守必严”，而“无入来安境”“民是以得免于难”。其后城墙屡经修缮，城濠也多次疏浚，历经近 400 年，一直成为保一方平安的屏障。据老人说，到 20 世纪 30 年代，城墙基本完好，护城河流水汤汤。1938 年，为表焦土抗战之决心，古老的城墙被拆除。

来安古城是一座秀丽之城，南北大街、东大街、西大街、青龙街等街巷，由青石板铺设路面，两侧民居整饬，大多是明清建筑风格的青砖小瓦的民居。城内有多座古建筑群，诸如县衙、鼓楼、学宫、书院、亭坊、寺观，整座小城静谧而安详。

来安大规模建衙署见于元朝钦州路教授汪景恬的《修署记》，《记》中说：以前“邑宰相继而听讼于数椽之下，栋桡可虞”，元泰定元年（公元 1324 年）马合谋沙任来安达努花赤，他认为“更楼以警昏晓，仪门以耸观听，公厅以治县事”，因陋就简，不是长久之计。于是着手建了一座前后雅肃，内外宽夷的衙署。其遗址在鼓楼西街至寺巷之间。衙署坐北朝南。有头门，头门是两层楼房，二层书县额，头门前有照壁，两侧设栅门呈八字形；二道是仪门，仪门两侧设角门。从仪门向里，正堂前竖有戒石铭碑亭。《戒石铭》曰：“尔俸尔禄，民脂民膏，下民易虐，上天难欺。”用来劝诫为官者要清正廉洁。绕过戒石到正堂，是县大老爷署事的地方。正堂后面经穿堂进入正堂宅，是县令及其家属起居之处，砌有复墙，更道环绕。后来经历任知县扩建、增建，衙署内还设有库房、牢房、典史署、六科卷房、龙亭库、寅宾馆、幕斋、山房、书舍、仕优堂、申明亭、景欧亭等建筑。衙署这一组古建筑群大约毁于清朝咸丰、同治年间。

马合谋沙建造衙署的同时，还在衙署头门东南几十步远的地方建造了一座鼓楼，其遗址在今鼓楼西街与建阳中路街口。鼓楼分基座和楼层两部分。基座呈梯形，约 7 米高，南北长于东西，拱券门东西向，可通高车大马。基座上建两层楼，楼体通高近 35 米。登阶进入第一层的回廊，四周有女墙，室内东西有门，南北有窗，广约 60 平方米，较为轩敞。二层木地板铺设，四周雕花镂窗，两层都是斗拱飞檐，翘角如翼，檐口挂瓦当，歇山式楼顶，飞檐上有风铎、铃声清脆悦耳。明万历四十六年（公元1618年），知县周之冕重建鼓楼，取“东壁图书府，西园翰墨林”和天上主文运的东、壁二星之意，改鼓楼称之为东壁楼。历代知县对鼓楼多次修缮，直至20世纪70年代，这座来安县标志性建筑仍然保存完好。后因城市发展，街道拓宽被拆除了。

据《来安县志》记载，古城学宫建于宋徽宗崇宁二年（公元1103年），遗址在原来安中学教师住宅区，后毁于建炎兵燹，其后屡建屡毁。明洪武十四年（公元1381年）移建学宫于城内东南隅，即今县体育场内。至清嘉庆400余年，战事频仍，风雨剥蚀，学宫逐渐倾圮。嘉庆二十三年（公元1818年）得以重修，修成后，棂星门、泮池、泮桥、两庑、大成殿、明伦堂、启圣祠、尊经阁以至庖厨、湢浴，莫不涂塈，视昔宏整。大成殿是学宫主殿，供奉孔子牌位，两旁为配殿，以四配、十二哲、七十九贤人从祀。古代人对学宫十分重视，自宋至清，有记载的重建、修缮多达十余次，把“学之废兴崇替，隆忽疵醇”与“国家之盛衰修短、安危理乱”视为密切相关。所以“山陬海澨，靡不建学”“以端化民成俗之本”。来安的学宫直至抗日战争爆发前都设有侍奉官专职管理。这座古建筑群毁于日军的狂轰滥炸。

来安曾有连龙、景濂、建阳、江青、南书院共五所书院，其中四所在县城里。书院是学者讲学，士子生员读书的场所。明万历二十四年（公元1596年）在学宫内建连龙书院，因时任县令冷起元号连龙而得名，其遗址在今体育场。景濂书院由时任县令周之冕于万历四十六年（公元1618年）建。景，景仰之意；濂，宋代理学有“濂、洛、关、闽”四派，“濂”是指理学家周敦颐“濂溪之学”。其遗址在县城南门外。建阳书院是清顺治年间（公元1644年—公元1661年）知县汤九围创建的社学，乾隆十五年（公元1750年）知县刘瓒奉饬建书院，命名为建阳书院。光绪二十八年（公元1902年）改为“来安县官立高等小学堂”，遗址在今塔山西路的实验小学院内，是实验小学的前身。江青书院是乾隆三十四年（公元1769年）知县韩梦周创建的，并立有《江青书院记》碑，遗址在今相官小学，1903年改为来安县第二高等国民小学，是相官小学的前身。南书院设在学宫内。

古城内建有多座寺观。吉祥寺建于南宋绍兴二年（公元1132年），相传是来安龙脉之所在，万岁圣牌巍峙其中，朝贺礼仪都在这里举行，乃县城一处佳景。其遗址在今搭搁巷西南侧。城隍庙遗址在今县体育场内东侧。城隍是道教传说中守护城池的神，为城隍建庙大约起于三国，后唐清泰元年（公元934年）封城隍为王，明洪武三年（公元1370年）正式规定各府州县祭祀城隍神。来安城隍庙在抗日战争爆发前仍然完好，“色相庄严，辉煌炳耀”。来安县抗日民主政府曾一度搬入城隍庙办公。后毁于日本侵略军的狂轰滥炸，遂成遍地瓦砾。开元观建于唐朝开元年间（公元713年—公元741年），初建观址在城北岑湖，南宋淳熙年间（公元1174年—公元1189年）移建城东门内，即今塔山东路开元巷。开元观斜对面的青龙街口有一座观音庵，东街有一座刘将军庙。东门外今东岳巷内曾有一座规模较大的东岳庙，原有前殿、大殿、偏殿。庙内供奉东岳大帝，据说东岳大帝职掌固国安民、福禄官职、生死之期。农历三月二十八日是东岳大帝圣诞，年年在这一天都要举办盛大的庙会，一直延续到抗日战争爆发。东岳庙毁于日军狂轰滥炸，仅存庙前凤凰保子桥，俗称东岳庙桥一座。来城十字街（即今建阳中路与塔山中路交叉口）西北侧原有土地祠一座，南街原中心粮站，后为米厂，有龙王庙一座。小小一座古城，学宫书院、佛寺道观，可谓儒、释、道多元文化在小城中高度融合。

来安古城横竖几条街，方圆一二千米，却是亭影不孤，牌坊丛立。县衙内就有圣谕亭、旌善亭、申明亭、景欧亭、和风甘雨亭，鼓楼一侧的清风亭，吉祥寺旁的漱芳亭，每一座亭都有深厚的文化意涵。古城南北大街、东大街和西大街上曾竖有大成坊、义学坊、承流坊、宣化坊、极乐坊、清平坊、儒林坊、攀桂坊、豸绣坊、世科坊。这些坊表旌表学有所成的儒士，治政有方的官员，戍边建功的武将，淡泊名利的贤达，孝节闻与市的孝子节女。亭坊不仅装点了古城的庄肃与锦绣，亭坊又是亭文化和表坊文化的载体，彰显了来安是一座亭城，一座表坊之城，是一处淳厚的礼仪文明之乡。古人是这样评价来安的：“地逼江淮，重山环亘，虽若偏隅，实居要害。物产既饶，民风亦厚……是亦江南一胜区也。”是的，古来城虽小，但因周边的竹镇、盱眙、老嘉山、自来桥，加之县南各乡镇商贾云集于此，出现了多家商号，冯泰兴号、欧义源号、李大昌号、张恒昌号、章乐生号、彭天生号等等，他们经营粮油竹木、丝绸布匹、山货瓷器、京广百货，生意做得红红火火。老同春、孟昭泰是来城最大也是声誉最好的药房。商业的繁荣带动了餐饮和旅馆行业。当时城内大的酒馆有满春园、金乐园、福星楼、龙春楼、泰安茶社等十余家，还有家兴旅馆、鑫鑫旅馆、德声栈等多家旅店。

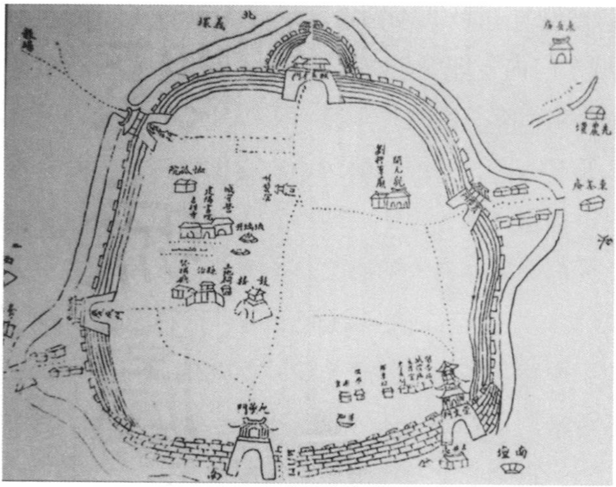

清道光十年来安县城图

来安自古以来就是皖东“实居要害”的重镇，也是历来军家必争的战略要地，宋朝留下抗金遗垒，清朝洪杨革命、捻军起义在这里开辟了战场，特别是抗日战争时期，来安是中国共产党领导的抗日革命根据地之一，其时在华中地区具有举足轻重的战略地位。日军侵城掠地狂轰滥炸，炸毁了来安城的古建、民居、商铺，因而老城满目疮痍，百业凋敝。直至中华人民共和国成立，来安才获得新生。

（叶永寿）

以古县名命名的街道

建阳北路　因来安县旧名建阳，此段居北而得名。长 1030 米。

建阳中路　因来安县旧名建阳，此段居中而得名。长 640 米。

建阳南路　因来安县旧名建阳，此段居南而得名。长 2759 米。

来安大道　取来安县之名。长 4600 米。

永阳东路　因来安县旧名永阳，此段居东而得名。长 1940 米。

永阳西路　因来安县旧名永阳，此段居西而得名。长 870 米。

清流西路　因来安县旧名清流而得名。长 1190 米。

顿丘路　因来安县旧名顿丘而得名。长 2213 米。

新昌路　因来安县旧名新昌，取焕然一新、繁荣昌盛之意。长 600 米。

来阳路　取来安及其古称建阳各一字而得名。长 2010 米。

（选自《来安县标准地名录》2020 年 8 月第 1 版）

建阳路

建阳路因来安首置县称建阳而得名。建阳县始于秦王政二十六年（公元前 221 年），县治在新安镇南 15 千米的水口镇东一里水东村境内，俗称东城埂。秦灭楚后统一全国，分天下为 36 郡，郡下领县，来安县属九江郡，郡治寿春，今寿县。

刘邦立国，称大汉王朝，仍袭秦郡县制，兼分诸侯子国。高祖刘邦分其子刘长为淮南国国王，后刘长传位其子刘安，其时来安县划归淮南国管辖。元狩元年（公元前 122 年），刘安涉嫌谋反，被诛灭国，建阳县复属九江郡管辖。东汉光武帝时期（公元 25 年—公元 57 年），省建阳县并入全椒县，也就是说，建阳这一县名自秦王政二十六年（公元前 221 年）一直沿用到东汉光武帝时期，约 200 年。

（叶永寿）

顿丘路

顿丘路因城东顿丘山和顿丘山遗址而得名。

顿丘山位于来安老城区城东，遗址面积 42055 平方米，经考证为殷商早期文化遗址，出土一批石器、陶器、蚌器、骨器和铜簇、卜甲等珍贵文物，其中卜甲在安徽省江淮地区为首次发现。顿丘是东晋元帝（公元 317 年—公元 322 年在位）时侨置顿丘郡的郡治所在地，其后，齐、梁、陈、北魏、北周各朝顿丘县、清流县、新昌郡县的治所，直至隋开皇年间（公元 581 年—公元 600 年），顿丘之名沿用近 300 年。

顿丘是北魏文成元皇后的故乡。她的侄儿、侄孙李崇、李平、李奖、李谐、李蔚，个个文韬武略，有的缉盗除寇有功，而封侯拜将。因此，在那一段漫长的历史年代，顿丘一直是来安这片土地的政治、经济、文化中心。

（叶永寿）

新昌路

新昌路因来安县历史上曾名新昌县而得名。

南北朝时期，南朝宋（公元 420 年—公元 479 年）元徽元年（公元 473），设置新昌郡，一直延续到齐、梁、陈以及北朝的东魏、北齐、北周，治所均在顿丘。南北朝时期来安称顿丘县，属新昌郡。隋朝开皇（公元 581 年—公元 600 年）初，高塘县并入顿丘县，遂改名新昌县，开皇十八年（公元 598 年），改新昌县为清流县，属滁州。

（叶永寿）

清流路

清流路因来安曾名清流县而得名。隋朝（公元 581 年—公元 618 年）初年，并乐钜、高塘改置新昌县，为滁州直属。后因境内清流河改称清流县，仍属滁州。隋炀帝即位改州为郡，滁州并入江都郡，领 16 个县，清流县是其中之一。唐（公元 618—公元 907）初，清流县复为滁州治。清流这一名称几经沿革，大约沿用至明（公元 1368 年—公元 1644 年）初。

（叶永寿）

永阳路

永阳路因来安县曾名永阳县而得名。

唐朝景龙三年（公元 709 年），析清流县置永阳县，治在城北瓦岗，因其地有永阳山而得名。唐天宝（公元 742 年—公元 755 年）初，设置永阳郡。五代南唐中主李璟中兴元年（公元 958 年），改永阳县为来安县，因县境东有来安水得名。南宋建炎三年（公元 1129 年）金朝欲灭南宋，遣兵渡江进攻建康（今南京）。金兵南下，所到之处，生灵涂炭，瓦岗县城毁于战火，成为瓦砾岗。南宋绍兴十八年（公元 1148 年），移至大雍（用）镇，1949 年改称新安镇。

（叶永寿）

以古建筑或景观命名的街道

塔山东路 取塔山寺之名，此段居东而得名。长 1450 米。

塔山中路 取塔山寺之名，此段居中而得名，长 1220 米。

塔山西路 取塔山寺之名，此段居西而得名。长 760 米。

白鹭大道 因来安县著名风景区白鹭岛而得名。长 4250 米。

搭搁巷 相传巷内原有一座搭搁寺而得名。长 310 米。

鼓楼街 因位于旧鼓楼附近而得名。长 570 米。

东门巷 因位于来安老城东城门附近而得名，长 650 米。

东岳巷 因东岳庙而得名。长 370 米。

马厂巷 因附近原有一马厂，路借其名。长 90 米。

寺巷 相传巷内原有一座鲁吉寺而得名。长 280 米。

（摘自《来安县标准地名录》2020 年 8 月第 1 版）

塔山路

塔山路是为纪念半塔保卫战而命名的。1940 年 3 月，半塔保卫战在半塔境内的塔山打响。正当新四军第 5 支队主力和苏皖支队开赴路西作战时，韩德勤纠集万余人兵力于 3 月 21 日向 5 支队后方所在地半塔集一带发起大规模围攻，而 5 支队留守人员仅 1000 余人，敌我众寡悬殊。在这危急时刻，中共中原局和新四军江北指挥部指示，在邓子恢、方毅等人直接指挥下，组织一切力量，积极防御，固守待援。经 7 天 7 夜浴血奋战，击退国民党军 10 余次进攻，坚持到新四军主力部队赶到，进行全线反击，4 月初，韩部仓皇逃至三河以北，半塔保卫战取得全面胜利。半塔保卫战是一次以少胜多的典型战例，对创建淮南抗日根据地具有十分重要的意义。

为纪念半塔保卫战的胜利，为敬仰缅怀革命先烈和革命前辈，把这一条通向半塔的路命名为塔山路。

（叶永寿）

塔山东路——曾经的东巷口

东巷口，也就是人们习惯所称的十字街，它是 20 世纪来安县城的一个重要地标。

1949 年 4 月前，来安县是个小县、穷县。社会上流行顺口溜：来安县，破猪圈，老爷打板子，四门都听见。当时，全县还不到 20 万人，环县城一周不足 3000 米，城里只有一条南北大街，勉强让大卡车通行。在大街的中心点，有一条折向东的大街，称为东大街，因为是 T 型通道，所以，人们就习惯地称 T 型通道接合部往东处为东巷口，我家就在其东北侧的一个大院里，从儿时起就与东巷口朝夕相处，对它更是产生了特殊的感情。

东巷口是来城的商业集中区。在巷口南侧的街两旁有街西边的张家布店、赵家杂货店（后改成照相馆）、鲍家京货店、赵家糕点店（后改成油坊）；而街东边是赵家日杂店、王家茶水炉、徐家理发店、余家木匠铺和彭家山货店。在巷口北侧街两旁，有街西边的赵、宋家干鲜摊、余家布店、李家诊所、张家杂货店。伸向西边的一条小巷子又有李家中药店、张家杂货店（后改为工艺刻字社）和史家干鲜店；而街东边是许家、金家山货店和王家饭店、王家面馆、张家布店、常家酱醋店、余家诊所、王家油条店、胡家豆腐店等。在巷口东侧两边，有街北面的王家木匠铺、吴家饭店、马家竹器店、王家皮条店；而街南面是供销社的一个门市部、汪家竹器店、陶家篾匠铺等。这几十家工商业者在当时来城是比较活跃的经济力量。

东巷口也是集市贸易的集散地。东巷口各家商店的门面前也都成了农副土特产品、新鲜蔬菜和日用百货的摊点，显得更加热闹。

东巷口的热闹还在于它是县里重要的宣传阵地。中华人民共和国成立后，中共来安县委、县人民政府就设在离东巷口不远处的东大街上，还有机关干部业余夜校、总工会和县委党校。在东巷口许家南侧的屋山墙，是县政府、县法院经常张贴布告，部门单位张贴通知、启事、广告的地方。

1954年后，来城办了一座小型发电厂，沿街很多商店都装上了电灯，东巷口装上了路灯，文化馆又在许家的山墙上安装了“灯光板”，吸引很多人观赏。灯光板的内容不定期更换，起到了宣传思想文化的作用。县人民广播站成立后，东巷口装上了高音喇叭，每当广播响，有群众聚集在喇叭下收听。

逢年过节，东巷口总是张灯结彩，各商业门店也布置一新，显得特别喜庆。文化部门和其他一些单位还组织文艺团队上街玩灯、划龙船、踩高跷，举办文艺演出，人们都集中到东巷口观赏，乐器声、鞭炮声、欢呼声、说唱声汇聚在一起，这是人们最开心、最轻松的时刻。欢笑告别了忧愁，欢乐展示新生活的美好，我们随着大人们看热闹，既大饱了眼福，也增添了生活的情趣和见识，自然地也就沉浸在无限的幸福中！

东巷口，还是来城孩童们玩耍的好地方。白天，小学生们在校上课，放晚学后常随家长们到这里吃“晚茶”（因为还没到吃晚饭的时间，这时候买点街头小吃，打打“牙祭”，常称为吃“晚茶”）。东巷口稍北有一处叫“朱大厅”的地方，是当时朱家的一个大院，逢集的时候，很多人来这里摆摊，也有江湖艺人说大书、郎中卖狗皮膏药。到了夜晚，孩子们就常在东巷口到朱大厅这一带玩游戏，有时玩得很晚，要等家里大人找来才各自散去。

中华人民共和国成立前，来安城遭受战争的破坏，日军的飞机在来安城丢下了炸弹，东巷口也难逃劫难。

中华人民共和国成立后，在党和人民政府的领导下，随着国民经济的恢复，东巷口经历了几次大的变化：

第一次变化，大约在1953年下半年。当时把赵家、宋家干鲜摊搬走，街道顺着张家布店的北山墙向西延伸，在实验小学的东北处建了一个公共厕所，再向西建了实验小学的北围墙和实验小学的北大门，围墙一直建到城墙下。通道的另一边是顺着余家布店的南山墙向西到水井处。

第二次变化，大约从1954年开始。从余家布店到张家工艺刻字社向西都被列入拆迁改造，面向东南的百货商场列入建设设计中。同时，在商场的西边又建起来安县供销合作社大楼。这样，一条向西的大街就有了雏形。东巷口向西打通后，逐步与原来的南大街、北大街相交，形成了十字街。

第三次变化，大约从 1955 年下半年开始。更大规模的改造建设开始了，张家布店、赵家杂货店、鲍家、赵家向西全部拆迁，直到实验小学的东围墙的巷道处。在这片土地上，建起了面向东北的迎春酒楼和面向供销社的人民剧场。与此同时，在东大街的街南边建起了人民银行大楼，在街北面建起了邮电大楼，中共来安县委、县政府正着手把东巷口打造成来安县的“四牌楼”。

从 1957 年开始，东西大街的拆迁改造工作启动了。西大街翻过老城墙，开始了新居民区的建设，主要用于旧城改造中居民的搬迁安置工作。与此同时，一栋面向西南的“工业大楼”已在布局中。1958 年，县委、县政府加快了东西大街的整治改造工程，在不到半年的时间里，县委、县政府东侧的旧房全部搬迁，来安中学建了新围墙，原来的校门移约百米，一幢新的教学大楼破土动工了。东巷口处的工业大楼建设正式启动。1960 年，来安县“四牌楼”的格局已经形成。

改革开放时期，来安县较早地推行了农业包产到户责任制，城乡经济有了快速的发展，小城镇建设也快速发展起来，县委、县政府把城镇规划摆上了重要议事日程。在城镇总体向南向西拓展的同时，东巷口的建设改造工作又步入了一个新阶段。20 世纪 50 年代建的百货商场落后了，已不能满足广大消费者日益增长的消费需求。20 世纪 80 年代中后期，在原百货商场的基础上盖起了新的百货大楼。迎春酒楼也因质量和功能方面的缺陷被整体拆除，在原址上重建成新的商贸大厦。东大街的人民银行大楼西侧建起了供销商厦，后来又在人民银行大楼的东边（县委原招待所的旧址上）盖起了白云商厦。原来的邮电大楼也随着电信事业的改革发展，南移到了南大街鼓楼口，建成了新的电信大楼。如今，县城虽然整体南移，东巷口也有了新的名字——塔山东路，但东巷口仍然是老县城的中心，是四通八达的十字街路口，是来城商贸繁华之地。新四牌楼带来了新气象，这是改革开放的新成就、新面貌，也是来安县城镇化进程中的一处值得点赞的新亮点！

由于时间的推移，东巷口之称在人们的话语中消失了，但它却记载着历史的沧桑。

70 年东巷口的记忆，永远在我心中！

（何席章　选自《来安文艺》2019 年第 1 期）

寺　巷

来安中心街南西侧有一条街叫“寺巷”。听其名人们一定会想到巷内可能有一座寺庙，然而现在此处既无寺也无庙。据说，从前“寺巷”内确实有一座寺庙。寺院建于明朝天启年间，占地面积约有 800 平方米，前后三进，分前堂、中堂、后堂，两边厢房对称，是一个标准的四合院的寺院，名为“醒悟寺”。门前有两口大井，供寺院僧侣和百姓们饮用。当时的“醒悟寺”能和舜山的“尊胜禅院”媲美。前堂供有菩萨，中堂有檀木雕成的一尊观音大师像，四面八方的善男信女都去朝拜，香火十分兴旺。

相传院内的住持酲悟大师，来自杭州天竺寺。他自幼出家，年方 18 时，已是满腹经纶，才华横溢，本应是天竺寺的方丈住持继承人，却有一段人世情缘未了。18 岁那年，他到杭城书院传经，归途中遇“莲花庵”中的尼姑妙云。妙云正是豆蔻年华，一身秀气，两人四目相对，一见钟情，才气相当，互吐情丝，丝丝入扣，叹惜相见恨晚。从此两人经常幽会，互织情网，不料一日被双方的方丈和师太发现，一个被关进醒悟堂，一个被关进醒悟房。至此一对情人天各一方，虽年复一年，两人却难断情丝，终不能醒悟。天竺寺的老方丈见自己心爱的弟子，终不醒悟，十分痛心，为挽救弟子，他决定云游四方，寻找醒悟药。一日，他来到江北的一个县城（今来安），见四野茫茫，城中人丁稀少，原来此处疫病猖獗，人畜难存。老方丈见此情此景，动了恻隐之心，要在城中建一座寺院感动上苍，拯救众生。不到一年光景，寺院建成，他想到了心爱的弟子，决定把寺院起名叫“醒悟寺”。这也是他给弟子找的最好良药。于是，他把弟子安顿在“醒悟寺”当住持，赐名醒悟大师。由于醒悟大师博学多才，寺院香火鼎盛，小城也人丁兴旺、五谷丰登，四乡八镇的百姓云集该城，来了就安家落户，后来人们来了就安，干脆把该城叫作来安吧。来落户的人大多都沿“醒悟寺”建宅，逐渐形成一条青石路面的长巷。人们就把此处称为寺巷。凡到来安的人都要到寺巷“醒悟寺”去烧香拜佛，祈求保佑。

后来，尼姑妙云也来到了来安，被她的师傅安顿在舜歌山莲花庵内闭门静心。

光阴似箭，人类已经跨入 21 世纪，现在寺巷已不见当年的面貌，而是一条融美食、商业为一体的繁荣街巷了，而寺巷的传说一直延续到今天。

（佚名 讲述　黄传生 记录　选自《安徽民间故事全书·来安卷》）

鼓楼口

鼓楼街因位于旧鼓楼附近而得名，但是，县城人老早就习惯地把鼓楼街和南大街（建阳中路）交会处称作鼓楼口。甚至一提鼓楼口人们就知道在哪，而提到鼓楼街却不是人人都知道从哪到哪的。那么，从鼓楼到鼓楼口又有哪些经历呢？

鼓楼曾经是古邑来安标志性建筑，据道光十年刊《来安县志·营建志·公署》记载，元泰定元年（公元 1324 年）马合谋沙任来安达努花赤（一县之正职）、县尹（副职）郭让始建厅事、议门、谯楼。志中又记，明万历四十六年（公元 1618 年）知县周之冕主持重建谯楼并易其名曰东壁楼。清康熙二十二年（公元 1683 年）知县乔嵩重修东壁楼，20 世纪初又修缮一次。

鼓楼亦称望楼，又称谯楼，楼内设置大鼓，夜间报时，故俗称鼓楼。来安的鼓楼在古县衙大门前照壁东侧约 40 步的地方，即现在县文化馆西向对面街口。鼓楼基座呈梯形，高约 7 米，南北长于东西，拱券门东西向，是一座典型的古城堡。楼体通高约 30 米，基座上建两层楼。西南侧有石阶 20 余级，登阶进入第一层楼的回廊，四周有女墙，室内东西有门，南北有窗，面积约五六十平方米。从室内可上第二层。二层地板由木板铺设，四周雕花镂窗。两层楼都是斗拱飞檐，檐口挂瓦当，歇山式楼顶，两层飞檐四角上均有风铎，每当夜阑人静，便可听到清脆悦耳的风铃声。

来安的鼓楼数百年中多次修葺，虽屡经战火却一直幸存到 20 世纪 70 年代。其时它饱经风霜，有些苍老破败了，当年的大鼓不知去向，空落的两层楼成了麻雀和蝙蝠的栖息之所，还传出了“来安县破猪圈，鼓楼打板子，四门都听见”的民谣。中华人民共和国成立后曾对女墙加固，墙面粉刷，并交给县文化馆管理。1954 年下半年我辍学在家，和几个小朋友做起了文化馆的义务馆员，协助编写通俗的说唱材料，刻钢板，出墙报，并且打开鼓楼门锁，把第一层打扫干净，支上床铺，住了下来。从此这里成了小伙伴的俱乐部，古老的建筑也因之有了些生气。

来安鼓楼　贺云东 提供

鼓楼是全城的制高点。每当月白风轻之时，登上二楼，来城夜景尽收眼底。小伙伴们有说有笑，谈趣事新闻，谈理想抱负，有时也会沉默，那是为自己的前途担忧。待散去后，一切归于宁静。有时没了睡意，便站在女墙前听天籁，听清脆的铃铎之声，望冷月数繁星，甚至送走了长庚迎来了启明。记得清朝康雍年间来安人上舍生贺方有一首《东璧楼望滁西南诸峰》的诗，写道："高依谯楼万象开，西南山翠欲飞来。山横天际明于黛，塔隐烟中直似桅。出谷碧云舒复敛，拂林百鸟去仍回。琅琊深秀堪神往，作赋惭非永叔才。"贺方登楼远眺山景那是绝佳的选择。每当晨雾散去，凭栏四望，天空蓝湛，大地如茵，远山环翠，炊烟四起，人行如梭。此景此情，即便没有永叔之才，也会荡起一点诗意来。受其启发，我凑在煤油灯下看《红楼梦》《儒林外史》《水浒》《西游记》，巴金、郁达夫、许地山、托尔斯泰、莫泊桑、巴尔扎克、伏尼契……甚至成为这座古老小城最早迎来日出，最后送走晚霞的人。后来，扬剧名伶夏玉楼先生主事来安扬剧团，鼓楼又成了他携眷的寓所。到了 20 世纪 70 年代，城市发展了，由于鼓楼阻碍交通，鼓楼被拆除了。从此这座保存较为完好的唯一古代大型建筑在县城的地图上永远地消失了！

半个多世纪过去了，鼓楼始终在我的心中，睡梦里经常出现自己在鼓楼上度过快乐时光的画面，耳边回旋着妙曼的风铃声。

（叶永寿）

东岳巷

塔山东路进入县老年大学的巷子称东岳巷，因为巷内曾有一座东岳庙。

东岳庙是供奉泰山神东岳大帝的道教庙宇。泰山即东岳，乃五岳之首，因其位置居东，古人认为是太阳升起的地方，是人与天相通，万物发祥之地。泰山神东岳大帝职掌新旧时代，固国安民，延年益寿，长命成仙，福禄官职。

那么掌握如此大权的泰山神究竟是什么来历呢？版本颇多，有的说是黄飞虎，有的说是太昊，等等，这个问题姑且不论。而中国人信奉泰山神却是历史久远，据说早在上古三代，后来历代皇帝对泰山神进行加封。唐武后垂拱二年（公元 686 年）封其为"神岳天中王"，天册万岁元年（公元695年）又尊称为“天齐君”。唐玄宗开元十三年（公元725年）加封泰山神为“天齐王”。宋真宗大中祥符元年（公元1008年）诏封“东岳天齐仁圣王”，宋真宗大中祥符四年（公元1011年）尊为帝号，称“东岳天齐仁圣帝”。元世祖尊其为“东岳大帝大生仁圣皇帝”，后来通称“东岳大帝”。自战国秦汉以至明清，泰山均为皇帝封禅之地。公元前223年，秦王政乘羊车，率群臣、护卫3万余人到岱顶（泰山古称岱宗）进行封禅祭祀活动，勒石以颂德。活动中遇雨，在松树下避雨，躲过一劫，秦始皇认为这是天意，松树遮雨有功，便封其为五大夫松。清朝乾隆皇帝也到泰山封禅，以报天地之功。据说东岳大帝圣诞是农历三月二十八日，每年这一天都要举行祭祀活动，称之为庙会。

古人说东岳大帝有个女儿被宋真宗封为“天仙玉女碧霞元君”，本领更是了得，她“庇佑众生，灵验九州”“统摄岳府神兵，照察人间善恶”。她坐镇泰山，被尊称为“泰山圣母碧霞元君”，有“北元君，南妈祖”之说。初建“昭真祠”后称“碧霞元君祠”，她的诞日为农历四月十八日。东岳大帝和碧霞元君成为全国民俗信仰，各地都建有东岳庙和碧霞元君祠。来安古代有多座东岳庙，一在城东，一在县东彭冈，一在水口，一在汊河，一在县西北严家集。碧霞元君祠在城内就有两座，一座在城东东岳庙旁，一座在城隍庙附近，均受到人们崇拜。

城东的东岳庙每年农历三月二十八日都举行庙会。这一天政府部门和学校放假，东岳庙人山人海，来自四乡八镇多达数千人，烧香祈福，庙宇上空香烟缭绕，玩巫术，玩杂耍，卖糖球，卖糕点小吃，人声鼎沸，热闹非凡。东岳庙会一直延续到抗日战争爆发，东岳庙和碧霞元君祠都毁于日军飞机轰炸中，只留下庙前的一座小桥和东岳巷之地名。

（叶永寿）

开元巷

开元巷在县政府原址与来安中学原址之间，因巷内曾有开元观而得名。

来安县的开元观虽已消失多年，但至今还常常被人们提起。这是因为开元观与孔雀寺同为来安最古老（唐开元年间：公元 713 年—公元 741 年）的建筑物，而且规模和影响都较大。开元观历 1200 多年沧桑，于 20 世纪 30 年代末被改建为东门小学。原开元观位置在开元巷东侧，坐北面南，前后三进；其左（东）前方有一眼古井，因附观名而称“开元观井”。开元观初建时（县名称“永阳”），地址在城北岑湖村（永阳城址在今城北瓦岗）。南宋淳熙年间（公元 1174 年—公元 1189 年）观始移今址（时县名为“来安”）。

观与寺、庵不同，后两者属于佛教建筑物，尊释迦牟尼为佛祖。而“观”则属于道教建筑物，供奉教主真武大帝。观内供奉的仙道之像有泥塑、有石雕、有木刻，道骨仙风，栩栩如生。入道者多为男性，谓之“道人”。其服饰素雅（黑色或灰色），最明显的特征是头顶上束发呈螺髻状，在法事活动时会在螺髻上戴一顶道冠。也有极少数女性入道，谓之“道姑”。

传说开元观曾因祈愿灵验而名声大噪。古时，通常县内若出现灾情，都由知县到坛、庙祈愿消灾。清嘉庆十九年（公元 1814 年），来安久旱不雨，灾情重重，其时的伍姓知县便选择到开元观求雨。按灵规，知县必须事先沐浴净身。可能伍知县一时疏忽，没有沐浴便匆匆前往。不料刚进观内便无缘由地跌倒在地，走了数十步后，又突然倒地。伍知县一怒便退出开元观，欲去斜对面不远处的观音庵求雨。没走几步经过开元观井时，忽然又无缘由地跌入一妇人的涮衣水盆内。弄得伍知县像落汤鸡似的，便回府洗浴换衣服。其浴毕穿衣时，发现桌上有一字条，取而急观，原来上面写的是借用《百家姓》上的四组姓氏谐音说事：看你“周吴郑王”（一本正经），实则“米贝明臧”（体脏），未浴“经房裘缪”（未浴是大谬的），叫你“雷贺倪汤”（落汤鸡）。阅毕，伍知县恍然悔悟，刚好沐浴过，他便立即再去开元观烧香、叩首。果然在傍晚时雷声大作，大雨滂沱。从此开元观仙名大振。21 世纪初，因扩修来城东西大街，开元观井（当时完好的）被覆盖于地下。

开元观最值得大书一笔的是南宋初来安人李守智先后与岳飞、陆游缘遇并得助的轶事。道光版《来安县志》“释道栏”，摘陆游《入蜀记》中有关李守智为道并得助的情节。家庭富饶的李守智，因避宋、金频频交战之动乱而进我县开元观为在家道。后又去泰州天庆观为道人。1130 年岳飞任泰州镇抚使兼知泰州，李守智因机缘受到岳飞赠度牒之关助而正式遁入空门，为“道士”。后来岳飞在浔阳（九江）驻军并兼任州守时，又让李守智到浔阳天庆观任观主。40 年后，陆游《入蜀记》载：“游天庆观，李太白诗所谓‘浔阳紫极宫’也……太白诗有一石……见观主李守智……太清殿老君像乃唐人所塑，特为奇古……又有唐明皇帝金铜像，衣冠如道士，而气宇粹穆……李守智者，滁州来安人，自言家故丰饶，遇乱弃家为道人，大将岳飞以度牒与之，始为道士。至今画岳氏父子事之。”李守智画被冤杀的岳飞、岳云父子像来供奉，乃冒死之诚，可见他对岳飞精忠报国精神之敬仰以及赠度牒多次关助而感恩戴德。

不难想象，李守智当为知书达理、慧智善言、非同凡响之人，才有缘先与岳飞交往，并于李白为之题诗的天庆观（浔阳紫极宫）中为观主数十年。后有陆游《入蜀记》记述其事，此乃史实！

（周元桂）

以祈愿或礼仪命名的街道

新城大道　取来安绽放异彩、焕然一新，成为崛起城市新中心之意。长 3090 米。

迎宾大道　取迎接贵宾之意。长 1530 米。

裕安东路　取富裕安康之意，此段居东而得名。长 4569 米。

裕安西路　取富裕安康之意，此段居西而得名。长 5510 米。

新丰路　取焕然一新、获得丰收之意。长 960 米。

黎明路　取光明前行之意。长 6300 米。

安乐巷　取平安、快乐之意。长 908 米。

向阳路　取向着光明、勇往直前之意。长 2110 米。

来友路　取来安人民和谐友好之意。长 810 米。

健康路　取群众身体健康之意。长 350 米。

复兴路　取更生兴起之意。长 1220 米。

前进巷　取不断前进之意。长 160 米。

太平巷　取平安稳定之意。长 120 米。

新安路　取建设新来安之意。长 250 米。

新兴巷　取新生、兴盛之意。长 180 米。

永安巷　取永远安康之意。长 90 米。

育新巷　取培育新人才之意。长 170 米。

（选自《来安县标准地名录》2020 年 8 月第 1 版）

以紧邻的单位命名的街道

图书馆巷 因位于图书馆旁而得名。长 390 米。

工商巷 因途经市场监督管理局（原为工商局）而得名。长 510 米。

交警巷 因途经来安县公安局交通警察大队和警察大队车辆管理所而得名。长 190 米。

交通巷 因临近汽车站而得名。长 260 米。

人行巷 因附近原有银行而得名。长 230 米。

四中路 因邻近来安县第四中学而得名。长 660 米。

体育巷 因途经来安县体育运动中心而得名。长 300 米。

新华巷 因巷内原有新华书店而得名。长 140 米。

银行巷 1949 年前中国人民银行来安支行建于此巷而得名。

八一巷 因是八一建军节所建而得名。长 260 米。

（选自《来安县标准地名录》2020 年 8 月第 1 版）

以方位命名的街道

中央大道　因位于城区中央位置而得名。长 4090 米。

环城西路　因环绕城区，位置居西而得名。长 1920 米。

经一路　因其为南北走向，按照排列次序排第一而得名。长 2370 米。

纬一路　因其为东西走向，按照排列次序排第一而得名。长 2720 米。

纬二路　因其为东西走向，按照排列次序排第二而得名。长 3350 米。

青龙街　因位于县城老城区以东，按方位属青龙而得名。长 670 米。

（选自《来安县标准地名录》2020 年 8 月第 1 版）

青龙街

相传城池南移后，因地理位置呈西北高，东南低之势，相互落差达 20 米以上，从空中鸟瞰，整个县城因缺少遮挡，就像是一只负重的牛，更像是一只出洞的龟，暴露在蓝天下。所以，为防敌寇来犯，朝廷建了城墙。同时，为凝聚民心，还拨资在县城的东门内建了刘将军庙、南门内建了关帝庙，并修条街将其相连。县城的南门为迎薰门，县衙建立在城中心偏西约 200 米处的鼓楼附近，依照“左青龙，右白虎”之说，将此街取名为“青龙街”。

青龙街向南通崇文门，小南门向北与宾阳门相通，交通十分便利。相传，豪绅周绍亭在此置花园 3 处，其中两园遍植百花，一园专植花红，花红又名林檎。由于花红含糖量高，且汁多皮薄，又树影婆娑，不仅是鸟雀理想的栖息地，更是它们觅食嬉戏的好场所。每逢夏末秋初，花红成熟，经小鸟叨破的果儿，香味四溢，风一吹，更加香飘远方，满城为之陶醉。这样一来，受不了诱惑的孩童，便会不请自到，偷偷地翻墙入内，一饱口福。为杜绝这一行为的发生，园主周绍亭请人编了个故事，说是乾隆帝第四次微服南巡，因迷路进入到嘉山境内后遭劫匪追杀，在逃到孔雀寺时，因饥寒交迫，担惊受怕而病倒。由于太医使出浑身解数而不治，万不得已泄露了乾隆的身份，恰巧被来此进香的周绍亭获悉，他闻讯后凭借自己上辈传下的经验，立马差家丁返回，从自家的地窖中取出多年的陈酿——花红酒，让乾隆温服。那特殊的酒香立马让乾隆胃口大开，不能自控，在连饮数碗后，乾隆带着醉意睡着了，接着出了身大汗，次日便恢复正常，可骑马上路了。为了报答孔雀寺僧人和周绍亭的救命之恩，乾隆派兵清剿了山里的毛贼，拨重金整修了孔雀寺，把花红定为贡果……有了这层外衣的庇护，当地官府便可名正言顺地派重兵，对这私人庭院加以保护，而老百姓则是望而生畏，再不敢越雷池半步了。

（杜永生　采长林）

以经过或邻近的村庄或居民区命名的街道

粮食新村巷　因途经居民点粮食新村而得名。长190米。

北门湾巷　因途经北门湾自然村而得名。长210米。

小西门巷　因邻近小西门而得名。长330米。

陈郢路　因途经陈郢自然村而得名。长2340米。

来双路　因途经来安县双塘村，各取一字而得名。长1050米。

红土巷　因途经红土自然村而得名。长490米。

祁岗巷　因途经祁岗巷自然村而得名。长580米。现扩建为文昌路。

新河路　因境内新河村而得名。长450米。

严墩巷　因途经严墩巷自然村而得名。长180米。

花园巷　因途经花园小区而得名。长500米。

西小街　因途经西小街居民点而得名。长200米。

墩塘巷　因途经墩塘自然村而得名。长460米。

（选自《来安县标准地名录》2020年8月第1版）

以靠近来河命名的街道

来茵路 因邻近来安河，沿线多为农田绿地而得名。长 1971 米。

沿河路 因临近来安河而得名。长 710 米。

城河路 因途经城区的来安河而得名。长 600 米。

（选自《来安县标准地名录》2020 年 8 月第 1 版）

霄宫桥

北宋宣和年间，来安的县治所在地仍然在今城北三里的瓦砾岗。“宣和”是宋徽宗赵佶的年号，北宋传到赵佶，已经到了渐趋衰弱、风雨飘摇的晚期。内部政治腐败，贪官污吏不以社稷为重；外部金兵南侵，朝廷不断割地赔款。统治者不思改良政治，整肃朝纲吏治，反而相信道教的诡异之说，以此麻醉自已，麻痹民众。

道教源于东汉永平年间（公元 58 年—公元 75 年）张道陵创立的“五斗米道”，尊老子为祖师，道教顺应统治者的意愿，效忠皇帝，皇帝往往把有名望的道士尊为“国师”。自汉以来，道教盛行，在各地建宫观。北宋宣和七年（公元 1125 年）刘滂知来安，奉敕在县城旁建一座道宫，名曰神霄玉清万寿宫，宫前建桥，起名霄宫桥。可是时间不长，徽宗让位钦宗（赵佶的儿子赵桓），时在 1126 年，金人攻陷北宋京城，徽钦二宗及其嫔妃都成了金人的俘虏，史称“靖康之耻”（靖康是钦宗的年号），北宋宣告灭亡。宋室南迁，赵构在临安（今杭州）重建南宋小朝廷，是为高宗。而金人并未就此罢休，继续举兵南下，来安也经历了战火，志载有宋将赵必胜领兵驻守万山以御金兵的史实。现在硝烟散去，而遗垒犹存，瓦岗县城毁于兵燹，神霄玉清万寿宫也难逃厄运，成为遍地瓦砾，仅剩霄宫桥一座。南宋绍兴十八年（公元 1148 年）来安重新恢复县的建制，并移至大用（雍）镇，即现在的新安镇。

至于本名霄宫桥怎么会变成如今的肖官桥了呢，我想大约是因为皖东方音所致。“官”和“宫”虽然韵母不同，但在皖东方音中却是相近的，岁月久远，又附会出肖家出了一位当官的，出资建了这座桥。不过，在道光版《来安县志》的“营建志”“寺观”条目中有明确记载：“神霄玉清万寿宫，县北三里，宋宣和年知县刘滂奉敕建，久废，前有霄宫桥。”地名随着年代久远，口头相传，会有所改变的，但是有史证的地名，可以把历史文化内涵永远保存下来。

（叶永寿）

北头大井

北头大井，老县城人都知道指的哪里，但是这个名字得来的故事却并不是一般人都知道的。

搭搁巷内古老的琉璃井　吴宗宝 摄

传说来安曾经出了一位天官。天官是“天官冢宰”的简称。冢宰为百官之长。因为武则天时代曾一度改吏部尚书为天官，后来以天官作为吏部尚书的别称。比如原十二里半乡新和村（现水口镇上蔡村）有一座“天官墓”，那是明嘉靖南京吏部尚书胡松的墓冢。来安这位天官盛传一则故事。天官告老还乡住在来城的府邸，知县官小，必须每日卯时前到府向天官请安。有一位知县为官清廉，不事权贵，不向天官家人贿赂，天官府家人忌恨在心。一日大雨，天官小恙，要家人通知知县不必请安，家人不但没有通知，反把天官顶戴挂在大厅太师椅子上。知县冒雨按时来到天官府，跪在天井里，谁知“天官”始终不示意知县退下，过了很久，家人才斥责已如落汤鸡的知县退去。知县一气之下挂印返回老家研究阴阳术。据说来安是牛地，三年后，这位知县扮成阴阳先生，向天官荐言，说来安这头牛要走了，只有在四门各打一口井，陷住牛蹄，在南门外两桥间砌上一道隐壁墙顶住牛屁股，牛才不会走。天官听从其说，如法炮制，结果牛腿陷在深井中，头不能饮城北豆腐塘的水，朝南屁股被顶得严严实实，牛终于被困死了，来安也就不断地遭上了厄运。

来安县城原来四门确实各有一口水井，南门水井在民政局旧址前，西门水井在税务局旧址后的搭搁巷内，北门水井在今一分利超市门前，东门水井在开元巷临街处。这四口井因县城拓宽街道被覆盖于地下了。至于牛被困死，来安就不断地遭上了厄运之说，也许是当时官吏不作为的托词。北门水井，被掩盖在建阳中路和健康东路的丁字路口下面。井虽然不在了，但是老县城人一直赋予这个地方一个名字——北头大井。

（叶永寿）

高品谏井

相传很久以前，来安城中一位才子名叫高品，他虽然穷困潦倒，却好学不倦，乐于助人。他不仅书法好，还精通占卜，医术远近闻名。他在乡间帮助百姓写字、治病从来不收费用，人们都说他有崇高的品质。

当时县城灾祸连连，有人说与来安城地势有关，远远看去地形好似一头大牯牛。县令派师爷去找高品，希望他能出良谋消灾弭祸。

一天，高品来到城中正好遇到两位有钱的朋友，他们深知高品一贫如洗，肯定白吃，便想赋诗文戏弄他，并规定诗文中要有“上粗下细”“天开夜闭”。一个朋友说：“上粗下细是个碗，天开夜闭是两只眼，眼啊眼，你怎么看不清白吃人的脸。”吟毕，他得意扬扬地摸着喝酒的碗。另一个朋友望着盛牛肉的盆，脱口而出：“上粗下细是个盆，天开夜闭是扇门，门啊门，你怎么关不住白吃的人。”两人望着高品笑得很得意。高品知道他俩出言不逊，便淡然一笑，吟道：“上粗下细是条腿，天开夜闭是张嘴，嘴啊嘴，为了你我跑了多少腿。”两个朋友拍手称妙，连忙敬酒。正在这时，县衙师爷恰巧也来此店吃酒，他发现高品喜出望外。寒暄之后便向高品请教，高品胸有成竹，一边饮酒，一边吟诗：“来安城地似牯牛，牯牛发狂灾患稠，四面淘井陷牛足，牛背上面竖鼓楼。”师爷如获至宝，回去禀告县令。县令命人在四门掏四口深井，又在城中高处建一座鼓楼。说也奇怪，自那以后，来安风调雨顺，政通人和，黎民百姓安居乐业。

（陈进 讲述　陈文豹 记录　选自《安徽民间故事全书·来安卷》）

八面塘

来安县古城不大，城墙内的面积仅为一平方千米左右，而令人不解的是城内东南，有八面水塘，所以城内的居民都称这里为八面塘（编者按：称作八面塘的地方在老白云商厦南侧院墙外）。为什么在一个不大的城内，会挖八面水塘呢？

这里有一个美妙的故事。

你看这八面塘埂连着埂，塘面有大有小。不管是久旱无雨，还是暴雨成灾，春夏秋冬，一年接一年，这八面塘的水不见多但也不见少。这是为什么呢？

那是很早很早以前，我们这里有县无城，城内有一座老爷大堂。一直到有一个名叫魏大用的县老爷上任，这个县官大老爷非同凡人，他能文能武，古今中外的事情知道得很多。上任后把来安治理得民能安居乐业，仕能清正廉洁，年年风调雨顺，五谷丰登。在他提议、倡导和组织下，县城建起了城墙，城外开挖了护城河，把山里的水引到城河里，城里城外的老百姓高兴得不得了。为了这件大事，老百姓还做了一把特大的伞，伞上由百姓士绅用毛笔在上面写上自己的名字，送给魏大老爷。这把伞一直留在县衙作镇县之宝。听说日军侵略中国时，这个镇县之宝被汉奸余慎之送给日本了，当然，这是后话。

再说，就在全县百姓为新县城建成高兴庆贺的时候，一天魏大老爷的千金小姐青云得了重病。四乡八镇的郎中都请遍了，就是不见好转，整天昏迷不醒，嘴里不停地自言自语，谁也听不清说些什么，只能听见“洗澡”二字。这魏大老爷年过四十，膝下无子，只有一个女儿，这青云小姐年方二八，美若天仙且博览群书，能歌善舞，琴棋书画，样样精通。肌肤雪白，就像六月天的“藕钻子”，真是魏老爷的心肝宝贝疙瘩子，也是全城百姓的掌上明珠。这突如其来的病不仅使魏老爷急得像热锅上的蚂蚁，也牵动全城百姓的心。

有一天，有一位道姑来到县衙，衙役将道姑请进后堂。魏太爷见过道姑，主客双方行过礼，县太爷将女儿病情叙述一遍后，道姑微笑着说：“请老爷放心，令爱并非有病，而是因为你为老百姓做了许多好事，又把一个县城打造得如此美丽，感动了上苍，惊动了仙女，七仙女想到永阳城内沐浴玩耍，只可惜，城内无水，故借千金之体，传达仙女意愿。”这时，魏老爷才悟出女儿口吐“洗澡”之意。

道姑接着说：“只要魏老爷在城内开挖出八面水塘，令爱即日可好。”魏老爷不解地问：“七位仙女，为何要挖八面水塘呢?”道姑笑道：“府上千金乃嫦娥宫的玉兔下凡，她也是一仙。”魏老爷这才明白，小女为何貌若天仙，聪敏过人，原来是仙女下凡。就在魏老爷沉思时，道姑已飘然而去。

魏老爷为救小女，也为还七仙女到永阳一游的心愿，不日开工挖掘，百姓争先恐后，自愿前来挖塘。不几日，在城内东南依次挖出八面水塘。阳春三月，风和日丽，数日后，竟神奇般地在水塘四周出现杨柳倒挂，新垒的塘埂也绿草茵茵，令百姓称奇，赞叹不已。小姐青云的身体也逐渐康复，百姓同声称庆！六月初的一天，突然大雾弥漫整个县城，行人对面难见。可是，青云小姐却执意要到八面塘洗澡玩耍，侍女只好陪她去。此时此刻，就听到大雾中的八面塘里有少女的嬉笑、打闹、玩水的声音。青云小姐也在其中戏水游乐，好不开心！玩着玩着眼看就快到中午了。这时，云开雾散，八面塘的绿荫下，波光涟漪，在雾气中散发着幽香。仙女来此洗澡，顿时在城内传开了。

又一日，大雾更浓，八面塘里又传来少女的声音，仙女又来洗澡了。

再说城里的几个阔少，听说仙女时常来八面塘洗澡就心里奇痒难耐，想看看仙女，更想看看洗澡中的仙女。一日，仍旧是大雾笼罩着八面塘，三阔少溜至八面塘躲在一处，顿时觉得仙女飘然而至，水声溅溅，轻歌曼舞，嬉笑、打闹玩耍声此起彼伏。但不管三个阔少怎么睁大眼睛，伸长脖子，就是什么也看不到。就在这时，突然什么声音也没有了，只觉得一阵轻风吹过，众仙女飘然而去。顿时云开雾散，红日当头，三个阔少被突如其来的变化惊呆了，狼狈逃回家中。不久，这三个阔少就害起了眼，最后他们的双眼都全部瞎了。

从此，仙女再没来洗澡，却留下八面塘供城内百姓使用。

（张梅芬 搜集整理　选自《永阳风物》）

冯家楼

20 世纪 60 年代末期，位于来城北大街银行巷，有一座清朝咸丰年间（公元 1851 年—公元 1861 年）冯氏所建的楼房，号称冯家楼。虽然后因拓宽街道冯家楼被拆了，可是冯家楼和康熙题联的传说，来城老年人还是记忆犹新。

相传建楼的主人冯泰兴的祖先是明孝宗皇帝祐樘的后裔，封地在皖南徽州，家中颇有资产。清军入关明朝灭亡，朱家变卖所有资产分给各房，让其各自逃生。冯泰兴的祖先朱俊带妻子闻氏和两个年幼的儿子，准备到闻氏的老家盱眙避难。途中朱俊病死，葬于来安。闻氏带两个儿子十分艰难，就在来安城北租两间茅屋暂住守孝。闻氏托人打听盱眙父母弟妹消息，结果闻氏娘家人已被清兵杀害，房屋焚为平地，于是闻氏就定居在来安城。

闻氏嫁到朱家年代不多，当时徽州商贾云集，手工作坊发达，闻氏婆家有好几个铺子，闻氏也懂得经营之道，又受生活所迫，便重操祖业。开始时开个豆腐店，继而又开了布店，家庭生活一年比一年殷实。朱家两个儿子渐渐成人，长子朱福、次子朱源因长期受家庭环境的熏陶，他们从小聪明，肯学习，勤奋长进。18 岁时朱福进京赶考，得了个举人，在外地为官。朱源仍旧在家操持作坊，并开始经营盐业。这时的朱家在来安的十里八乡可是远近闻名，成为屈指可数的大户了。

有一年，闻氏老太太 60 岁大寿，兄弟俩商议要给母亲举办祝寿庆典。早在一个月前，他们就下了请帖。邀请当时来安的社会名流，文人墨客、亲朋好友，家里也是整饬一新，还请来了徽派戏班、吹手等准备热闹一番，以表对母亲的一份孝心。这天上午各路宾客络绎而来，门前摆放三张八仙大桌，供墨客祝寿时撰写寿联使用。为老寿星撰写寿联开始，首先请德高望重的最有身份的人写。可是推来推去，谁也不愿打头炮，使得执事人很是为难。恰在这时，从院外来了个老者，年过半百，衣着俭朴，非常一般，随身跟着个书童，背着个褡裢。这老者看这里很热闹，便上前询问，方知是两个儿子为母祝寿之事。又见众人互相谦让，都不肯先写寿联。这老头子看到这尴尬场面，于是不客气地说："你们都不写，那我就先来。"老者不紧不慢地来到一张八仙桌前，手挽长袖，展开大红纸，饱蘸墨笔，写上联"这个婆娘不是人"，围观人群如同烧炸了锅似的，齐声指责，这个老家伙竟敢如此无理。有人主张赶快棒打四十大棍，撵老头滚，而朱家两兄弟则说："且看他下联如何写。"这时只见老者神情自若地写道，"本是王母下凡尘"，围观者皆说是妙联！议论纷纷，有人说这老家伙字写得好，有的说此人不凡，有的说不要吵，看他下联如何写。这时，只见老头笔走游龙，写了下联："两个儿子一对贼，偷来仙桃祝寿辰。"老者题罢，只听大家一片赞叹声，等到大伙回过神来，只听得大门外一阵马蹄声，不见了老者和书童的踪影。朱氏兄弟两人心地善良，一人背上一壶酒，骑上马就追，一直追到滁州城，也未见老者人影，两兄弟料到老者就在城内，于是挨家酒店找，终于见到老者安坐一家酒店内。兄弟俩这时已大汗淋漓，忙放下背着的酒，正要敲门，只见有两个武士，出来将他们拦住，低声喝道："什么人?"兄弟俩就叙述了一番。书童出来说："老人家已睡下，谢谢你们，把酒丢下吧。"于是两兄弟丢下酒，朝门内磕头致谢而去。

谁知，这一幕都被老者看见。他遂开门叫书童把兄弟俩找来，老者问了兄弟俩姓名后，高兴地说："你兄弟有如此孝道，又有如此的仁德，两壶酒我收下了，只是老夫要替你兄弟俩改个姓。"于是拿起笔写上四句诗："先有孝顺后有忠，兄弟贤德在为人。只是祖姓悖当朝，老夫赐姓朱改冯。"落款玄烨。哥哥知玄烨便是皇帝康熙，立即拉弟弟跪拜叩头，连声说道："小人该死，有眼无珠!"康熙命兄弟俩起身，从此兄弟俩改名为冯福、冯源。

斗转星移，历史变迁。冯家由于康熙题联赐姓，冯福官至御史，几代人一直在外地做官。次子冯源经商有方，家业日丰，富甲一方。咸丰十年（公元1860年），太平军攻打来安城，一把火把冯家的楼房、花园焚为平地。直到同治年间，曾国藩剿灭了太平军，冯源的第六代孙子冯泰兴请了上海营造商，建造了新的冯家楼。

（苏江虹 搜集整理　选自《永阳风物》）

乡镇地名史话

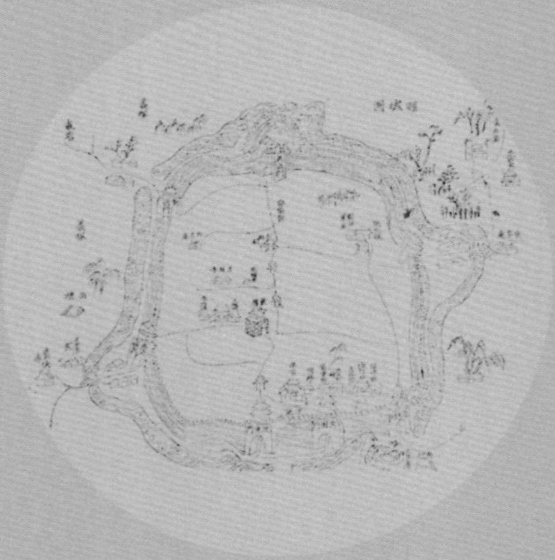

来安县有12个乡镇，每个乡镇的名字都有来由。这一章对各乡镇名称的由来逐一进行了说明，并介绍了各乡镇的概况。还收录了一些深入介绍乡镇的文章或传说。

新安镇

取建设新来安之意

新安镇位于来安县中部，是来安县政治、经济、文化中心。全镇辖8个村、11个社区，面积139.936平方千米。2020年，全镇人口143405人，财政收入1.51亿元，固定资产投资2.31亿元，社会消费品零售总额8.32亿元。镇人民政府驻来安大道西侧，高郢路南侧。

新安镇新貌　徐斌 摄

新安镇古名大雍（用）镇，南宋绍兴十八年（公元 1148 年）至民国时期为县治所在地。1949 年置镇，取建设新来安之意改今名。1950 年为新安乡，属城区管辖。1951 年新安乡划为直属镇。1958 年 9 月，新河、新安、双塘等高级社合并成立新安人民公社。1962 年恢复区、镇。1982 年被批准为建制镇，镇政府设南大街（现建阳中路）。1992 年 2 月撤区并乡，原新河乡和西武乡的南沛、红丰两个村并入新安镇。1993 年 6 月，将原并入的西武乡南沛、红丰两村又划归西武乡。2007 年行政区划调整，双塘乡并入新安镇。主要河流有来安河、五加河、二道河。

境内文化、教育、医疗体系齐全，其中来安中学为省示范高中、来安县第三中学为市示范高中、来安县人民医院为二级甲等医院、来安县中医院为二级综合中医院。顿丘山有殷商早期文化遗址，为县级文物保护单位。境内有来安古十景之“琉璃日影”“八石仙踪”“沙河带练”等。

新安镇经济发展的环境宽松，经过近几年的结构调整，蔬菜、苗木和水产品养殖等种植、养殖业各显特色。蔬菜生产已形成规模、特色，不仅保证了来安城区居民的生活需求，还大量销往滁州、南京等城市。苗木以杨树为主，另有速生丰产林、经济林。水产品养殖面积达 9600 亩，锦鲫等特色水产品选送参加 2003～2004 年滁州“螃蟹菊花节”获得好评。另有安徽来安经济开发区坐落于镇内，搭建了招商引资的良好平台。

区位优势明显，在长三角和南京一小时都市圈内。345 国道穿境而过，宁洛高速自西南部穿过，在境内有出入口，与滁新高速公路在镇境西北部交会。

（选自《来安县标准地名录》2020 年 8 月第 1 版　编者有改动）

新安镇的变迁

来安县城在新安镇境内，新安镇政府也设在县城。新安镇历史悠久、早在新石器时代就有人类定居。据中华人民共和国成立后出土的石斧、石刀、鹿角化石、五铢、青铜器考证，至少已有 3000 多年的历史。夏、商、周代为扬州之域，后为吴、楚、钟离国地域。秦统一后设建阳县，属九江郡，至东晋元帝司马睿侨置顿丘郡（故城在今城东东门社区境内），隋初并乐钜、高塘改置新昌县，隋开皇十八年（公元598年）又改清流县。唐景龙三年（公元709年）析清流为永阳县（县址在今镇北三里瓦岗村），五代南唐李璟（中兴元年，公元958年）改永阳县为来安县。后经战乱永阳城毁于兵燹。宋绍兴十八年（公元1148年）老城南移建新城于现址，至今已有800多年。据《来安县乡土志》述，来安为江淮要冲之地，历代兵事多于此，或据本境为险要，或以为战地，或为驻屯，故为军事战略要地。清咸丰三年至同治元年（公元1853年一公元1862年）的十年战争，来安县生灵遭涂炭，百里村舍、残垣断壁，十室九空、白骨狰狞。战乱平息后，徽州、潜山、江苏宝应等地移民，逐步至此定居，繁衍生息。1938年5月，来城遭受日机7次21架次的狂轰滥炸，整个城池一片废墟，兵祸、瘟疫，死者不计其数。1939年春中国共产党领导下的新四军，东进抗日，来安人民积极响应，浴血奋战，创造了三打来城、火烧日寇的辉煌战绩。

新安镇原名大雍（用）镇，1949年来安全境解放，时改名新安镇，历来为县府所在地。1972年划为县直属镇，1982年批为标准镇，当年镇址位于县境中部。原老城东西500米，南北1000米。1958年老城向外扩展，原“丁”字形街改建为“十”字形街道。1977年对市镇建设作了勘测规划，使市镇建设沿着科学合理轨道发展。

目前该镇是安徽省中心建制镇之一，区位优势明显，在长三角和南京一小时都市圈内，南临南京市核心区50千米，西接滁州市20千米。交通便捷，312省道、蚌宁高速公路、来水路穿境而过。经过近几年的产业结构调整和农业产业化的发展，农产品生产形成规模，蔬菜、水产品养殖等种植、养殖业各显特色。2018年成功争创省级森林城镇，完成工业总产值53.87亿元，工业增加值16.27亿元。招商引资4.2亿元，入园企业6个。“河长制”“林长制”全面落实，任命两级“河长”88名、“林长”33名。现在的新安镇社会稳定，经济持续发展，精神文明建设工作成效显

20 世纪 90 年代的来安县城南大街　朱明 摄

著，科教兴镇、人才兴镇战略加快实施，各项工作取得长足进步，人心思进，处处呈现乡村全面振兴风貌。

（董秀荣）

半塔镇

因驻地半塔集自然村而得名

半塔镇位于来安县东北部，人口 7.2 万，辖 2 个居民委员会、21 个村民委员会。镇人民政府位于奇辉社区。

1949 年设半塔乡。1953 年由互助组发展为初、高级社。1958 年为半塔人民公社，隶属半塔区。1983 年 3 月体制改革，为半塔乡。1984 年 3 月撤乡设镇，改为半塔镇。1985 年被批准为副县级重点建制镇。1992 年 2 月，大余郢乡并入半塔镇。1992 年 10 月，原大余郢乡划出，设立大余郢办事处。1993 年 6 月恢复大余郢乡。2001 年大余郢乡复并入半塔镇。2007 年邵集乡、兴隆乡并入。因驻地半塔集自然村而得名。主要河流有新白塔河、皂河。

半塔镇地处皖东革命老区，红色旅游资源十分丰富。半塔保卫战旧址为全国重点文物保护单位。有革命烈士陵园、英雄纪念塔、历史资料陈列馆、少奇楼遗址、丁城遗址、高塘郡废城遗址、半塔林场龙窝寺遗址。抗日战争时期，半塔是中共中央中原局、新四军二师师部等十余所党政军机关驻地，半塔是当时淮南皖东北区政治、军事、经济、文化中心。

半塔　吴宗宝 摄

近年，全镇加大农业产业结构调整力度，多种经营生产初具规模、各具特色。其中地瓜、山芋等特色农产品畅销苏、皖、浙、沪，罗庄葡萄、大余郢全羊、何郢油桃、北涧核桃、半塔麻油、半塔茶叶等特色产品远近闻名。渔业以淡水养殖为主。工业以化工、建材为主导产业。

345 国道穿越境内约 21 千米，235 国道纵贯南北，两国道交会于镇中心。

（选自《来安县标准地名录》2020 年 8 月第 1 版）

半塔原名白塔

半塔位于安徽省来安县东北，离县城 33 千米，与天长和江苏省的盱眙县、六合区交界。现在是镇机关所在地。全境丘陵起伏，地势险要，历来是兵家必争之地。

半塔原名“白塔”。据《来安县志》记载：“山势若环，便于资守御。诚长江之屏蔽，建业之咽喉也。以故白塔溃师，拓跋因之扰江北。”镇西有“白塔寺”，寺内砖塔曰“白塔”。白塔寺门前有碑，上刻“赤乌元年”字样，“赤乌”乃三国时吴国孙权的年号，赤乌元年即公元 238 年，寺与塔皆为孙吴所建。笃信佛教的南梁武帝，因为在白塔镇大败魏兵，认为佛力所致，乃重修“白塔”，吸收各地具有多年建塔技术的工匠，造成了这座密檐式的白塔寺砖塔。此后，战乱频繁，又经过若干年风雨侵蚀，“白塔”坍塌，几经维修重建，塔形未变。明代以前，塔身基本完好。明朝初年，在一次大雷雨中，塔顶触电，倒掉三层，遂成“半塔”。

把“白塔镇”改为“半塔集”的确切时间无从查证。中华人民共和国成立前曾划定半塔集西部属于来安县，寺、塔皆在来安县境内，人称西半塔；半塔集的东部属于盱眙县，人称东半塔。中华人民共和国成立以后，半塔集及周围村庄，全部划归来安县管辖。

1939 年，新四军开辟皖东抗日根据地，津浦路东以半塔为中心区。刘少奇、谭震林、邓子恢、张云逸、罗炳辉、方毅、张劲夫等党内许多领导同志，都曾在半塔一带工作过，和根据地人民生死与共，血肉相连。

（选自《红色半塔》）

半塔与丁城的来历

很久以前，有一家公媳俩都是神仙，整天待在家里无事可干。有一天，老公公对儿媳说："我们不如每人干一件事情。"儿媳问："我们干什么事情?"老公公说："你在集镇上造一座塔，我在集镇的南边造一座城。"儿媳问："什么时候开始?"老公公说："从今天晚上夜深人静开始，到明天天亮之前，以东方第一颗亮星出现、鸡叫头遍结束，看谁先造好，到时候造不好的为输。"儿媳说："好。"

在吃过晚饭之后，等人们都吹灯睡觉了，到夜深人静，儿媳就忙组织各路能工巧匠，到集镇西面石匠山上去开石头。老公公就忙到农民家去借柁（是以前农民用来拖东西的木制交通工具）、借牛到长山头拖土（他借的不是活牛而是把牛的灵魂借走）。就这样，公媳俩忙开了。由于儿媳忙得比较快，在塔造好以后，抬头看看天空，东方第一颗亮星还没有出，鸡也没有叫头遍，天气还早，她心想："老公公的城肯定还没有造好，这时候，我如果点起灯笼，升到东方天空学鸡叫，老公公肯定输了。"于是她就点起灯笼，升到东方天空，捏起嗓子学公鸡叫。这时候，老公公正拖着最后一坨土走到长山头下面黄郢桥北边，他听到公鸡叫，抬头一看东方第一颗亮星已出，他想和儿媳约定的时间已到，气得就把一坨土掀翻在路边，形成一个大土包。第二天，当地老百姓看路边一夜之间长出一个土包，就叫它泥管墩（今日大余郢南边的李管墩）。这件事给天上的玉皇知道了，玉皇大帝说："这个丫头还得了，竟敢欺上。"他随即就叫天上的雷公、电母、风神、雨神一起作法，电闪雷鸣，下起狂风暴雨，想让塔连根倒。由于塔建造得比较牢固，就是刮不倒。随后玉皇大帝就派龙王去把塔尖抓掉。集镇上的人们第二天起来一看，在集镇上一夜之间冒出一座塔，这个塔没有尖子，只有一半，人们就把它叫作"半塔"。由于老公公拖的土、砖头、瓦等没有来得及造城，堆在地上，形成一个"丁"字形，再仔细看看有人想在这里造城，所以人们就把半塔南面三四里路的地方叫作"丁城"。

（讲述 佚名　记录 史朝贵　选自《安徽民间故事全书·来安卷》）

水口镇

水口镇，因地势低洼，高官、龙尾、二里坝、三里坝诸水在此汇合而得名。

水口镇位于来安县南部，人口 6.5 万，辖 15 个村民委员会。镇人民政府位于上蔡村。

1949 年设水口镇，属水口区管辖，1950 年为水口乡。1958 年与水东、清水、夹埂（今名甲埂）、水西、河西等 5 个高级社合并成立水口人民公社。1962 年属相官区。1965 年恢复水口区，水口公社属之。1966 年撤区，1980 年复置水口区，水口公社属之。1983 年 3 月体制改革，为水口乡，属水口区。1985 年 5 月改为水口镇。1992 年 2 月撤区并乡，原十二里半乡并入水口镇；同年 10 月，十二里半乡又分出，成立十二里半办事处。1993 年 6 月恢复十二里半乡建制。2001 年 11 月十二里半乡再度并入水口镇。2007 年区划调整，武集乡并入水口镇。2018 年部分行政区划调整，甲埂村杨郢、大塘 2 个村民组和水西村大巷、后郢、前郢、灯塘、郑村、团结、山头 7 个村民组划归琅琊区扬子街道管辖。

主要河流有来安河、五加河、武西河、施河等。

境内文化、教育、医疗体系齐全，水口镇中心学校为省农村示范学校。古迹有东城埂建阳县城遗址、水口汉墓群、明吏部尚书胡松墓、清总兵周球墓、来安古十景之一的“玉石霞光”及玉石寺、金刚寺遗址，还有水口镇西老来水河上设的观风桥航运码头遗址。

水口镇素有“鱼米之乡”之美誉，并建成万亩优质水稻基地，万亩油菜基地，千亩蔬菜、荸荠、蔺草基地及多种综合水产养殖等基地，已初步形成了优质粮油、无公害蔬菜、席蔺草、畜禽饲养、水产养殖五大主导产业。另外水口也是省扩权强镇试点镇、省新农村建设示范镇、滁州市经济强镇，现已建有毛纺、塑料制品、服装、草席等厂。以水口商贸街为平台

水口镇建阳文化公园　徐斌 摄

谋划建立的水口地方名吃一条街——沓味街，于 2014 年元月成功开街，带动了地方餐饮发展。

境内交通便利，宁洛高速、天潜高速（今天天高速）、104 国道穿境，县道大广路、文大路、来水路起止于此。

（选自《来安县标准地名录》2020 年 8 月第 1 版）

水口的嬗变

水口镇位于来安县中南部，北距县城 15 千米，西距滁州城 15 千米，南距南京 40 千米。中华人民共和国成立前，水口镇乃来安八大集镇之首镇。其历史悠久，文化积淀十分厚重，它不仅有 2000 多年历史，也有过繁盛辉煌的经历。

2200 年前，是建阳县城所在地。秦王政二十六年（公元前 221 年），秦灭楚"并天下"实行郡县制，置建阳县，属九江郡（治在今寿县），县城在水口（集）。因此，水口早在2200年前就是规模可观的集镇。《滁州市志》载："西汉高祖四年（公元前203年），改九江郡为淮南国，滁为建阳、全椒、东城（定远）三县分领……东汉建武二十七年（公元51年）……光武帝省建阳入全椒。"水口有着令人吃惊的悠久历史。有人考证："夏商周时，居住在淮河南北的淮夷部落与居住在长江下游的南蛮部落，来往交通，当时的涂山（今蚌埠西郊的涂山）氏部落通往南蛮地区，沿途留下了当涂（涂山东南）、涂中（今全椒南）、涂口（今来安县水口）等地名。"据此说，则水口（涂口）至少在3000年前便出现了。关于水口得名众说不一，民间有个神奇的传说：姜太公在渭水钓鱼时，一次钓了一条大乌鱼，甩钩时用力过猛，把乌鱼甩到（滁州的）乌衣（"乌衣"因谐音而得名），鱼落地后喷了一口水落在水口（"水口"因之而得名）。此传说虽然无稽，然而姜子牙所处的时期却与"涂口"的出现时间大体吻合。也许有着某种因果关系。

水口镇明清时曾因区位优势而繁盛400年。其原因有两点：首先，约自明宣德年间（公元1426年—公元1435年）始，滁州到棠邑（六合）建成了一条驿道，水口是道上的中间驿站。彼时六合属扬州辖县，此驿道实际上是滁扬之间的交往通道。驿使送公文、信件驰行只一日路程，但须在水口换马、用餐；来往官员坐轿为两日行程，须在水口住宿消费。驿道与穿集而过的来安河（此处指1972年重修之前的来安河）在水口南侧相交，当时水口码头可行船运货通往南京。水陆交通的优势促进了水口日趋兴盛。于是与之相适应的文化设施、商业经营，也随之而兴盛起来。其次，从康熙初期开始设立"省"建置，现今的安徽、江苏两省当时为同一个省（江南省）。水口原有的是省际水陆交通，此时，因同省方便管理而更加畅便。上述诸因相得益彰，促使水口集迅速发展而蔚为大观。彼时的来安商贩，可舟载粮油、蔬菜、土特产顺流而下，去南京、苏锡常等城市销售，然后又从那里购进手工业品和日用品，原路运回来安经营。雍正版《来安县志》录有一首《水口风帆》诗："百川南汇接清流，桥畔垂杨古渡头。

暮雨垂空维小艇，朝烟映日解轻舟。片帆远落桃花市，双桨横飞蓼叶洲。每听商人催棹发，几声欸乃韵悠悠。”此诗形象地描述了当年水口码头商船竞发的景况。不难想象，彼时的水口集，秉驿道与滁、扬唱和，通舟楫与南京连襟，从而使水口既融入古南京都市圈，又坐享通扬（州）之益，可谓左右逢源。县志载，水口“扼四冲而七省差务行旅络绎”，其声势浩壮，令今之来安人刮目！

水口文化积淀丰厚，水口还是“文物之乡”。突出的有：1980 年水口汉墓群（位在集之东侧）中曾出土过五铢钱、铜镜、宝剑等文物；位于周大郢、园觉寺、红土坂的三处周球墓，及其恩荣牌坊、石人、石兽、恩荣匾等，曾巍然屹立 300 年。周灵钧故居仍肃然“健在”。

沧桑不掩古煌盛，忆古奋今展新颜。岁月多晦，时至中华人民共和国成立前夕水口集已显苍颜颓态。清末还香火旺盛的慈安庙、痘神庙、降福庙、真武观、弥陀寺，只依稀可辨残痕；主南街、民巷街、政西街、府校街和桥西街，均已委顿萧索。身临其境，恍若穿过时空隧道，见到那鳞次栉比的朱檐秀阁、粉墙黛瓦，货物琳琅的店铺以及着青衣小帽的行人，清晰得仿佛伸手可触，使人对水口油然而增亲切感。怀古能奋今，如今的水口人，既为曾有过的辉煌而自豪，也因地灵时宜而奋发！秉天赋而同给力，乘谐风而共梦想；国道横穿，享近宁之惠；镇区焕然，展创新之翅。老集镇已宏图东扩，老街道已经改头换面。水口呼应着汉河和大滁城建设，正昂首阔步，迈向新征程！

（周元柱）

独山镇

因境内独山而得名

独山镇位于来安县东部，人口 2.2 万，辖 7 个村民委员会。镇人民政府驻裴集村。因境内有座山名为独山而得名。

1949 年设独山乡，1958 年属雷官公社。1962 年从雷官公社划出部分，另建独山公社。1983 年 3 月体制改革，为独山乡。1985 年析独山、薛集、井王、杨庄、田巷、史郢、青龙 7 个村委会置磁山乡。1992 年 2 月撤区并乡，磁山乡并入独山乡。同年 10 月，磁山乡恢复建制，从独山乡划出。2001 年 10 月磁山乡再度并入独山乡。2018 年 1 月，独山乡撤销，设立独山镇。

主要河流有施河、施雷河、皂河、朱桥河。

独山美丽乡村　夏群 摄

境内古迹有商周文化遗址韩王将台，明朝建造的永安桥、井王遗址。

农业以种植水稻、小麦、油菜为主。特产是小豆腐。水产养殖发展迅速，林果类和蔬菜类种植也有较大发展。工业以服装、玩具加工、建筑建材为主。

县道来烟路穿境，乡道磁施路、独烟路、竹万路起止于此。

皂河可供小型船只通航，汇入滁河。

（选自《来安县标准地名录》2020 年 8 月第 1 版）

独山无脉

俗话说，山脉，山脉，山山有脉。然而，唯独来安县的独山没有脉。为什么叫作“独山”，却有一个神奇的传说。

相传在远古时代，西天有两位神仙，其中有一位神仙不知为什么原因和东海龙王闹翻了脸，发誓要驱山填海，叫龙王死无葬身之地。而另外一个神仙主张以和为贵，竭力反对他的这种做法。

一天，欲填东海的那位神仙，趁另一位神仙不备，背起一袋神土驾起云头拼命地向东飞去。这事被反对填东海的那位神仙知晓了，神仙立即追了上来，并大声叫喊：“你不能填塞东海。东海填平了，海水四溢，淹毁农田，伤害了无辜的生命，玉帝知道了你是不好交代的，快回来！”要填东海的那位神仙哪里肯听，反而拨快云头。另一位神仙也急了，拼命追赶。前一位负重，后一位轻身，眼看就要追上。负土的神仙只得匆忙解开口袋，抓住袋底拖着跑，神土一时难以全部倒下，他急了，用手抓住袋底向下一抖落，口袋里的土倒个干净。

于是，最后抖落的土，便成了一座小山，就是现在的独山，山西边长长的尾巴是脱落的神土，尾巴与山体的交接处有一道明显的凹陷段，地势低于山尾，那是脱落的神土没能够衔接起来而造成的。无论怎么看，都看不出一丝脉络，所以独山自古无脉。

（王家璜 讲述　祝英山 记录　选自《安徽民间故事全书·来安卷》）

汉河镇

因境内汉河自然村而得名

汉河镇位于来安县南部，人口 4.3 万，辖 2 个居民委员会和 14 个村民委员会，镇人民政府位于江浦路 9 号。

因境内汉河自然村而得名。（编者按：汉河村因范围内汉河而得名，汉河因境内有滁河、来安河、清流河汇集而得名。）

1949 年设汉河乡，1950 年属大英区。1957 年文山乡撤销，将其所属张堡、范郢、秦庄、文山等村划入汉河乡，属水口区。1958 年 10 月成立汉河公社，1962 年属相官区，1965 年复属水口区。1975 年大雅村、龙王村划归相官乡。1980 年恢复大英区，隶属大英区。1983 年 3 月体制改革，为汉河乡。1985 年 5 月改为汉河镇。1992 年 2 月撤区并乡，文山乡并入。1992 年 10 月成立文山办事处。1993 年 6 月文山办事处从汉河镇分出，恢复文山乡。2001 年 11 月文山乡并入汉河镇。2007 年区划调整，相官镇并入。主要河流有滁河、来安河、清流河、天河、汉河。

境内文化、教育、医疗体系齐全。其中汉河初级中学为县示范初中，来安县第二人民医院为二级综合医院。古迹有南宋淳熙年间的胡母圩古墓，景华生态文化园为文化景区。

汉河镇是安徽省委、省政府实施东向发展战略重点扶持的三大集镇之一，安徽来安汉河经济开发区坐落境内。工业以粮油加工、服装、建材、塑料制品、模具、五金电器为主。农作物品种较单一，有水稻、小麦、豆类等；经济作物有油菜、蔬菜等。养殖业以农户家庭饲养为主，农用耕牛逐年减少。

104 国道穿境而过，县道文大路起于此。距南京长江大桥 15 千米，正在建设的滁宁城际铁路（滁州段）经汉河自南而北穿境而过，南京规划

汉河一角　徐艳 摄

建设中的地铁 3 号线和过江隧道江北连接口距汉河仅约 6 千米，南京公交车直达汉河桥头，处于南京一小时都市圈核心层，是皖东对接南京的桥头堡。境内的滁州港常年通航。

（选自《来安县标准地名录》2020 年 8 月第 1 版）

大英镇

因原驻地大英集而得名

大英镇位于来安县东南部，人口 1.6 万，辖 5 个村民委员会。镇人民政府驻大英村。因原驻地大英集而得名。

1949 年设大英乡，属雷官区，1950 年属大英区。1953 年由互助组发展为初、高级社。1958 年与拥东、五岔、广洋、广佛 4 个高级社合并成立大英公社。1962 年属相官区，1965 年属水口区。1980 年恢复大英区，属大英区管辖。1983 年 3 月体制改革，为大英乡，属大英区。1992 年 2 月，撤区并乡，改大英乡为大英镇。

主要河流有滁河、施河、武西河。

境内文化、教育、医疗体系齐全。其中大英中学是滁州市示范高中。传统文化活动项目秧歌灯，被安徽省人民政府审核公布为安徽省非物质文化保护项目。

大英镇丰山中心村　梁晓晶 摄

大英镇是苏皖两省重要边贸集镇，地处东南圩区，以水田为主，是来安县的鱼米之乡，盛产水稻、油菜籽；水产养殖独具特色，形成了螃蟹、罗氏沼虾、嘉州鲈鱼等多种特种水产养殖基地；“无公害”蔬菜生产初具规模，产品直销南京；工业生产也有长足的发展，形成了以建材、服装、农副产品加工、化工为主的四大支柱产业。

境内交通便捷，宁洛高速和县道文大路、头大路穿境。

（选自《来安县标准地名录》2020 年 8 月第 1 版）

大英集和磨子桥

大英原名大营，它和花旗营、黄牌营名称相似，都是战争时屯兵的地方，因为紧靠南京城，攻城必须先屯兵城池周边，故而得名大营，久而久之叫白了，就叫成大英，磨子桥实际上就是大英的标志性建筑，一种抹不去的符号。

磨子桥位于大英集老街的中心点。过去的大英集街道称为耥埠街，因为街的形状是“T”字形，像晒谷场上的一种农具耥埠而得名。磨子桥说是桥，实际上是一块古老的磨盘石，摆在“T”字形街的正中间，上面行人，下面过雨水。就是这块不起眼的磨盘石，被文人雅士称为磨子桥，这一叫就是几百年。

民国年间，滁河发大水，乡绅们合计想请六合县长到大英来查看灾情，邀请多次，不见成行。他们就出了一个妙招，说大英如何如何美，有水旱码头，其中就有磨子桥，桥上行人，桥下行船，县长大人闻听后，果真择日前往。县长到大英后，脚踩磨子桥上，还不断地问磨子桥在哪里。当然这只是一段戏说。

当你走到磨子桥附近时，第一声听到的就是铁匠铺铿锵的打铁声，同时也闻到了豆腐店制作豆腐过程中，散发出来的清香味。南北约 300 米长的街市，一色的小瓦房，中间偶尔夹杂着几间茅草房，青石板路和磨子桥衔接平整。磨子桥西街有一座标志性的建筑，那就是吴家小木楼。早晨，红木门板一溜打开，店面整齐敞亮，货柜上琳琅满目，二楼镂花窗棂显露出富贵，那一条条曲线优美的红木纹，给人一种典雅之美。吴家小木楼不知傲立了多少岁月，它见证着磨子桥往日的繁华与辉煌。小木楼西对面就是妇孺皆知的老猪市了。顺着小木楼向东走来，各家店面林立，在弹丸之地坐落着 6 家饭店、6 家茶馆，还有马长林豆腐店、林家水饺铺、许家馓子店、聂家煨鸡铺等店铺。磨子桥的名吃有沈家狮子头、许胖子盐水鸭、史家鸡汤面、孙大圣油炸干、陈仕州卤野兔、时老三酥烧饼、金三马烤鸭、吴桂元面点。烧卖、锅贴、蟹黄包应有尽有。站在磨子桥上，缕缕浓香扑面而来。

磨子桥向南有块开阔地，这里是说书人的地盘。不论逢背集，都聚集着很多的听书人。唐大头是六合人，说的是一口六合平话，幽默诙谐，不时逗得听书人捧腹大笑。书场南边，便是各类工匠店了，这里有金匠银匠、铁匠锡匠、木匠篾匠、箍桶匠染布匠。磨子桥的北街则是剃头匠、缝衣匠、弹花匠、皮匠的经营之地。20 世纪初期，磨子桥的百年老店要数利民布庄了，该店的创始人就是商会会长甘太河与商人王有和。到了中华人民共和国成立前夕，他们的生意异常红火，每天有 6 匹骡马往返浦口进出货。

茶馆，是磨子桥的一种文化符号。6 家茶馆从早到晚茶客满座，进茶馆多数是为了评事而来，每个茶馆都有大人先生坐堂，专门为四乡八邻评事。过去有句挂在嘴边的话：有事就到磨子桥，谁家理亏谁供茶。这 6 家茶馆，像模像样的有聂炳星茶馆、夏以先茶馆、林老太茶馆等。其中要数聂家最考究，店堂大，摆设讲究，清一色的紫砂茶壶，专门用水车到广洋圩心拉水煮茶，更重要的是，这家茶馆有几位资深的老乡绅，为人正派，敢于直言，评事公道。评事范围大到起房盖屋，婚丧嫁娶，小到偷鸡摸狗，张家一根针，李家一根线都摆在桌面上谈。有句流传到现在的话：雷官集的腿，大英集的嘴。雷官人腿勤挑担子做生意，大英集人捧茶壶，喝茶聊天，从早到晚，上知天文下知地理，人间杂事鸡毛蒜皮，这正是清茶一杯，评论是非，海阔天空，不晚不归。所以又说磨子桥是嘴文化之地。

下棋也是磨子桥人的一大特色，上午做生意，下午在门口摆棋摊下棋。只要你在磨子桥随意一转，总能看到三五家门口摆着棋摊，下棋人安然自得，看棋的人争得面红耳赤，这种现象一直延续至今。

磨子桥的佛教文化兴盛一时，北头有北庵，西头有西庵。西庵比北庵规模大，大殿坐北朝南，殿里供着八大金刚，两边设有数间厢房，庵里常年香火不断。有一个当家老尼，法号惠云。每年二月二龙抬头，两庵更是热闹轰天，各种民间社火，如跳马脚、踩高跷、玩火龙、舞旱船，从北庵到西庵，途经磨子桥踩街几个来回，以此祈福风调雨顺，社稷平安。

说磨子桥就不能忘掉生在磨子桥长在磨子桥的名人的佚事了。这里住着沈、彭、聂 3 大家族。有吴家小木楼的主人吴老爷，有大人先生沈少由，有和事佬詹八仙，有舞枪弄棒的沈团长，有唱白曲的彭正举、周天成、余立和，有会说《水浒》的聂春晖，有会唱京戏的王云龙，有会口技的小毛头，有装疯卖邪的林疯子，有儒雅商人沈庆华，还有会包狗头包的马大辫子……提起马大辫子，这个讽刺意味就大了，此人是个大秃顶，一根头发也没有，也不知是哪位文人给他起了绰号大辫子，而他自己竟然也认了。会武功的阮三爷赫赫有名，此人少年习武，练得一手好太极，并长短拳兼备。当年有个江洋大盗从六合逃窜至大英，六合巡捕随即追到此地，但惧此人功夫了得，而且身带凶器，巡捕不敢前往捉拿，就求到阮三爷门下，阮三爷二话没说，挺身应允。他来到了磨子桥旅店，先是观察一下地形，然后破门而入，三下五除二把匪徒拿下。当时在磨子桥传为佳话，一直流传至今。上面提到的吴家小木楼的主人吴老爷，早年加入孙中山先生创办的同盟会。此人乐善好施，为官在任，造福乡里，为修筑滁六路建功立业，留下美名至今。当时的滁六路规划是从水口经武集枣林直插烟陈的陈官渡过河至六合。经过政府多方筹措银饷，只够从滁县修到水口，修路搁浅了。吴老先生闻知此事后，亲赴乡里，运筹于滁县、六合、南京，历经两年，筹资上百万两，并在他的协调下，把线路重新划定从水口经姜玉山、十二里半、李桥直穿大英镇全境，经头桥到六合。这在滁六路公路修造史上留下了光彩的一页。路刚修好的第二年日军侵略中国，日本飞机按照老地图轰炸滁六公路，从水口、枣林炸起，炸弹一路排到大黄巷、陈官渡。日军却不知道路线改了，所以大英至头桥这段路毫发无损。

磨子桥的私立学校也是赫赫有名，20世纪初，仁人志士彭少阳、沈增寿，腾出家里的大院和厢房作为校舍，彭从池、彭加大、陈鹏、叶继武几位先生出资办学开课，他们既是创始人也是授业老师。他们一年的俸禄就是几斗大米，就这样，功夫不负有心人，从这所私立小学走出去一些知名学者。

磨子桥经历了多次街道修整，饱经沧桑的磨盘石已不见踪迹，但磨子桥这个名字永远刻在大英人的心里。古老的磨子桥，仍然见证着小镇的古往今来，仍然默默地承载着大英人千百年来的乡愁与念想。

（章思林）

雷官镇

因原驻地雷官集有雷、贡二姓聚居，得名雷贡集，后谐音为今名

雷官镇位于来安县东南部，人口 2.5 万，辖 9 个村民委员会。镇人民政府位于雷官村。

古名为瓦梁里，因原驻地雷官集，有雷、贡二姓聚居，得名雷贡集，后谐音为今名。

1949 年前属江苏省六合县（今南京市六合区）管辖。1949 年设雷官乡，属雷官区。1950 年改属施官区。1953 年划归大英区，后由互助组发展为初、高级社。1957 年复属施官区。1958 年雷官、黄桥、艾郢、肖官、桥湾、烟陈、独山等高级社合并成立雷官公社。1964 年雷官、烟陈两个公社属施官区，1980 年改属大英区。1983 年 3 月体制改革，为雷官乡，属大英区。1992 年撤区并乡，烟陈乡并入，成立雷官镇，次年烟陈乡划出；2001 年烟陈乡再次并入。

主要河流有滁河、施河、施雷河、武西河、皂河。

古迹有吴王城遗址，据江苏省六合县民国版县志记载，吴王城为三国东吴所建，因吴王孙权而得名。北齐瓦梁郡治所置于吴王城故城之上，筑瓦梁堰以堵北魏兵，并供军队屯田之用。至南唐修瓦梁堰以堵宋兵。该遗址已被列为县级重点文物保护单位。

杨渡村境内池杉湖湿地公园为国家级湿地公园。

农业以种植水稻、小麦为主。特产小花生、无核葡萄、雷官板鸭。其中雷官板鸭历史悠久，久负盛名，自清朝同治元年（公元 1862 年）问世后，以其独特的加工方式和传统风味享誉大江南北，并以“闻香下马，知味必尝”而留名。1958 年中央电视台来雷官拍摄了从饲养到加工的全程纪录片《兴旺图》，并载入《中国食品工业年鉴》，1998 年荣获“安徽省

冬日池杉湖　吴宗宝 摄

名牌产品”称号。

境内交通便利，县道来烟路止于境内。紧靠宁洛高速公路，1 小时车程可达南京禄口国际机场。

（选自《来安县标准地名录》2020 年 8 月第 1 版）

雷官镇得名考

古镇雷官位于来安县县城东南 26 千米，古代名为瓦梁堰，原中心地理位置在现在的雷官村张巷村民组，距现在街镇中心位置 850 米处。《方舆纪要》中有记载：南唐于涂水上立清流关，又立瓦梁堰，为东西瓦梁城。宣统本《来安县志》记载：“瓦梁堰在今县东南赤山湖。”《读史方舆纪要》卷二十：“瓦梁垒在县（六合县）西五十五里，西北距滁州八十五里……明初与元兵相持于瓦梁垒，其处有东西二城。”东瓦梁城在现今的高场村姜东村民组“吴王城遗址”处，西瓦梁城在现在的雷官村张巷村民组，西瓦梁城后易名为瓦梁里，解放初还有碑记存在。

吴王城，是三国吴王孙权建。当时政治背景是东吴发生了巨大的政治变故，大太子孙登于赤乌四年（公元 241 年）病故，次年发生了震惊朝野的“南鲁党争”事件，结果是新太子孙和被废黜，鲁王孙霸被赐死，一大批的吴国军政精英被处死或流放，孙权第七子孙亮被立为太子。此时，孙权已老，太子尚幼，在外有强敌，内无良将的形势下，孙吴选择了强边自保的战略方针。如《名胜志》记载，“汉建阳、全椒、阜陵三县地，孙吴于此置涂塘以限魏兵”，驻重兵据守。《来安县志》注：“吴堰，瓦梁堰之别名，以孙吴时始作此堰也。又瓦梁城，一名吴王城。今其地名姜家渡。”又《吴志》：“赤乌十三年，遣兵十万作棠邑涂塘，以淹北道”。《三国志·吴书·吴主权传》：“（赤乌）十三年……遣军十万，作棠邑（编者按：棠邑在今江苏六合区北，乃三国时吴魏分界处）、涂塘（编者按：涂塘即瓦梁堰，在六合西，为吴断涂水所筑）以淹北道”。为了堰塘的安全，吴军还修建了城池在此屯兵守护。吴王城就是在这种时代背景下建成的。

吴王十万大军来到瓦梁后，“作涂中、东兴塘、瓦梁堰，塞滁河为渊”（薛居正《五代史》）。当时瓦梁堰大坝约高 16 米，上游淹没直至含山昭关，世称“四百里海子”，北海有河道经今之泰山新村处与长江相连，直达石城，是东吴重要的防御工事。但吴王城、瓦梁堰最终也没能守护住东吴孙氏大业，到了孙权孙子孙皓手上，东吴彻底被灭亡。孙皓就是乘船从长江经北海到滁州向晋武帝献的传国玉玺。当时，“晋武帝问孙皓：‘闻南人好作《尔汝歌》，颇能为不?’皓正饮酒，因举觞劝帝而言曰：‘昔与汝为邻，今与汝为臣。上汝一杯酒，令汝寿万春!’帝悔之”。

西晋时期，破瓦梁堰，圩田兴农，其后在南北朝时期，瓦梁城曾被北齐设置瓦梁郡，后被陈朝所废除。（据《陈书》，太建五年北伐，“瓦梁城降”。《隋书志》：“又后齐置瓦梁郡，陈废”。）直到南唐“周显德三年，南唐何延锡言于其主曰：‘六合西五十五里有堰曰瓦梁，水口、滁河、沿河而上数百里巨细骈比，辐辏吴堰，鱼三州氓，海四百里。三州谓滁、和及雄州也。’按：称海子者以此”（据《来安县志》《方舆纪要》《五行志》）。

直到南唐在受到北方军事势力威胁的时候，想到了利用瓦梁堰以阻北兵，“于涂水上立清流关，又立瓦梁堰，为东西瓦梁城”，并在海子里操练水军。但还是没能摆脱失地灭国的命运。到了宋景德元年（公元 1004 年），瓦梁堰再次被废除，又被分割成圩田，与民耕种至今。四百里海子消失了，在这广袤肥沃的土地上，逐渐兴起了一个个鱼米之乡。

传闻清代同治年间，公元 1862 年至 1874 年，雷贡两姓首先看到此处是风水宝地，便迁家带口来此落户，经营工商，开设粮行、豆腐坊等，生意兴隆，家族兴旺发达，后来四方民众也纷纷云集落户此地，逐步形成了集镇雏形，随着工商业的不断发展逐步形成集市、街道。因为雷贡两大家族都是经商大户，当时百姓称为雷贡集。后来雷姓家族有人做了大官，且生意更加兴隆、发达，产业、商铺远远超过贡家，因此又演变成为雷官集。

在清代，雷官集以西小街为界，东半部属江苏六合县，西半部属安徽来安县；民国时期雷官集全部划归江苏六合县，属程桥区管辖；中华人民共和国成立以后，苏皖两省边界略有变动，以当时的皂河为界，雷官集被划归安徽省来安县。

吴王城和瓦梁堰，承载着近两千年来的地方厚重历史，包括与之相关的如伍子胥、专诸、孙皓等的人物典故和传说，也包括一些地方民间传说，值得更深入地去挖掘，从而发扬来安本土的“吴王城文化”和“瓦梁堰文化”。

（李德新）

塘无青蛙埂无蚊子

雷官集古名瓦梁里。据老人传，在很久以前这里雷姓与贡姓两大家族出名人，集镇取名“雷贡集”。后历经若干年，人们把“雷贡集”念白了，叫“雷官集”至今。若干年来本镇流传着许许多多神奇的故事，“塘无青蛙埂无蚊子”就是其中之一。

大家都知道，青蛙栖息在沟塘、田坝、沼泽地等水地里，夏夜里到处听到青蛙歌唱，体现了农家田园风光。正如古代文人所描写的“稻花香里说丰年，听取蛙声一片”的景象。然而，我们雷官镇街西头有一面大塘却超乎这一自然现象：塘里无青蛙，塘埂无蚊子。在大塘周围居住的人千百年来未曾听到青蛙的鸣叫声，这在人们心中一直是个谜。这里居住的人代代流传着这样一个神奇的故事。

很久很久以前，有一个“落第秀才”（这里方言误读“绿衣秀才”）路过此地，一路兼程劳累，此时已亥时初，秀才便卷衣而睡。子夜时分，这里大塘青蛙鸣叫声惊醒了熟睡的秀才。被吵醒的秀才用手指着大塘青蛙十分生气地骂道：“该死的青蛙休得乱叫，滚!”很神奇，青蛙果然不叫了。于是秀才继续入睡，可是刚入睡不久又被蚊子叮醒了，秀才十分恼火，用手又指着蚊子：“臭蚊子，滚!”说来也怪，从那以后秀才睡过的那一块地再也没有蚊子。多少年来，这面大塘没有蛙叫声和蚊子。据传说，这位秀才后来当上了皇帝，是金口玉言，所以塘无青蛙埂无蚊子。

（孙少良 讲述　魏大富 记录　选自《安徽民间故事全书·来安卷》）

施官镇

因原驻地施官集，施、顾二姓聚居，得名施顾集，后更名为施官集

施官镇位于来安县东部，人口 4.2 万，辖 14 个村民委员会。镇人民政府驻街镇村。

因原驻地施官集，施、顾二姓聚居，得名施顾集，现施顾两姓皆无，叫白了就叫施官集。

在古代施官是来安通往南京的南北主要旱路大道，主要大街是太平街、反子街，南北走向，真是店多生意隆，人多热闹起。有句顺口溜："要吃油，反子头；要吃米，反子底；要典当，太平上。"街道都是用栖霞石条铺成的，石条路面中间已被千年的独轮大车碾成一条深约 7 厘米的沟。施官街东至汪庄大塘，西至乌龟塘，南至簸箕塘，北至沟塘，中间有金鱼塘，西南湾塘，太平街是中心。在古代，施官街的占地范围要比现在大 3 倍。街道通往回回街，直达西南营盘山脚。沿街有客栈、骡马坊、礼拜堂。施官房屋建筑奇伟，灵秀大方。可是历经战乱，一个大集镇被毁成瓦砾，原来房屋所剩无几。

1949 年设施官乡，1950 年属施官区。1958 年由彭岗、桥西、杜岱等 17 个高级社合并成立施官人民公社。1962 年恢复施官区，属施官区管辖。1983 年 3 月体制改革，为施官乡，属施官区。1992 年撤区并乡，施官乡、龙山乡、西武乡的西武、陆巷、陆郢、顿邱、丁桥、坝西等村合并为施官镇。同年 10 月，原龙山乡、西武乡又析出，成立龙山、西武办事处。1993 年 6 月恢复龙山乡、西武乡建制。2001 年 11 月西武乡并入施官镇。2007 年 5 月区划调整，龙山乡并入施官镇。

境内主要河流有施河、施雷河、武西河、朱桥河。有来安古十景之"龙泉云气""天竺迎晖"。

施官镇桃庄　吕华 摄

农业规划建设了贾龙苗木、张储冬桃特色产业两个基地。工业以服装加工、农副产品加工等为主。

县道来烟路穿境而过。

（选自《来安县标准地名录》2020 年 8 月第 1 版）

舜山镇

因境内大庵山的原名舜歌山而得名

舜山镇位于来安县西北部，人口 3.6 万，辖 10 个村民委员会，镇人民政府位于舜山村。

因境内大庵山的原名舜歌山而得名。

1949 年设舜山乡，1953 年由互助组发展为初、高级社，1958 年为舜山公社。1961 年因屯仓水库建成蓄水，原屯仓的耿郢、关郢、屯仓、石固 4 个村划入。1983 年 3 月体制改革，为舜山乡。1992 年 2 月撤区并乡，复兴集乡并入舜山乡。1992 年 10 月复兴集乡划出，设立复兴集办事处，1993 年恢复复兴集乡。2001 年 11 月复兴集乡复并入舜山乡。2007 年乡镇区划调整，为舜山镇。

国家级生态镇——舜山镇　吴宗宝 摄

主要河流有来安河、五加河。

舜山镇是国家级生态镇，境内旅游资源丰富，有省级重点文物保护单位孔雀寺、尊胜禅院旧址及国家AAAA级旅游景区白鹭岛生态旅游风景区、来安古十景的“石固呈祥”“舜歌樵乐”。2009年被命名为安徽省最佳旅游乡镇。

农业以种植水稻、小麦、蔬菜为主。特产绿茶、罗兰山芋、草鸡。以林桥村为龙头的花木基地，是安徽省唯一的苗木花卉专业村，享有“皖东苗木花卉第一村”美誉。还有以炮咀村为主体的杂交稻制种生产基地和以和平村为主体的蔬菜基地。

境内交通便利，县道涧来路、屯来路穿境而过。

（选自《来安县标准地名录》2020年8月第1版）

舜山镇和舜文化

来安县城北去10余千米，一山突兀，山势嵯峨，丛林修竹，泉水泠泠，银杏高耸郁勃，丹桂花艳香浓，这就是舜山。相传舜帝曾经在这里躬耕，并向当地人民传授耕种、渔猎、挖井、制陶技艺，于是这座山便被称为舜耕山。舜与樵夫对歌遂有舜歌山之名。其后，“舜歌樵乐”成为来安古十景之一。明天启版《来安县志》载：“舜歌山俗名舜天子岭，山上有瓜垄，远望可见，下有泉，南流入石塘涧。”清道光版《来安县志》载：“舜歌山在县北二十五里，山有二泉，一东流可资灌溉，一自西麓吉祥庵后石罅中，名观音泉，北有石濑石谷，人迹罕至。”并在该志“舜歌樵乐”条目中记述：舜耕山“为邑基之保障。樵歌互答，亦太平乐境也”。其实，舜耕山不仅是邑基之保障，也是我县人文起源地之一，有了它，舜文化得以传播至今。历史发展到元朝，至正二年（公元1342年）在舜耕山建尊胜禅院。倚山壁构殿，两旁禅室斋堂自上而下因势为台砌，中殿侧为山门，迤西竹树盈十亩，苔茵草径，履藉无声，殿前桂二株，可荫数亩，殿后石壁峭立，古树槎丫，下有泉，大旱不竭。从此，晨钟暮鼓，青灯黄卷，贝叶之声不绝于耳。清初大文学家、《红楼梦》作者曹雪芹的祖父曹寅为尊胜禅院撰写碑记，成为皖东一处胜迹。现被列为省级文物保护单位。

舜是上古时期杰出的领导者，在他带领下，人类社会一步步走向文明，被后世称为“明君舜帝”。舜在华夏民族发展史上作出了卓越贡献。他修改完善法律，以法治天下；他选贤用能，以至府库充盈，四海咸服，形成了中华民族空前的大团结；他制定仪礼，体恤民情，躬身自明，礼贤下士，开诚议政，教化万民，友善诸部，治理水患，发展农耕，开疆拓土，为部落制向奴隶制社会转变奠定基础。他身体力行，以孝为先，忠贞爱情，创造了道德本体文化。来安人民在敬仰怀念舜的同时也在传承舜文化。古人留下诗句，诸如“重华三十起尧天”“闻道苍梧老巡狩”“但说田畴宛可寻”“顿立底可留瓜田”“却忆康衢歌帝力，可能舜日补天工”“来访虞姚天子山”“独有萧韶如在耳”“乱峰磐郁陶渔远”等等，都充满怀念敬仰舜帝之情。如今人们同样怀念舜帝之德，传承着舜文化。今本县人王正奎先生《舜歌樵乐》是一首弘扬舜文化的好诗，恭录于下，并借以作为本文的结束语：

地灵人杰舜歌山，道统传承偌许年。
古帝兴农传耕植，乡民乐业学种田。
文明胜出蛮横少，开化迎来礼教全。
盛世而今多雨露，蜂飞蝶舞艳阳天。

（叶永寿）

张山镇

因原驻地张山集自然村而得名

张山镇位于来安县中北部，人口 2.5 万，辖 9 个村民委员会。镇人民政府驻郭郢村。

因原驻地张山集自然村而得名。（编者按：张山集自然村因张姓聚集而得名）

1949 年成立张山区，1950 年改为张山乡，属城区所辖。1951 年属施官区管辖，1953 年由互助组发展为初、高级社。

1958 年长山、庞河、玉带、张山 4 个高级社合并成立张山公社。1962 年城区恢复，属城区。1983 年 3 月体制改革，为张山乡，属城区。1992 年 2 月撤区并乡，长山乡全境并入张山乡。1992 年 10 月长山乡成立

仰山新貌　吴宗宝 摄

办事处，1993 年 6 月长山乡恢复乡建制，2001 年 11 月长山乡再次并入张山乡。2018 年 1 月张山乡撤销，设立张山镇。

主要河流有施河、来安河。

来安古十景之一的“五湖环秀”旧址即在境内的五湖山（今长山）上。仰山村有千亩桃园，已成功举办数次“桃花节”。

全镇产业优势明显，已形成林果、蔬菜、养殖三大支柱产业。桃花村大力发展无公害蔬菜，已建成蔬菜大棚基地，以日营销蔬菜 100 吨、年交易额 6000 万元的桃花蔬菜交易市场为平台和窗口，实现小农户对接大市场，蔬菜产品远销上海、南京、合肥、扬州等城市。林果站建成水果示范基地，积极发展油桃、大紫李等林果新品种，林果生产已成为农民增收致富的新增长点。另外形成了以罗顶村为主的草鸡、火鸡养殖基地，以荀滩村、陈港村为主的养牛、养羊基地，以孙港水库、官塘水库、大港水库为主的养鸭、养鹅基地。

境内交通便利，345 国道穿境。

（选自《来安县标准地名录》2020 年 8 月第 1 版）

三城镇

因境内有蒋家城、龚家城、塘堆城三城而得名

三城镇位于来安县南部，属圩区，人口 2.2 万，辖 9 个村民委员会。镇人民政府位于冯巷村。

因境内有蒋家城、龚家城、塘堆城三城而得名。

1958 年属广大公社，1964 年广大公社分出 8 个大队成立三城公社。1980 年恢复水口区，属之。1983 年体制改革，为三城乡，属水口区。1992 年撤区并乡，广大乡并入三城乡。同年 10 月，成立广大乡办事处。1993 年 6 月广大乡恢复乡级建制，2001 年 11 月广大乡再次并入三城乡。2018 年 1 月，三城乡撤销，设立三城镇。

清流河、来安河环绕全镇。

三城镇开展星级支部、美丽乡村创建及美丽庭院评比等活动，乡村面貌显著变化，形成“环境优美、生态良好、村容整洁、乡风文明”新气象。境内天涧村金庄、周郢美丽村庄示范点率先推进并建设完成，成为三城镇“以点带线”的排头兵，冯巷村西张、天涧村余庄美丽村庄示范点已建成，唐郢美丽村庄示范点正在建设中。

三城镇街道　韩琦富 摄

农业以种植水稻、小麦、油菜、蔬菜为主，水产养殖、林业生产为特色，是个物产丰富的鱼米之乡。工业以橡塑、金属铸造、服装、电子为主。有轮窑、橡塑、羽绒、玩具、电子等厂。

境内交通便利，天潜高速（今天天高速）过境，县道大广路从北边出境与104国道相接。清流河上可直达滁州市，下可直达长江。

（选自《来安县标准地名录》2020年8月第1版）

三城探名

三城镇位于来安县的南部，镇政府设在冯巷村的小雷郢，距县城29千米。南与滁州市乌衣一桥之隔，西与滁州市大王镇相连，北与水口镇接壤，东与相官集、汪波荡农场相邻。

三城之名历史久远，根据《安徽通志》记载，早在五代南唐时期（公元937年—公元975年），筑瓦梁堰以御北师。居民为防水患，筑起三座城，分别是蒋家城（在州南26千米）、龚家城（在州南20千米）、塘堆城（在州南15千米），是为三城得名之肇始。时至宋仁宗庆历三年（公元1043年），在三城境内建寺庙一座，题额“三城广福寺”。明嘉靖十八年（公元1539年）、万历三十年（公元1602年）和清雍正六年（公元1728年）几经重修。建寺晚于建城，寺应因城而名。

北宋王安石变法，于神宗熙宁三年（公元1070年）命司农寺制作《畿县保甲条例》颁行，施行州县乡里保甲制，这里的“保”是基层行政单位，“甲”是募兵的意思。十家为一保，五保为一大保，十大保为一都。宋朝时三城属万善乡，元代属东南乡，明朝属昌城乡三里（亦名三都），在月塘地方。清朝中期改“都”为“保”，三城遂为三城保。1951年称三城乡，1964年称三城人民公社，1983年复名三城乡，1992年广大乡和三城乡合并，仍以三城乡命名，2018年撤乡设镇为三城镇。

（伍大江 提供资料　叶永寿 组稿）

三城传说

来安县城南30千米处有个集镇名叫三城，在三城的四周分别生长着四株近千年的古银杏，相传这四株古银杏是明朝开国皇帝为选定都城的四个城门而栽下的标记树。

当年朱元璋平定天下后，刀枪入库，马放南山，天下太平，万岁爷有了重建都城之意，急忙招来能掐会算的军师刘伯温。丞相刘伯温掐指一算，告诉太祖，都城的风水宝地应在中都（凤阳皇城）城的东南方。

明太祖带着丞相刘伯温从中都出发，向东南方的金陵方面寻找皇都吉地。一路上，人马浩浩荡荡，穿嘉山过滁州，这天来到来安县三城所在地。明太祖朱元璋抬头观瞧，只见远处深山如黛，长江似虹，随山势蜿蜒曲折，向东一泻千里，江面上千帆云集，百舸争流，云飘峰间，钟鸣山寺，远处山峰若隐若现……太祖看了大喜，忙招来军师刘伯温问："丞相，此乃何地？依山傍水，风景如画，说不定真是一处建造都城的风水宝地!"刘伯温上前起奏："吾皇，此乃来安县三城也，距金陵 40 千米，前面群山名叫猪头山，山上有九个峰，这猪头峰头向三城，尾对金陵。"太祖皇上听了心中一动："我姓朱，这里有九座猪头峰，猪头峰头向三城，似有群猪走到宝地之意，九乃吉数，九九归一，莫非天意?"太祖又看了一眼四周地形，发现四周略高中间低像盆地，犹如一猪圈，心想："我姓朱，朱与猪乃谐音，猪入猪圈一定皇位安定。"太祖心中狂喜，此真乃皇都吉地！

太祖命令工匠仔细勘探，确定建都范围，建造皇城，并在皇城的城门处，栽了四株银杏作为标记树，选下黄道吉日，明太祖朱元璋亲自参加奠基仪式。太祖皇帝带着锹一锹挖下，只听"吱"的一声，太祖一看，土下有一铁盒，急忙命人打开铁盒，盒内有一道黄绫。上书："皇都吉地也!"太祖大喜！突然，黄绫化为一条金龙，冉冉飞升，最后降到了龙盘虎踞的金陵城。最后太祖放弃了在三城建都计划，却留下了四株银杏。古银杏虽经千年风霜，依然是根深叶茂，它们默默地站在那里，俯瞰人间风云变幻，世事沧桑。

（贾金宝 讲述　郝惠芳 记录　选自《安徽民间故事全书·来安卷》）

杨郢乡

因驻地杨郢自然村而得名

杨郢乡位于来安县北部，人口2万，辖7个村民委员会。乡人民政府驻余庄村。

杨郢乡原名屯仓乡，“屯仓”来源于1949年前有个姜姓百万财主家的屯粮仓库。1949年属屯仓区，1958年由屯仓、塔山、志凡、宝山、静波等高级社合并为屯仓人民公社。1981年因与舜山公社的屯仓大队同名，以驻地杨郢自然村更名为杨郢公社。1983年3月体制改革，为杨郢乡。（编者按：杨郢自然村因杨姓聚集而得名）

主要河流有屯仓河、来安河。

杨郢乡是革命老区、津浦路东革命根据地，中国共产党来安县第一个党支部于此建立，刘少奇等老一辈无产阶级革命家在此活动。志凡村是为

杨郢山村　徐斌 摄

纪念在高塘郢反动地主武装暴动中被反动武装杀害的陈志凡等革命先烈而命名，静波村是为纪念革命战争年代为开辟革命根据地做民运工作被地方土匪武装杀害的革命女烈士侯静波而命名。宝山村有千年银杏树“皖东银杏王”，传说宋朝开国皇帝赵匡胤当年在此树上拴过马。来安古十景之一的“马岭听风”在此境内。

全乡农业以种植小麦、玉米、水稻等为主。志凡村的山芋、花生，陡山村的西瓜、棉花，余庄村的山药、冬瓜，红星村的大西洋土豆，陈郢村的西瓜嫁接苗生产，都有一定规模。有桃子、板栗、柿子、李子、枣子等经济林。畜牧业以饲养猪、牛、羊等为主。有食品加工厂、离合器片厂、玩具厂等。境内有龙源风电项目。

境内交通便利，县道半自路穿境，县道长杨路止于此。

（选自《来安县标准地名录》2020 年 8 月第 1 版）

村组地名故事

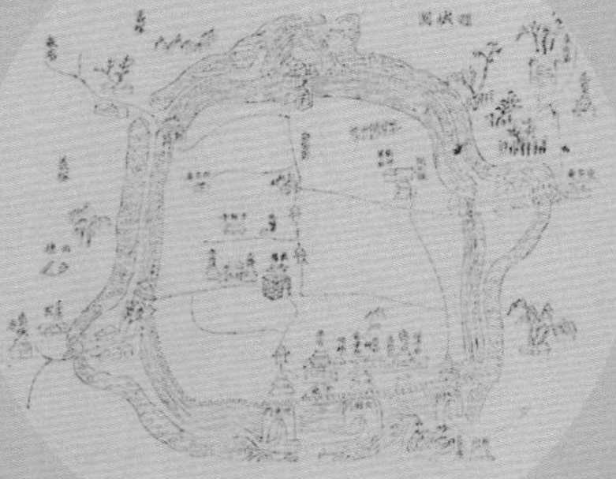

《来安县标准地名录》（2020 年 8 月第 1 版）收录的 5369 条地名中，属于村（群众自治组织）一级的 138 条，属于居民点的 3014 条。由于我们挖掘得不够，资料搜集得不够全面，本章奉献给大家的只有 37 个村或组的地名故事。虽然数量不多，相信你读了以后，肯定会被这些生动有趣的故事所触动。

新安镇

卓集村和姜家湖村的由来

在来安县新安镇的西北方和西南方，分别有个村。一个叫卓集村，另一个叫姜家湖村。传说很久以前，这里荒无人烟。有一年，来了一对兄弟，分别在这两个地方垦荒种地，生息繁衍。有一次，从他们的老家来位亲戚，问他们在这里，日子过得如何。住在西北方的老大说："不行，难以糊口，每到春天，就为无米下锅着急。"住在西南方的老二说："马马虎虎，将够糊（口）。"

久而久之，老大所在地就被人们叫作"着急村"，后来写白了成了"卓集村"。老二所在地就被人们叫作"将够糊村"，年代久了演变成"姜家湖村"。

（杨大璞）

半塔镇

高山村

高山村民组因高山故城得名。

高山故城就在今天来安县半塔镇高山村的高山村民组。只要您亲临现场，便可以看见遍地是砖头瓦砾、陶器碎片，夹杂着一些腐烂已久的木料碎末。这个高山故城遗址范围大概有十亩地。

当地的长者们说，这座故城是明朝永乐年间所造。

朱洪武在南京定都以后，为巩固自己的统治，大兴土木，营造紫禁，但却将紫金山隔在城外。紫禁城竣工以后，朱元璋问太子这紫禁城造得如何，太子洞察父皇心理，迟疑了一会嗫嗫嚅嚅地答道："紫金山上架大炮，炮炮都轰午朝门。"这一句话把朱元璋噎得愣了半天也说不出话来，他也不便当面发作，只好将话咽进肚里。待进了皇宫，他仍是什么话也没说，便叫一名侍从取来了一个橘子，剥皮抽筋以后，递给太子吃了。太子以为是父皇的恩宠，心中暗自得意，哪知这只橘子却暗藏杀机！

太子回到后宫，皇后问道："皇儿，皇上带你到何处去了？说了些什么？"太子便将父皇如何带他去观城，说了哪些话，回宫后又如何，统统地告诉了皇后。皇后听后大惊失色，她深知朱元璋的脾气，向来是刚愎自用，喜怒无常，且生性多疑，专信阿谀奉承之人，谁若说出半句忤逆之言，就难免杀身之祸。观城赐橘，实乃是欲杀其子，剥皮抽筋。这只有皇后才识得其中机关，事态已经发展到如此地步了，必须采取对策。皇后接着说："皇儿，你父皇执意要将你除掉，是因为你违拗了他的心意，现在已悔之晚矣，你速速逃命去吧！"

太子听了正想分辩，皇后怎能容他再浪费时间，便吩咐了几个亲信，拥着太子连夜偷偷从后宫逃了出去。由于惊慌失措，太子一点钱也没有带，幸好几个亲信身上尚有些散碎银子，勉强可以糊十天半月。

一路之上人困马乏，又怕追兵。一天，好不容易逃到兴隆高山这个地方，天色将晚，太子命进村住宿。村里有个姓李的富户将他们接到家里并安排了晚饭。饭后茶毕，李户主问他们要到哪里去，他们说因公务要到燕京去，因途中遇着盗贼，将盘缠抢了干净，所以只得在这里借宿。李户主听了他们的叙述，顿生恻隐之心。除了热情地招待他们，还为他们备足了到燕京的路费，顺便还带些干粮。太子口里千恩万谢，只是始终未能暴露自己的身份。但李户主倒也看出一些苗头，几个彪形大汉簇拥着一个唇红齿白、眉清目秀的少年，知道这少年并非等闲之辈，但也不便说破，只是暗记心中。

被救的太子便是后来在燕京登基的永乐皇帝。永乐不忘当年李户主的救命之恩，赠金之情，登上宝座以后，便择日带领着原来的几个心腹，微服私访来到高山李户主的庄院。他到了庄院一看，原来的李户主家的房屋仅剩残垣断壁一片瓦砾。查问当地的老百姓，才知道是李家因营救太子而得罪了皇帝，洪武帝下令将其全家抄斩，房屋烧光。仅剩下一个老奶奶带着一个小孙子，侥幸逃脱，目前住在山南边搭的一间破草棚里。

兴隆乡高山村出土的明代晚期青龙花瓶

原来这个老奶奶就是李户主的母亲，那个孩子便是李户主的儿子。永乐帝找到了祖孙两人进行抚慰，又对李户主的在天之灵祭奠一番之后才离开高山而去。

事隔不久，永乐帝便降旨为李氏重建住宅，并派得力之人监造“白鹤厅”五间，并以此为中，前后左右都建四合院。这些四合院，全部是排山柱的砖瓦结构，鼓形柱基石，北院门头上镶了一块大理石的匾额，有“圣旨”二字。大厅中的中堂字画很多，均系当朝文武大臣们所赠。可惜的是，1941 年正月下旬，日军来到这里，实行了“三光政策”，一把火把高山故城烧为平地。从那时起，就只留下一堆瓦砾了。但如今高山故城仍居住着李氏后裔，只要提起高山故城，男女老少就能滔滔不绝地给你讲述这个历史故事。

（李庆余 讲述　吴德美 记录　选自《安徽民间故事全书·来安卷》）

牌　坊

半塔镇集镇上有个地方叫牌坊，是因为此地曾有个孝节牌坊而得名。

谈起半塔的孝节牌坊，当地很多人都有记忆。虽然该牌坊已被毁，但关于孝节牌坊的故事一直在流传着。

据老人讲，这个牌坊造得雄伟、高大，它的正面雕刻着清乾隆皇帝御笔亲题的“孝节牌坊”4 个大字。御笔匾额下是一幅精美的浮雕，浮雕静静地告诉我们一个动人的故事，传递着来自那遥远年代的温馨亲情，诉说着我们中华民族淳朴、善良、敬老的传统美德。

相传清乾隆年间，半塔居住着一对姓王的夫妇，丈夫外出经商，家中只留下妻子、年迈的公公和一个不足周岁的婴儿。王氏在家辛勤耕作，操持家务，悉心照顾着老人和孩子。可是天有不测风云，年老体弱的公公得了一场大病，王氏请医喂药，忙碌了大半年，公公的病情总算有些好转，可病后的老人除喝一点米汤维持生命以外，什么也吃不下去。王氏面对尚存一息的公公，看在眼里急在心上，可什么办法也没有。

有一天，正在给孩子喂奶的王氏忽然想到，如果给公公喝奶水，说不定老人会很快康复。善良的媳妇决定用自己的乳汁去挽救公公垂危的生命……

这件事被南巡的乾隆爷知道了，乾隆爷也深受感动，欣然提笔写下了“孝节牌坊”4个遒劲的大字，并命令工匠将此事雕成精美的浮雕，让王氏这种淳朴、善良、敬老的事迹流芳百世。

（贾金宝 讲述　王永兴 记录　选自《安徽民间故事全书·来安卷》）

葫芦庄

来安县半塔镇高山村有个村庄，叫葫芦庄，谈起这个庄名，还有一段有趣的传说。

相传，宋朝太宗年间，六郎杨延昭领兵挂帅，抗击来犯的金兵，保卫国土完整和一方百姓安宁。

在高山村有一座高山叫万山，山势险峻陡峭，除东南角有个斜坡外，其余地方无坡无树可攀。

在万山脚下有个村庄叫大孟郢，村里人大都是孟氏族人在此久居，以耕作为生。当年出了个好汉叫孟良，由于他从小就爱练武习拳，使枪弄棒，练就一身好武艺。因他爱管闲事，打抱不平，得罪地方权贵和土豪劣绅，他们买通官府，派官兵捉拿，官逼民反，无奈之下孟良聚众占领万山为王。

孟良聚众上山后，将山顶削高填低，开垦出数十亩平地。在山上盖房挖井挖塘，栽菜种粮。在山顶边沿用巨石垒起数丈高寨墙，墙外栽种上密密麻麻的刺围子，只在山的东角留一个寨门。真是一夫当关，万将莫入。墙内四周又修了数丈宽的平坦跑马道，以供平时操练兵马和士兵防守巡逻之用。

孟良占山为王以后，官府多次派兵围剿，久攻不下，经层层上报，朝廷震惊，皇帝下旨，要杨六郎领兵围剿山寨，捉拿贼众，生擒孟良。

杨元帅领旨带兵来到万山，详细察看山寨的地形地貌，确实易守难攻。于是他果断带兵东退5千米，到王集村一带安营扎寨，一边操练兵马，一边研究破敌之策。

要攻破山寨，必须先毁掉刺围子，要毁掉刺围子，就必须用火烧。于是他发动士兵种几亩地葫芦，待葫芦成熟后，取出种子拌上泥土，把泥土捏成团，将带葫芦籽的泥团捏在箭头上。待到冬季大雪纷飞时，命令士兵万箭齐发，将带葫芦籽的箭射向刺围子。

春暖花开之时，葫芦籽在泥土里发芽成长，夏天生长旺盛，整个围子都爬满了稠密的葫芦藤。入冬以后，葫芦藤经霜冻以后全部干枯，沾火即燃。杨元帅趁刮大风的晴好天气，令弓箭手将箭头裹上棉花，沾上火油点着火后向爬满葫芦藤的刺围上发射。一时间，火借风势，风助火威，熊熊大火将孟良苦心经营的万山寨刺围子烧个精光。杨六郎趁势带领兵将发起冲锋，一举攻克万山寨，降服了好汉孟良，孟良后来成为元帅帐前一员虎将。

当年杨六郎带兵点种葫芦的地方，后来就叫葫芦庄。万山脚下大孟郢周围的人，至今仍有用柞刺做菜园篱笆的习惯。

（王敬仁 讲述　记录 吴德美　选自《安徽民间故事全书·来安卷》）

营盘井

来安县半塔镇王集村的东北角，有一口永不干涸的井，叫营盘井。

传说，在宋太宗年间，杨六郎为平定叛乱，收复占山为王的孟良，曾在现在的王集村屯兵，侍机降服孟良。

那年大旱，军队士兵和当地的百姓吃用水十分困难，眼看便要断水。杨六郎一方面考虑到众百姓的利益，另一方面又考虑到军队面临的现实，决定发动士兵挖井取水。杨元帅亲自对王集周围地理环境进行勘察后，决定在王集的东北角挖一口深井。

他们从附近的山头运来了片石垒井壁。动工那天，当地百姓纷纷前来帮忙，士兵们在下面挖，百姓们在上面提土。因为考虑吃水的人多，又要长期使用下去，便决定将井打约 30 米深。

开始军民们打井的劲头是很大的，但井已掘至约 10 米深时，却不见一滴水星，于是他们便有些泄气，到了晚上都一个个地耷拉着脑袋，拖着疲惫的身子，回到各自的住处。

第三天的上午，日出三竿，仍不见一个人去打井。杨元帅问明了原因，才知道是军民们为打井的事情动摇了信心，认为这块地下根本打不出水来，再往下打也是白费力气。杨元帅又在原地勘察了一番，他发现其他地方草木枯黄，而打井的周围尚有丛丛绿草。他坚定了信心，动员军民们继续往下打，直打到出水为止。

挖了一天一夜仍不见点滴的水，这时连军马的饮用水也成了问题。杨元帅为减轻百姓们的负担，答应他们可以不出工，但严令军士们继续向下深掘。

打井的士兵哪敢违抗将令，只得继续向深处开掘，希望挖出水来。井深约 35 米时，井底下士兵的大锹触着一块石头，锹口被震得卷曲了，歇了一会儿，那士兵清理了石头周围的积泥，从井上要了一根撬棍，用力将石头撬起。石头刚被撬起一丝缝隙，只见一线银白色的水雾从缝隙中窜了出来，冲出井口。在井口四周观望的人被这突如其来的景象吓了一大跳，紧接着就有一股碗口粗的水冲翻了石头喷射出来。井下的那个士兵万没想到这水来得这么快，连呼救命。待到士兵刚被吊到井口，那井里的水已经有半井了。井水迅速地上涨着，说也怪，当水涨到离井口约 2.5 米的时候，便戛然而止，再也不往上涨了。

井打成以后，军民的吃水问题和农田里的用水问题都解决了，人们都说这是杨元帅带来的福气。而杨元帅却说这里是块宝地。所谓“宝地”和“宝井”也不是没有一点根据：不论三冬四夏，那口井的水永远保持那个深度。数百年来，大涝之年，不见水位上涨，大旱之年也不见水位下降。因为这口井是杨六郎屯兵在那里开挖的，所以起名营盘井。

（吴德美 讲述　祝英山 记录　选自《安徽民间故事全书·来安卷》）

朱山村

半塔镇宝山村有个自然村叫朱山村。从来城向西北走约 35 千米，有一个茶场，叫龙卧寺茶场，茶场的东面有一座山，叫老母猪山。这山叫老母猪山并不是说这山的样子像母猪，而是有一个神奇的传说。

相传很久以前，到了春秋季节，早晨就经常会有浓雾罩在山上。雾很大，就连山上的松树和大石头都看不清模样了。当太阳从东面升起时，就会模模糊糊地看到山顶上有一个个黑乎乎的东西来来往往，时而聚在一起，时而四下散开，还不时地传来母猪“呼哧呼哧”和小猪娃“叽叽哇哇”的叫声。这让附近的百姓非常吃惊，也非常害怕。一传十，十传百，越传越神，甚至有人说，还看到一个母猪带着一窝小猪娃从天上驾着云头飞来，在一个石槽里吃食，然后又腾云驾雾而去。当时，村里人再没有一个敢上山去。

山脚下有一个小村庄，村里住着一个猎户，名叫江文照。这人上山打猎，下河捕鱼，无所不能，无所不敢，人称“江大胆”。他刚开始听说时，并没有放在心上，没当回事，可是当传说传得越来越邪乎时，他坐不住了。他说：“我江大胆生来就没怕过什么东西！我非要上去看看！要是真有什么公猪母猪的，我打下来给你们做下酒菜！”于是，他选了一个大雾的天气，一个人带点干粮，扛着猎枪上山了。后来，他下山了，告诉大家，他并没有见到什么母猪、猪娃，倒是看到山顶确实有一个大猪槽，一块大青石头，有两间大屋子，中间好像被挖空了，真的像人家喂猪的猪槽，里面有不少水，水很清，水里还有一些草叶什么的，让他没有想到的是，石槽子旁边真有猪蹄印子，还很多……听他这么一说，人们更加相信以前的传说是真的，从此以后，关于这座山的传说就更离奇了。

还是江大胆厉害，后来，他带上几个胆大的石匠，背着錾子、铁锤，找到了那个大石槽子，叮叮当当一阵凿，没两天的工夫就把大石槽子敲成磨盘大小的石头。他们还嫌不过瘾，又一块一块地把石头掀到山底，这才了事。后来，就又有人传说，在一个大雾天里，亲眼看到一头母猪和一群猪娃又飞落到那个地方，它们见没有了石槽，向山下不停地叫着，听起来非常悲惨，叫了一会以后，又站在一个云头上飞走了，从此再也没来过了。

没过多长时间，江大胆突然不知生了什么怪病，早早地命归西天。又没过多长时间，一个姓胡的石匠也死了。山里人都说，这是冒犯了神灵，神灵在报应他们了。于是，村里人为了阻止神灵再来报应，还特意选了一个吉日，用面粉捏成很多小猪，敲锣打鼓，供到山顶，还把小山村改名为“猪山”，后来嫌不太好听，便改为“朱山”村。

（何良富 讲述　朱模升 记录　选自《安徽民间故事全书·来安卷》）

纸槽村民组

这是一段历史的沉积。中国四大发明之一的纸，在这个小山村也能得到体现。它留下的“纸槽”便是科学的证明。这个故事没有动人的情节、重要的人物，只是朴实的叙述，但是，却从不同的角度，反映了它在过去的不平凡的经历。

来安县半塔镇罗庄村有个村民组名叫纸槽①。顾名思义，这里曾经造过纸张，或者生产过纸的半成品，据传说生产的规模不可能很小，而且有可能是集体经营性质，或者是家庭的小作坊式生产。多年来，这里流传着一个非常神秘的故事。

相传在很早以前，罗庄村的马港一带，是连绵起伏的山岭，人烟稀少。但那里却是古木参天，遍地森林，特别是其中的榆树最多。

传说纸的发明家蔡伦曾利用这里丰富的森林资源造纸。他们派人砍伐大片的榆树，剥下树皮，放进地槽中进行沤泡。过了一段时间，把沤好的榆树皮捞了起来送到河南的开封造成纸张。

老人们说，这里沤榆树皮做原料，进行了好几十年。后来，到了20世纪初，这一带的榆树被砍伐完了，造纸的原料也就断绝了来源，接着伐木工人也就随之被撤走了，便留下了沤榆树皮用的大槽子，留下纸槽村民组的名字。

（骆腾云 讲述　冯树仁 记录　选自《来安民间故事集锦》）

---

① 《来安县标准地名录》则认为“因位于低洼地带，得名低槽。后以‘纸’代‘低’而得名”。

水口镇

周球村

周球，实有其人，来安县志有文记载。水口镇有一个周球村，就是因这个人而起的名字。周球村的老一辈人，对周球的故事滚瓜烂熟，津津乐道。他们把周球的故事一代传一代，流传至今。

在水口一带，周氏是个大族，有一百多户。在这个大家族中，有个叫周球的人，他排行老二，族里人也就顺口叫他老二。他力大过人，饭量极大，一顿饭能吃一斗米。因为他的饭量大，所以一般人不情愿找他干活。可是，族里人又不敢不请他干活。这是为什么？因为他要是生哪家的气，就把那家场子上的石磙子轻轻地抱起来往胳肢窝里一夹，丢在井口上，别的人搬不动，又不能不吃水，最后只有请他把石磙子挪掉，还要倒贴一顿饭。久而久之，本族人也讨厌他，就是没法来整他。

有一次，几个人凑到一块，商量过后，把周球找来，对他说："今晚上我们请赌，没有牌九，请你到滁州去买一副，回来以后吃的水子全部归你，但必须卯时回来。"周球没说二话，便一口答应下来。说话已是寅时了，一个时辰来回，必须骑快马方可。去哪弄马呢？

当时的周氏家族住在清水庵，到滁州去要经过野马塘。野马塘里出现过一匹野马，经常会在晚上出来伤人。家族里的几个人是想让野马来伤害周球，就是不死也能让他掉层皮，也好出出气。

周球走到野马塘的时候，就见远方一片红光。那红光伴着一阵风声由远而近，周球走近一看，发现原来是一匹枣红马！这马见了周球，扬起蹄子就踢，周球向旁边一闪，顺手抓住马鬃，用力一按，跃身坐在马背上，抡着铁拳头就砸！没打几拳，那枣红马就趴在地上老实了。周球解下裤腰带往马颈子上一拴当缰绳，两腿一夹，马便站了起来，撒开四蹄向滁州飞奔而去。不到一个时辰周球就把牌九买了回来。一个有见识的老人说，有宝马必有好鞍，何不把马鞍也弄到手呢。正说着那枣红马在外面的桩上拼命地嘶鸣起来，众人觉得非常奇怪。这时，周球跑过去把缰绳解开，跃上马背，马便狂奔起来，一直奔到周大郢，便不走了，却用前蹄子在一块地上刨。周球暗想这马行为有异，说不定这地底下有玩意。于是，他便借来一把铁锹，挖了起来。挖到 30 多厘米深的时候，嘿！奇迹出现了，只见一个大红木箱子卧在坑中，箱子里放着一副崭新的马鞍子和一把大刀。周球见了，高兴得不得了，把鞍子架在马背上，操起大刀，跃上马背，把大刀舞得像风车子一样转，众人见了，无不同声喝彩，都说是神人保佑周球。从此以后，族里的人对周球是另眼相待，敬重有加。

周球有了宝马、神刀，早晚苦练武艺。不到两年，周球练就一身的好武艺，十八般兵器样样俱精。这一年，京城里举行三年一次的比武，周球也去了。皇帝见他武艺精湛，就封他为总兵。周球当了总兵以后，经常领兵和敌人打仗。每次打仗，他都是身先士卒，勇猛非凡，在战斗中，头盔掉了都顾不得拾起来，直到把敌人消灭掉。

周球死后，周氏家族为了纪念他，就在县城里建了周家祠堂，并且规定：凡族里的人死后，坟墓顶上一律不准安“帽子”，表示对周球的纪念。所以，一直到现在，在水口一带，凡是周家坟顶上都没有“帽子”。

（周传红　选自《安徽民间故事全书·来安卷》）

高　庙

水口镇甲埂村的许郢有一座神仙庙，此庙在当时香火非常旺盛，老百姓所求的事情多数都能实现。

此事传到刚上任的县太爷高正淳耳中，他听后觉得非常惊奇，心想在没上任时就听说来安县南面野马塘年年闹灾荒，每一任县令来此都难治理，为什么自己才到此上任，便听说此地风调雨顺？于是他次日便带领县衙人马前来，到野马塘探听虚实。手下班头前来报信：“在离野马塘以南 300 米处，有一神仙庙，庙里的贡品堆积如山，香火满炉。有趣的是供奉的神像是老爷您。”高老爷闻听此言，不由得回想起自己年轻时的一段往事：原来自己年轻时家境贫穷，不得不投靠远房姑姑家，读书求取功名。当时，进京赶考时路过野马塘，由于身无分文，夜晚只得借宿野马塘南面神仙庙，到了半夜时分，忽听外面一声凄叫，他披衣出去一看原来是一只狐狸负了重伤，眼看就要死亡。他起了善良之心，把它抱到庙中，拿出仅有的一点干粮，喂了狐狸，帮助它包扎好伤口放了。后面发生的事高老爷却不知，原来，这狐狸养好伤后，为了报答穷书生的恩情，来到此庙，将神仙庙菩萨像换成穷书生的像，使得此地风调雨顺，老百姓年年丰收。没想到高正淳当时真的考取功名，现在又走马上任来安县县太爷一职。

后来，由于县太爷样样事情干得出色，一直升到京城做了大官，老百姓为了纪念县太爷的功劳，特地将此庙改名叫高庙，附近的村庄也叫高庙。随着时间的推移，高庙村的住户都搬迁到别的地方了，但是许郢的老人还记得这里曾经有座高庙，有个村庄叫高庙。

（陆如平 讲述　周玉春 记录　选自《安徽民间故事全书·来安卷》编者有改动）

瓜圩村

来安县水口镇上蔡村有个瓜圩自然村（在原新民村境内），为什么叫这个名字，是因一个感人的故事。

据说，古时候，就在瓜圩村这个地方，有一个叫刘全的小伙子，他孝敬父亲的事情，在周围几千米内，都是很闻名的。早晚向父亲请安不必说，听父亲的话，不做坏事，与邻里和睦相处也是受到大家赞誉的。刘全如果发现父亲的眉头皱一下，就一定要将事情问个明白，并千方百计地要使父亲满意为止。平时吃饭，父亲不吃结束，刘全是不肯吃的。父亲如果得病，这对刘全来说，可是个惊天动地的大事。

有一次，刘全的父亲真的病了。开始，因为老父亲觉得刘全是个孝子，对自己百般体贴，所以想吃什么东西怎么也不肯讲，免得儿子太烦神了。刘全请医问药，终日不离父亲床前。到了初一、十五还要烧三炷香，祝愿父亲身体早日康复。时间过了一个多月，气候已经转入隆冬了。刘全终日问长问短，父亲终于开口了：想吃西瓜！这可难坏了小刘全。寒冬腊月里，到哪里去找西瓜呢？刘全心里这样想，可是嘴上答应着去找西瓜。

实在是弄不到西瓜，刘全急得跪在大路边哭泣。这时有一个白发苍苍的老者走了过来：“你这孩子为什么事哭得这么伤心啊？”刘全将为难之事说了一遍。老者微笑着说：“这有何难？种一点西瓜，几天就可以成熟了。”刘全也不便反驳。老者说罢，就从口袋里掏出一粒西瓜籽交给刘全：“你今天下午就点下去，明天下午就能吃到西瓜了，你父亲的病就可以完全好了。”

当天下午他瞒着父亲，半信半疑地将西瓜籽点到地里。到了半夜三更，只见西瓜田的上方半空中，一片红光，12 条火龙在空中翻腾，这可把刘全惊呆了，他不敢走近看个究竟。到了第二天下午，他到瓜田里一看，奇迹出现了，两个硕大的西瓜长在瓜蔓上。这时，刘全才悟出来那个送瓜籽的老者是神仙。他向天空拜了三拜，以感谢救命之恩。然后将西瓜抱回家给父亲吃了两片，父亲的病很快就好了。

这件事很快传开了，一直传到皇帝的耳朵里，因为太后也正在生病，冬天想吃西瓜，四处张贴皇榜寻购西瓜。正好刘全将剩下的一个西瓜献给太后，果然，太后的病也好了。皇帝高兴就封刘全一个县官，刘全不愿做官，就朝见皇帝说明原委，仍回到村里侍奉父亲养老送终。后来，人们感于刘全种瓜救父的事迹，就把这个地方叫作瓜圩村了。

（王珏 讲述　朱正刚 记录　选自《来安民间故事集锦》）

虾蟆井和虾蟆村

在来安县水口镇向南 5 千米的永红村虾蟆村民组有一口古井，名叫虾蟆井。

这口井的井栏是大青石的，四周都被绳子吊水勒成多条沟（沟深浅不等，深的有 10 厘米左右，浅的在 5 厘米以下）。这说明这口井年代久远，能供给多少人吃用水啊！在当时，不管是久旱无雨或是雨水调和，这口井始终不干，而且越旱水越涨。井水透明清凉喝在口里还有点甜味，不像其他井水又苦又涩。

清朝末年，太平天国运动兴起。当时太平军南下路过水口向南进军，一时期，兵马数万之众驻扎在虾蟆井附近的地盘上，人欢马叫。军队和马儿都喝这口井的井水，难怪井栏四边都被绳子勒成条条沟痕。

离奇的是每到夜晚井水金光闪闪，伴着虾蟆“呱呱”叫声如鸣铜钟一样。有一个英国传教士三番五次地到虾蟆井来观看，过后就听不到虾蟆叫声了。有人认为，这只神奇的虾蟆很可能被这个英国传教士掳走了。尽管井里没有了虾蟆的叫声，人们还是习惯地把这口井叫作虾蟆井，把这里的自然村庄叫作虾蟆村。

（朱正刚　选自《安徽民间故事全书·来安卷》）

独山镇

白露村

白露村位于独山镇西部，地处施官镇与雷官镇之间，与水口镇毗邻。一说到白露村，人们肯定认为这里山清水秀、白鹭成群。然而事实并非如此，听老人说之所以叫白露村，有一段来历。

白露村在很早以前有条来安县到六合县（今江苏省南京市六合区）的必经之路，但是路况不佳。20 世纪初有一位叫杜金亚的乡长为了增加贸易往来，提升当地群众的生活水平，于是决定修建一条好路，改善交通。现在的白露小学院内在当时有一个白色的大“土堆子”，被群众称为“号墩子”，据村里老人说“号墩子”高有 30 米，占地约 200 平方米，是很久很久以前一个魏姓武官组织官兵从现在的施官小仙山村，用畚箕一担担挑土堆成的，在“号墩子”上点狼烟通报信息，防范侵略者。“号墩子”全是白土堆起来的，有脚不黏泥的好处，杜金亚决定用这个大号墩子白土铺来安县到六合县的道路。

路铺好了，人们出行便利了，生活得以改善。杜金亚为了纪念这一工程，就把当时的老埝塘乡改为“白路乡”，但是又认为这个“白路”过于直白，不大好听。杜金亚找到当地最有威望的老者研究改名事项，恰巧时逢二十四节气中的“白露”，老者说道：“白露为霜天转凉，秋风瑟瑟落叶黄，一行大雁南飞去，秋月如水分外光。层林尽染天边赤，枫叶红透峰叠嶂，衣襟沾水知寒意，蚊虫匿影秋蝉藏。”两人相视一笑，当即决定把“白路”改为“白露”，从此之后“白露”美名流传至今。

（李德秀）

王巷村

王巷村位于独山镇的最东边，与江苏省仅一河之隔，全村属圩区。王巷村是由王巷、王东、王西 3 个村民组交叉在一起的巷口子，因此而得名。

巷口子以南连接三汊河（古代的经商水陆码头），巷口子以北连接南京市六合区竹镇，那时候交通不便，巷口子便成了通往南北的主干道，那时没有网络，也没有电视，每天聚集一些南来北往的过客，分享他们的见闻，就成为当时村里面重要的信息来源，现在巷口子还有“人才市场”之美誉。村内还保留着属于省级非物质文化遗产的手狮灯。如今，每逢过年过节，手狮灯的队伍都会出来表演，表演的首站是独山山上的娘娘庙。相传有一年队伍出发时，由于人员的疏忽，没有上山，结果在那年演出的时候，好多“狮子”着了火。

由于当时交通不便，信息匮乏，赶集便成为当时人们购买生活物品的主要办法，赶集必经这条巷口子，此巷口子也就成为连接竹镇的“经济之路”。据当地老者说，这个巷口子还是当时独山娘娘接受人们来上香的唯一通道，当地至今还流传一句话，“独山娘娘照远不照近”。

王巷村，大约在 20 世纪 60 年代，从独山大队分出来的，也没有名字，后几经商议，以巷子口的故事命名为王巷村。

王巷村改革开放以来，坚持党的领导，团结当地群众，不断发展经济，以发展农业、养殖业、采石矿和服装厂为主，使得全村的经济和人们生活水平有了翻天覆地的变化。

（叶永寿）

汉河镇

储茂村

汉河镇储茂村是为纪念储茂江烈士而命名的。

储茂江（1909 年—1945 年），来安县舜山乡人。正值抗日战争处于艰苦时期，1939 年 2 月，中共中央军委副主席周恩来赴新四军军部明确提出新四军向敌后发展的三原则：哪个地方空虚，就向那个地方发展；哪个地方危险，就在那个地方创造新的活动地区；哪个地方只有日伪军，友军没有去活动，就到那里发展。根据中央军委指示，新四军第四支队第八团于同年初秋从津浦路西来到津浦路东创建津浦路东抗日根据地。汪道涵等同志奉命来到来安境内的复兴、舜山、屯仓一带进行创建抗日根据地的革命活动。1940 年春，屯仓地区建立了抗日民主基层政权，抗日斗争在来安如火如荼地开展起来。在群众抗战激情的感召下，储茂江于 1943 年毅然投入抗战的洪流中。他沉着、机智、果敢，进步很快，并担任了板桥乡乡长。板桥离相官集很近，而相官却是日伪的据点，所以情况复杂，开展抗战工作任务艰巨，新四军和日伪军摩擦、战斗时有发生。不幸的事情发生了，1945 年 8 月，临近抗日战争取得最后胜利之时，在一次战斗中储茂江同志英勇牺牲，时年 36 岁。为了缅怀烈士，上级决定改板桥乡为储茂乡，中华人民共和国成立后储茂乡改为储茂村。曾享誉全国的储茂农业中学也是以烈士储茂江之名冠名，储茂村之名一直沿用至今。

（叶永寿）

王来村

汉河镇王来村是为纪念王来而命名的，原名老新集。

王来是明朝时乡贤义士，字德远，老新集人。当时来安县南区地势低凹，水潦成灾，以致圩民流离失所，或半死波涛，或举家漂没，疾苦万状。王来十分焦急，他不顾耄耋之年，不顾人微言轻、个人得失，披肝沥胆，即便犯时触难，面临斧钺之诛，不改其志，屡次上书建言开通江浦黑水河，以泄长江北岸 72 圩洪水，使水涨易泄，江水可通，圩区田地方能永无旱潦之灾。可是，“日逐仰望开河，年久不蒙挑挖”。特别是隆庆二年（公元 1568 年），王来联名公呼，官府虽然口头答应，且做了一点勘察工作，并允诺秋天开工，可是到了十月仍未动土。乃至王来离世，开挖河道终成遗愿。而王来之子王之莶为继承父亲遗志，放弃功名，极力呈辞呼号，最后治水终于获得一些成效。道光版《来安县志·人物志》中称赞王来慷慨好义，直言地方利弊，82 岁竟呈开河条议，而且遭巨创而弗挫。朝廷命官屯院御史徐金星读了王来的“开河建言”深受感动，称王来为“烈丈夫也”，并著文以祭之。王来被崇祀忠义孝悌祠，王来的名字被命名为地名。

旧时老新集（王来）是来安去南京，取道大洪湾、雍家巷、老新集、程集、张家堡、猪头山、浦镇、浦口渡江至南京途中的一站，老新集（王来）上开有饭店、旅馆，供过往客商歇脚。中华人民共和国成立后，王来属相官，今属汊河镇，在发展来安经济方面，仍占有区位优势。

中华人民共和国成立后，党和政府非常重视水利，视水利为农业的命脉，南区圩堤加高加固，河道疏浚，排灌设施一应俱全，确保水旱无虞。如果王来地下有知，也该舒心瞑目含笑九泉了。

（叶永寿）

黄牌营

汊河镇黄牌村之前叫黄牌营，黄牌营的名称由来有段故事。

传说明清年间，本庄姓王的大户家中供有五个财神神像。随时间的推移，这五路财神像活了，画中的人能下来、能说话，于是王家开始发达了。他家的大门不能开，一开门元宝就像麻雀一样往家里飞，你说这一来他家的钱还能用得完吗？

用不完，于是姓王的就把许多元宝雇船送给当今的皇上。可是送了两次两大船的元宝，也没见着皇上给一个回音。主人有些怀疑，于是第三船元宝自己亲自给皇上送去。到了京城见了皇上，皇上见有人送来这么多元宝当然高兴，可就是没提前两次送元宝的事，于是这人就问皇上在这之前送来过两船元宝收到没有。皇上一听才知道前两船没有收到，当即派人追查，要将截留元宝之人捉拿归案。皇上又问姓王的想做什么官，谁知姓王家没一个识字的，不管做官。皇帝没办法只好封给他一个名誉官职，赐他一块大黄牌摆在门口的大路上。

黄牌见官大一级，不管是到他家拜访，还是公差路过，只要见着黄牌，文官下轿，武官下马。后来这个庄子就叫黄牌郢，由于流传有误就变成了黄牌营。

（陈广洪　选自《安徽民间故事全书·来安卷》）

旗杆村

在汊河镇相官集的储茂村一带，当地老人一直传说着陈友谅在小街登基的故事。

1360年，陈友谅率兵攻下太平城（今安徽省当涂县）后，集合大军，并约张士诚攻克了朱元璋据有的太平府。随后陈友谅率师北上，在现在的储茂村板桥小街一带设立行宫，自称皇帝，国号“汉”。皇宫范围较大，从储茂村最北端的双木柳村到最南端的百步井村，都是当时陈友谅的皇宫范围，至今流传“骑马关城门，前门百步井，后门双木柳”之说。其中，双木柳村庄旁边的旗杆和百步井两个村庄名称便是一个证明。

旗杆村所在地原是陈友谅武将居住地。考虑到出入及紧急情况的需要，武官只能住平房，不能住楼房。在武将所住的平房上面竖有旗杆、旗帜，该村庄名称由此而来。在旗杆，武将住所前面有一个大型的跑马场（包括饲养战马的地方）。从百步井通往跑马场有一条比较宽的路，专供马车运送钱粮。现在的储茂村小街，是陈友谅和文官居住的地方，是当时“陈友谅政权”的核心。由于陈友谅和文官居住的房屋多为二至四层的楼房，用了不少砖头和石板等建筑材料，至今在小街村及其周边的地里、池塘甚至路面上还挖出明朝时期的砖头和石板，当地农户把挖出的砖头和石板用来铺路、铺桥。

（黄德友）

滥泥滩

汉河镇江青圩村有一个庄子叫滥泥滩，后人写成烂泥滩。当地有一个教书先生叫罗二先。传说一次刚发过洪水，水落下去后河滩上淤了很厚的一层淤泥，罗二先骑马从此路过，一不小心，马陷入淤泥中动不了了，费了好长的时间才脱离了困境。罗二先随口说出这是个“滥泥滩”。罗二先是个有文化的人，他这一说就把地名给定下来了，当地百姓把这个庄子叫作“滥泥滩”。

（陈广洪　选自《安徽民间故事全书·来安卷》）

雷官镇

杨渡村

杨渡位于雷官镇杨渡村。杨渡在过去是当地的一个渡口。

古时杨渡村物产丰富，人杰地灵，是著名的鱼米之乡，有一条古老的皂河穿境而过，直通长江，杨渡就在这条河的岸边。这条古老的皂河是当地农业的命脉，也是御敌屏障，干旱时灌溉农田，雨汛时排涝泄洪，战争时抵御敌军。

相传在春秋时期，杨渡这里叫“西冲口”，是一个粮食主产区，有良田万顷，吴王阖闾将自己的行宫设在皂河以西（现在的雷官镇境内），每年秋天，吴王都要来此“秋巡”，察看当地农作物收成。吴王阖闾的子嗣较多，他偏爱的是长子和少子，长子夫差是嫡出，能运筹帷幄、驰骋疆场，但争强好胜、性格暴戾、不容于人。少子羊子是庶出，宽厚温和、谦逊好学、礼贤下士，甚得朝中官员爱戴，常有朝中大臣前去拜访。夫差觉得羊子是自己继承皇位的最大威胁，因而时常找理由排挤羊子。吴王看出此因，经谋臣伍子胥策划，遂将羊子封地“西冲口”，远离长子。由于羊子尽职尽责，管理有方，对农田水利年年修整，防涝防旱，年年丰收，确保国粮供给，甚得吴王喜爱。

“西冲口”境内有一条河流，因河水浑浊，乡民们称之为皂河，此河名沿用至今。河西不仅是吴王“秋巡”行宫所在地，也是当地乡民聚集较多的地方。羊子在这里为人谦逊，待人宽厚，深得民心，把这里治理得繁荣昌盛，民众安居乐业，每逢佳节或喜庆日子当地百姓都会载歌载舞，欢天喜地，庆贺丰收，好不热闹。河东为万顷良田，这年夏天，为防洪灾，羊子带领护卫前往河东进行汛期巡查，当巡查完后赶到河边才发现，渡河用船早已不见。正当大家四处寻找时，身后不远处传来阵阵厮杀声，只见一队人马疾驰而来，见人就砍，格杀勿论。见此情景，羊子只得安排护卫迎战，自己也拔剑相迎。羊子看得清楚，这并非是强盗匪徒，分明是一个奔自己而来的刺杀团伙，他们有备而来，自己根本不是对手。羊子一边应战，一边思寻逃离之策，可河边无舟。护卫们都先后倒下，此时既无援兵，又无退路，危险离自己越来越近。正在这生死攸关时刻，护卫长冲了上来，将他推向河边，急呼："小子快走！"羊子看到眼前的皂河，水面宽阔，洪水滔滔，早已不像之前的那条河了，正在绝望之时，羊子突然看到一只硕大的山羊站在岸边，耳边时有"羊渡！羊渡！"的声音在回荡，羊子领悟，迅速跨上羊背，山羊投入河中，羊子伏羊而渡，很快安全到达西岸，众人来迎，避过一难。

朝中得此消息，甚是惊讶，吴王遂派大臣伍子胥去实地察看，查找凶手，弄清真相。经审查后伍子胥回朝密奏："此为太子夫差所为。"吴王问："何据？"伍子胥将箭镞交给吴王，吴王看后，长叹一声"手足之情何去也？"，默默地离开了行宫。后因羊子身体衰退，不再适合封王"西冲口"，主动要求隐退，吴王准奏。数十年后，夫差败于勾践，羊子度完余生，兄弟情了。越国大夫范蠡来此巡视，听说这个故事，大为惊呼，称"真是神奇也！"遂将羊子渡难之处命名为"羊渡"，设祭台供乡民祭拜，并设渡口，安排渡船方便行人。

岁月荏苒，朝代更迭，久而久之，人们将"羊渡"易名为"杨渡"，流传至今。为纪念这位礼贤宽厚的王子，也将此地村名命名为"杨渡村"。"杨渡"渡口早已不复存在，"杨渡"渡口处现在已建设成风景秀丽的池杉湖湿地公园，昔日的"杨渡渡口"已架起宏伟壮观的杨渡大桥，更加方便两岸居民自由通行。

（雷官镇综合文化站供稿）

竹园徐

在来安县雷官镇烟陈村坐落着一个百户人家的村庄，这里山清水秀、鸟语花香，凡是路过的人都说这里山水能入画。这个地方就是竹园徐[1]。不过，这村子一开始却不是这个名字。

相传在元朝末年，竹园徐是一个仅有几户人家的无名的小庄子。周围都是山，庄子的南面是对门山、棉花山，东南面是断山，东面是兴隆山，北面是后园山，西面是荷莲山。在群山环抱之中的竹园徐，就像众星捧月一样。此庄是个藏龙卧虎之地，人们期盼能出栋梁之材！

除此之外，村子的东面还有一块十多亩地的竹林，长满了茂盛的毛竹。竹林下面是兴隆桥，有大小几十条水沟相连，弯弯曲曲地接到滁河，人们称它为老鼠沟。

竹园徐里住着一位老人，老人膝下有一个儿子，这个儿子长得虎背熊腰、魁梧壮实，他投师学艺，有一身好武艺，绰号“虎见愁”。有一天，闲暇无事，父子二人在家里谈心。儿子说：“你老人家年事已高，百年以后，安葬在什么地方，能对孩儿说吗？”老人看儿子问得恳切，便低声说道：“曾经有名人指点我，说我儿武艺高强，将来能成为个帅才，辅佐一代君王。但是，你要听我的话，我死后，你一不要请亲朋故友，二不要出门送葬，就把我放进对面的水坑里，放好以后，你迅速回去把门关紧，等七七四十九天以后再开大门，等到开门以后，定会有人请你去领兵征战，建功立业。如不到 49 天开门，就会前功尽弃。”儿子又问：“哪来的那么多的人马？”老人说：“这是天机，不可泄露。”儿子也就不再追问下去了。

此事交代不久，徐老汉便病逝了。儿子遵从父亲的遗嘱将遗体送到对门的水坑里，他即掉头回家关门坐等。亲戚朋友前来吊唁他不搭理，自己的舅父来了也不开门。人们都不知道他把死人葬到哪里去了。后来细心的乡邻看到徐家对门的水坑不见了，却长出一个大山包。

到了 48 天这一天，“虎见愁”心里想，今天是最后一天了，舅父每天跑两趟，于心不忍，不如开门吧。门刚打开，就听见一声霹雳，接着就天昏地暗。同时，东面竹林内的毛竹都炸开了，里面睡的全是软兵软马，可

---

① 《来安县标准地名录》则认为：“因徐姓聚居，附近有片竹园而得名。”

就是不能动弹。直到最后一根特大的毛竹炸开，里面出来一位威武雄壮的骑士，手持银枪，顺着老鼠沟如飞而去。据说这就是后来保朱元璋的徐达。说来也怪，自从竹园里的毛竹炸开以后，埋葬徐老汉的土堆子，全变成了红土，而竹园里的毛竹也一棵也没有了，竹园徐周围的山冈上遍地是红土，传说是徐老汉用心血浇灌的。

后来人们因为这个竹园旁的徐家出了个人才，就把这个村庄叫作竹园徐。

（徐士林　选自《安徽民间故事全书·来安卷》　编者有改动）

施官镇

张储村

施官镇的张储村原名大马郢。

1941 年 5 月，日军对路东进行“大扫荡”。5 月 28 日晚 9 时许，日伪军 4000 余人分 4 路合击来安县张山、龙山一带的新四军第十一团，企图消灭该部后再向我中心区“扫荡”。我部与日伪军连续激战 3 天，日伪伤亡 300 余人。张山乡指导员、党支部书记张连禄和乡长、模范队长储兆华为了掩护县委机关撤退，壮烈牺牲。

为了纪念这两位烈士，让子孙后代记住日军在中华大地犯下的罪行，1942 年，抗日民主政府将两位烈士牺牲的地方大马郢命名为张储村。

（杨大璞）

南沛村

施官镇西南方有个南沛村，是因纪念烈士胡蔺沛而改名的。

抗日战争时期，在下湖队和红丰水库的西南头有一条很宽的排水沟，在这条沟渠上有了一座石板桥，明天启元年（公元 1621 年）版《来安县志》记载，这座桥名为兰沛桥。日军侵占来安后“大扫荡”。当时，一名 20 多岁的中共地下党员胡蔺沛，在南沛村这里发动带领群众进行抗日活动。胡蔺沛是外地人，圆圆的脸蛋，经常穿着花格子上衣，蓝色裤子，一双布鞋，留着短发，有时腰间系着一根武装带挎着一支手枪，十分精明能干。她为人和善，哪家有困难都乐意去帮忙，乡亲们都把她像闺女一样看待，有事大家都愿意和她商量，群众都很喜欢她。

1937 年的一天，日军来“扫荡”，由于叛徒出卖，日军快到村子才被发现。胡蔺沛得知信息后连忙组织群众撤离，但有老有小行动缓慢，很快日军就赶上来了，胡蔺沛同志一边阻击敌人，一边组织群众向东撤退，快撤到石板桥东时，敌人围上来了！胡蔺沛同志和敌人殊死战斗，她身负重伤站在石板桥上还击敌人，嘴里高喊：“乡亲们快走。”最后子弹打完了，这位党的好女儿倒在了血泊之中，鲜血染红了石板桥。胡蔺沛同志壮烈牺牲。胡蔺沛同志用生命为群众转移赢得了时间。日军撤退后，乡亲们含泪把烈士掩埋了。人们为了纪念这位烈士，把这座兰沛桥改名为蔺沛桥，这桥后来由于年久失修损坏了。

1954 年，本地的朱长庚老师在这里办学，为了纪念这位烈士起校名为蔺沛小学，当时这里属毛桥乡，后来划归新河乡时把毛桥乡分为两个村，一个是毛桥村，另一个为蔺沛村，结果在改名过程中把草字头弄丢了，变成了南沛村。2008 年陆巷、南沛、红丰 3 个村合并，为了纪念胡蔺沛同志还是保留南沛村的村名。

（徐绪荣）

贾龙村和孝心树

相传古时候，东海龙王的 3 个龙子（青龙、白龙和黑龙）奉玉皇大帝的旨意到施官降雨，因贪恋东寺港的美景，久久不忍离去，耽误了回龙宫复命的时间而长留于此。在如今施官镇街道北部就有一条西街，细而绵长弯弯曲曲，相传就是那条小黑龙的身躯。每逢弯处自然形成 4 个池塘，分别为金鱼塘、乌龟塘、菱角塘和藕塘，相传是黑龙的四肢。由于年代久远，如今这些小塘已经不复存在了。在街的西北部有一座双孔石桥，原名为心桥（西河桥），是黑龙的头；在桥的东头两端各有一座桥墩是黑龙的龙角。东河（施河）经常泛滥成灾，给沿岸的百姓带来灾难，北部有两座山分别是东龙山和西龙山，是青龙和白龙的身躯。为了区别北方两龙，再加上这条龙没有给地方百姓带来任何福祉，人们开始就谓之“假龙”，又因这条街的西部不远处以“贾”姓人居多，又聚集在两龙山相间施河源头的岸边，后来把“假龙”写成“贾龙”，“贾龙”的名称沿用至今。

“孝心树”位于贾龙村的东部和平组（江家湾），在心桥的北端，在桥的东南角栽种一棵古银杏树（白果树）。据看管此古树的王姓老人讲，这棵古银杏树有千年的岁数了。来安县诗词楹联学会有人赋诗赞曰：“历经沧桑八百年，静观世态凉与炎，新朝旧代几更迭，枝繁叶茂天地间。”此诗就是对古银杏树最好的诠释。

据民间传说，唐时贾龙村一王姓老妇得了一种怪病，其子甚孝，百般求医均无奏效。偶听游医说：白果（银杏树）叶可根治此病。但方圆百里均无此树，孝子心急如焚，三步一跪，九步一拜，虔诚祷告上苍，正在云游的大仙李铁拐被凡间孝心感动，立即举起手中拐杖朝着贾龙东南处轻轻一划，瞬间心桥南边附近的石缝中就钻出一棵银杏，迎风而长，伞叶飘飘。孝子大喜，马上采了一大把银杏叶回去，其母服之 3 天后康复如初。

如今的古银杏树已逾千年，树干直耸云天，树叶像蝴蝶飞舞，似展开双臂迎宾，被誉为“活化石”。时至今日仍有人在结婚和喜庆之日前往银杏树上系红丝带，祝福父母健康长寿，千年古银杏树已成为一棵孝心树。

（张荣平）

真龙地

来安县城东门外 5 千米处有个村庄叫真龙地[①]，在施官镇南沛村境内。

传说洪武年间，有一对夫妻在这座小山坡居住，两人辛勤耕种，还在房前屋后栽了大片的竹子。几年后，根根翠竹长得有杯口粗，乐得夫妻俩合不拢嘴。夫妻结婚一直没有孩子，可巧的是这一年妻子怀孕了。十月怀胎，一朝分娩。可妻子怀孕 12 个月也没有生，妻子很着急。有一天，妻子挺着大肚子正在做家务，突然听到有人说话：“妈，我的兵马来了没有？”妻子左右看看没有人，是谁在说话？过了一会儿，又有人问：“我的兵马来了没有？”妻子仔细地听，原来声音来自自己的肚子。妻子很害怕，慌忙出去找到在地里干活的丈夫，她把经过说了一遍，丈夫听后也觉得奇怪。但一想，这肯定是自己的孩子在说话，于是对妻子说：“不用怕，如果下次再问，你就说兵马来了。”妻子点头答应。

① 《来安县标准地名录》则认为：“相传，有一张姓地主通过风水先生寻宝地建房，找到此地，说是真龙所在而得名。”

几天后，肚里又传出了声音："我的兵马来了吗?"妻子马上答道："兵马来了。"话刚说完，她就感觉肚子一阵撕心地疼，紧接着"嘣"的一声，有一条黄龙从肋骨窜出，妻子昏死在地。这条龙窜出来后，在家前屋后飞转了两圈，见没有兵马，又飞回屋里，吻了吻母亲，一摆尾，一阵狂风向南飞去，飞了5千米，一头撞在一座山坎岩石上，龙血飞溅，倒地而死。龙血染红了这片土地，多少年来，这块土地都是血红血红的，祖先们把这山坎叫"红土坎"。

再说丈夫在田里干活，忽然刮起一阵大风，只见一条龙从自家飞走。赶回家一看，房屋变成了一个大土堆，大片竹林被龙尾扫断，仔细一看，每根竹节里都藏着还没有长成的人和马。从那以后，这个地方就叫真龙地。

（周如金 讲述　周永林 记录　选自《安徽民间故事全书·来安卷》）

古井组

在来安县施官镇西武村古井组境内有一口井，位于村庄的东南角80来米处，因该井年代比较久远，后人便称此井叫古井，村庄也因此井而得名。其实人们今天所看见的这口井，在1974年以前是看不见踪迹的。关于古井的往事，还有一个离奇的传说。

古井组是标准的磨盘地，中间高四周低，相传在300多年以前，村庄里建有一座寺庙，寺庙里面住着十几个僧侣，方圆几十千米路来此烧香还愿的善男信女络绎不绝，香火十分旺盛。由于此处地势较高，周边又没有塘坝等水利设施，寺庙内僧侣及来往的香客吃用水要到离村庄1千米路以外的地方运水，既不方便也不卫生。为了解决这一难题，寺庙住持发动全体僧侣外出化缘，然后将筹得的善款用来凿井，从而解决吃水难的问题。此井建成后因水源足、水质好，每逢干旱年份方圆几十千米路的百姓都要来此井运水。

后来不知是何原因该井坍塌了，此后一百多年来，古井人的祖祖辈辈都要到离家1千米多路远的一个土井里取水，年复一年。

1974年的春季特别干旱，眼看土井里的水即将干涸，全队老少100来人的吃水问题困扰着大家。时任小队队长的盛明虎同志萌发了寻找古井的念头，他的主张很快得到大家响应。全队二十几个青壮年，带着工具，经过两天多的不停挖掘，终于发现了古井的确切位置。后通过掏井工人一个多星期的苦战，一口消失了一个多世纪的古井终于重见天日，古井组男女老少，兴高采烈，奔走相告，井床边又恢复了昔日的喧闹。

这样热闹的场景一直延续到20世纪80年代末。而如今再到古井组，你会发现随着人们生活水平的提高，多数人都相继自建水井，来此井挑水的人日渐稀疏。只有井栏四周那一道道长年累月提水绳索勒出的沟痕，似乎在向后人诉说过去岁月的沧桑。

（丁忠诚）

舜山镇

启瑞乡

启瑞乡是为纪念革命烈士周启瑞而命名的。

周启瑞（1910 年—1941 年），安徽舒城县人，1934 年从师范学校毕业后回乡任教。抗日战争爆发后，周启瑞怀着救国救民的激情找到舒城县党组织，走上革命道路。他于 1938 年加入中国共产党，同年 10 月调到新四军四支队工作，1939 年 5 月奉上级指示，由路西来到路东建立路东抗日根据地。到达来安县复兴集，他以裁缝工作为掩护，从事党的地下工作，秘密发展宋再潮等八九名党员，成立复兴乡党总支，周启瑞任总支书记。

1939 年冬，周启瑞要将一份情报送到半塔交给路东工委书记李世农。途中遇到一个营的敌人，而且岗哨林立，盘查很严。周启瑞从容机智，混在人群里巧妙地躲过盘查，顺利完成任务。来安抗日民主政府建立后，周启瑞担任中共复兴区委书记。1940 年来安春荒，他带领农抗会员向地主大户展开合法斗争，先后借得了一些钱和粮，使穷苦群众度过春荒。在他的领导下，复兴地区抗日斗争开展得轰轰烈烈，发展生产，慰劳部队，除奸防敌，取得很大成绩，复兴区被评为路东模范区。为了团结一切可以团结的力量共同抗日，周启瑞广泛接触各阶层爱国人士，扩充和加强区队的武装力量。1941 年，周启瑞根据县委部署，带人去谭郢村开展扩军工作，途中被伪军发现，周启瑞边反击边命令战友撤退，自己留在后面作掩护。不幸，一粒子弹射穿他的腹部，他一边捂住伤口，一边向敌人射击，最终被敌人包围，子弹如雨点般落到他的身上，英雄壮烈牺牲了。人们为纪念这位英烈，把复兴集乡改名为启瑞乡，并立了烈士墓碑。

此后经历几次行政区划调整，复兴集乡并入现在的舜山镇，启瑞乡亦不复存在，但周启瑞依然活在人们的心中。

（叶永寿）

屯仓的得名

来安县历史悠久，文化积淀深厚，来安县民间有“八大集镇”的说法。但人们现在能看到的只有7个，少了一个屯仓集，因为60多年前它已经被屯仓水库淹没，从此销声匿迹。

屯仓集在1949年前后是一个商贾云集、经济活跃的繁华集镇，据健在的老人回忆，当时屯仓集有城墙、城门和城楼。城门朝放暮关，城外还有护城河。当时屯仓有两条街，大街长近500米，宽约3.5米，路面由石头铺砌，中间轧出一道深深的独轮车辙。后街路面稍窄，由一周姓的大户人家修建。大街两面的商店鳞次栉比，商品琳琅满目，京广杂货一应俱全，糟坊、粮行、铁匠铺、木匠铺应有尽有。加之屯仓处于两省三县交界处，得天独厚的地理位置，使它成为来安县北部山区商品交易中心和农副产品集散地，一到逢集更是人山人海、热闹非凡。

关于屯仓集的来历有许多传说，但说到最后还是顾名思义：屯集粮食的仓库。其中流传较广的说法是因朱元璋在这里屯田积粮而得名。传说朱元璋公元1352年参加郭子兴（农民起义军将领，定远县人）率领的红巾军，参加了元末农民起义，活动在今滁州一带。因为滁州离来安县很近，朱元璋曾率部到来安县大安山一带，并穿山而行到达屯仓集。屯仓集北依尖山，南临石固山，来水河环流而过，依山傍水，地形险要，难攻易守，是陈兵屯粮的好地方。当时他就暗下决心，一旦打下江山，就把这里作为屯粮的仓库。

屯仓水库　朱明 摄

郭子兴死后，朱元璋成为这支红巾军的统帅，队伍不断壮大。公元1356年，他率部一举攻下集庆（今南京），称吴国公。

朱元璋采纳了谋士朱升“高筑墙、广积粮、缓称王”的建议，一边修筑南京的城墙，一边又派人到屯仓集来屯田开荒，设立粮仓，实现他“广积粮”的战略。因为派驻大批兵丁屯田，又建了许多粮仓，所以这个原来很小的村落居住的人多了，市面逐渐繁华，形成集镇。因为朱元璋在这里屯田建仓贮备粮食，所以集镇起名就叫屯仓。

朱元璋当了皇帝以后，不忘来安这片热土，不忘为他打江山屯田积粮的小集镇屯仓，他曾经从南京到这里微服私访，体察民情。后来当地百姓得知朱皇帝御驾亲临，也十分高兴，他们期盼紫气东来，让他们在屯仓这块风水宝地上安居乐业。

岁月的长河洗褪历史的铅华，20 世纪 50 年代，来安县在这里修建水库，来安县屯仓集由此已沉寂水下。

老的屯仓集不在了，后人又在屯仓水库大坝西边的山岗上建起了一个新的集镇，名为新屯仓，渐渐地大家都习惯地称为屯仓，新屯仓在舜山镇行政区划内。600 多年后的新屯仓融进了南京都市圈，经济社会发展蒸蒸日上。

（朱有才 讲述　徐明星 记录　选自《安徽民间故事全书·来安卷》编者有改动）

弯枣树庄

来安县舜山镇有个村庄名叫弯枣树。这庄上的所有枣树都是弯的，所以这个村庄就叫弯枣树。枣树为什么都是弯的呢？这里还流传着一个民间传说。

唐朝大将军罗艺之子罗成，有一天单人独骑路过舜山，时令正是六月心，天气很热，人就像坐在蒸笼里一样。小罗成又饥又渴，便跳下马来，想找些水喝。走不多远，发现前面有一棵又粗又高的枣树，罗成想将马拴在树干上，但缰绳太短，够不过来，想摘些枣子吃，树太高又够不着，这可急坏了罗成。他想找件东西打枣子吃，周围也找不到，罗成急得仰天长叹：“枣树啊，枣树！如果你能弯下身子来，我既能拴马，又能摘枣子充饥解渴，不知你能不能如我所愿啊！”

古话说吉人自有天相。这罗成后来也是一代名将，他的话被当地土地爷听见了，土地爷就助了罗成一臂之力，将那棵枣树弄弯了。罗成见了大喜过望，将马拴在枝杈上，又摘了许多枣子吃了，然后跃马扬鞭直奔征程。

从此，这棵枣树便弯曲了下来，就连它的后代也是弯曲的，而且弯得都是一模一样。后来人们在这里搭棚建屋，年代长久了，就成了一个村庄，将它起名弯枣树庄。

（鲍俊章　选自《安徽民间故事全书·来安卷》）

长庆庵

来安县张山镇仰山村有个村庄叫长庆庵，因为村内曾有一座土庵，此庵建于哪个朝代已无从考证。其实，这座土庵原先叫作常孝庵，土庵的建造有一个令人深思的故事。

不知哪一年，有母子二人从外地逃荒到仰山村，因母亲体弱多病再也不愿走了。好在那时仰山村荒山薄地多，民风淳厚，母子俩在村旁临时搭个草棚，就在那里落了户。

那时儿子年幼，身无分文，身在他乡异地举目无亲，母亲只有白天讨饭养育幼儿，同时起早摸黑开了几块荒地，种了一些庄稼，以此来维持生活。年复一年，儿子渐渐地长大了，地里的农活有时也能帮母亲搭把手了。母亲虽然日夜操劳，但望着渐渐长大的儿子，苦在身上甜在心里，对将来充满了希望。

但是，由于母亲过分的疼爱，也养成了儿子一些不良习性。开始儿子埋怨自己生活清苦不如别人，常常发发小脾气，母亲总是百依百顺。久而久之，儿子变本加厉，竟发展到骂自己母亲，有时甚至虐待母亲。母亲心想：自己就这一个儿子，好不容易才抚养长大，将来家庭门面靠他来支撑，还是忍了吧。有时遇到实在过不去的事也就暗自抹几把眼泪。

后来，母亲年事已高，又体弱多病，渐渐地已不能下地干活，只能给儿子送送饭而已。但是，儿子的脾气越来越坏，妈妈送饭时，送早了挨骂，送迟了又是骂。母亲想起早年带他讨荒要饭，宁愿自己饿肚子也要让他吃饱，天冷时把他紧紧地搂在怀里用自己的体温暖他幼小身体的情景，不禁老泪纵横，却又无可奈何。

有天上午，儿子在地里锄草，偶然看见田坎下的草丛中有一个云雀窝，窝里有几只毛未长齐的小云雀。老雀子从地里啄来一条条小毛虫喂着小雀子。这个偶然的发现，大大触动了儿子的灵魂。他想，连天上飞的雀儿也是母亲一口一口喂养大的，如果没有母亲，我能活这么大吗？他又想起往日对母亲的无礼言行，禁不住流下悔恨的眼泪。

太阳当顶照了，儿子抬头向家望去。远远地他见慈祥的母亲右手拄着一根树棍子，左手上挎着一个篮子，吃力地向地里走来。见此情形，儿子良心发现，慌忙丢下锄头，快步跑去迎接母亲。谁知，妈妈不知儿子的来意。她想，往日送饭忽早忽晚，只是到儿子跟前才挨骂，这次竟然老远地就向我跑来，这还不将我打死呀！想到这里，老太太一阵钻心的痛苦。她感到自己再也没有希望了，把心一横，一头撞死在路边的一块山石上，死后眼睛也没有闭上。儿子赶到跟前，见此情景吓呆了。他知道母亲误会了，想到前前后后的事，越想越后悔，越想越难受，直哭得死去活来，路人见了也为之落泪。

后来，儿子决心痛改前非，发狠苦了几年，省吃俭用，将积蓄的钱用来修了间小庙，将母亲的牌位供在里面，四时祭奉。当地的乡亲们知道此事以后，也十分感动，纷纷集资，将一间屋子改建成一个庵。经众人商议并将这座庵庙起个有意义的名字，叫“常孝庵”，以警示后人。再后来，人们又在这座庵前祈求丰收、保佑吉祥，所以，又给它起个名字叫长庆庵。

（郝家富 讲述　祝英山 记录　选自《安徽民间故事全书・来安卷》编者有改动）

张山镇

苟滩由苟姓而来

张山镇西北部与杨郢乡交界的地方有个苟滩村，后人认为其名称是因苟姓群居而起的，特别是这里的苟氏出了个大孝子苟与龄，人们更加相信了这个说法。

苟与龄，宋朝人，字寿隆，家住苟滩村，是一位大孝子。他志行高洁，学虽优而不仕，性禀纯孝，以事其亲。他的母亲张老孺人去世，苟与龄在母亲坟墓的旁边建庐墓（即敕建的惨柏亭），每天早晚上奉供品啼哭不止，从不间断。后来其母墓旁长出紫色灵芝 19 茎，人们认为这是祥瑞的好兆头，是灵贶感通，昭示孝德。

县里有人把这件事上报官府，郡守唐恪很快上奏朝廷。徽宗宣和七年（公元 1125 年），下诏旌表其门，赞扬苟与龄是忠孝义烈之士。苟与龄行孝的事迹载《宋史·孝义传》，明朝永乐年间又编入《孝顺事实》。《明一统志》记载，苟与龄被历祀乡贤祠，兼祀忠义孝悌祠。宋时朝廷有一位编修白彦晖为苟与龄写了传记，传记中说“苟氏以姓雄一邑”，就是说当时在邑内苟姓为旺门大族。传记中又说，苟与龄的“子侄多以儒学贡名礼部，中科选”。白彦晖认为“忠孝之道当年可以享天佑，余芳可以垂后叶”。前句指芝生 19 茎于墓门，其孝受到旌表的荣誉，后句指很多子侄贡名礼部中科选的荣耀。

道光版《来安县志·人物志·乡贤》中记载了苟与龄的行孝事迹，并在该志“艺文志”中全文收录白彦晖的《孝子苟与龄传》。1990 年版《来安县志》（修订本）在“文物古迹·古墓葬”中记述了苟与龄母墓：“苟与龄母墓位于新安镇东北 17 公里处的长山乡苟滩村下郢生产队，占地 25 平方米，该墓坐北朝南，墓前立有石碑，后人称‘苟孝子母墓’。”几年前，我和友人一同去苟滩村探查，苟与龄母墓及碑已不复存在，据熟悉情况的人告诉我们，在墓址偏东北约 10 米的地方是当年敕建的庐墓惨柏亭旧址，现在亭的旧址已被建上民居。

（叶永寿）

苟滩由狗滩而来

来安县的长山脚下，有座屯仓水库，水库东岸有个偏僻的小山村，村名叫苟滩。每到秋天，苟滩上火红的枸杞就像镶嵌在翠山碧水间的颗颗红宝石。

相传古时候小山村居住着一户姓张人家，姓张汉子以渔猎为生，家里喂了 3 条窝蜂犬（一胎所生），据说窝蜂犬比平常的家犬更勇敢、凶猛，但对主人却特别忠心。

有一年冬天，大雪一连下了几天，大地上覆盖了一层厚厚的积雪。姓张的汉子天蒙蒙亮就挑着水桶去河边担水，出了小山村，经过一片竹林，走过一片滩地，到河里打了水正准备向回走。突然从山上窜出来 3 条饿狼，拦住了他的归路。一只狼坐在路中央，另外两只狼分别坐于路的两旁。张姓汉子吓坏了。前有恶狼，后有大河。他急忙放下水桶，拿起扁担防止狼的突然袭击。人与狼僵持着，天慢慢变亮了，姓张的汉子壮着胆子，拿着扁担向饿狼示威，但 3 只饿狼动也不动，连一点退却的意思都没有，并且都睁着一双贪婪的眼睛一眨都不眨地盯着眼前的美味大餐，嘴里流着口水。看样子饥饿的恶狼随时都有发起进攻的可能。

天已经大亮了，姓张汉子听见远处竹林里传来自己家的狗“汪汪”叫声，他好像溺水者抓住了一根救命稻草，拼命地打起了呼唤狗的口哨，饥饿的狼被激怒了，它们毫毛直立，“噢”的一声嘶叫，张着血盆大口向姓张汉子扑来。姓张的汉子左窜右躲，扁担东挡西击，抵挡恶狼的进攻，可他哪里是恶狼的对手。不一会，他的衣服被恶狼的利爪抓成一条条，他的身上多处鲜血直流。在这危急时刻，张家的 3 条蜂窝犬及时赶到了，它们立即扑了上去。一条犬咬住了扑向姓张汉子的恶狼的后脚，一条犬和另一条恶狼滚打在一起，一条恶狼咬住了第三条蜂窝犬的颈子，狗和恶狼混战

苟滩秋色　徐斌 摄

一处，很快鲜血染红了雪地。眼看着 3 条窝蜂犬有点支持不住了，一条犬的耳朵没了，一条犬腿上的肉少了一块，一条犬已经被恶狼咬得奄奄一息，但仍没有退后。

人的呼救声，狼犬的撕咬声惊动了村里人，村民们拿着各种各样的工具赶来，打跑了饿狼。可 3 条忠犬为了救护主人，最后全死了。人们为了纪念这 3 条忠义之犬，在它们死去的地方立了一块石碑，当地百姓把这里叫作“狗滩”。第二年狗滩上长满了枸杞子，以后年年都是这样，鲜艳如玛瑙的枸杞子布满山坡。后来人们又称“狗滩”为“苟滩”，这个名称一直沿用至今。

（贾金宝 讲述　王永兴 记录　选自《安徽民间故事全书·来安卷》）

三城镇

红土山

儿童时代，听老一辈人说，在很早以前，位于三城镇广大圩河口村三王庄的河（清流河）对岸，有座山丘，野草丛生，人不涉足。生有一大蟒怪，昼卧夜出，当地经常发生少猪少牛的事情，甚至小孩也有失踪事件，闹得人心惶惶。当地老百姓白天烧香祷告，夜间紧闭门户，看好小孩和牲畜。尽管如此，仍时有灾难发生，天刚微亮时，有人站在远处，偶尔还能看到蟒怪头伸到河里喝水，口好似脚盆口，眼睛亮如灯笼，好似两个银盘，令人胆战心惊。

由于当地老百姓诚心烧香祷告，感动了神仙，一个神仙娘娘为民除害，和大蟒怪大战几天几夜，最后终于杀死了蟒怪，鲜血洒向大地，把土都染红了。现在地上的砂土都是红的，人们把三王庄起了另一个名字，叫红土山。

当地老百姓为感恩神仙娘娘为民除害，就在河岸边的高土丘上建了一座庙，取名“卧云庵”，老百姓为了顺口，就叫“娘娘庙”。神仙娘娘接受当地的香火，搬来了两棵白果（银杏）树，扎根庙后，每年开花结果，让当地老百姓采收、食用。一时香火鼎盛，太平无事。后来，一财主为了起房盖屋，竟在庙后圈造一座小砖瓦窑，烧砖烧瓦。烧窑时，浓烟滚滚，熏瞎了娘娘的双眼，神仙娘娘一气之下，变成一只鸟，离开娘娘庙。临飞走时，对白果树说：“白果，白果，只开花不结果，等我来再结果。”神仙娘娘一直都没有来，而两棵高大的白果树每年真的一直是只开花不结果。

（佚名 讲述　吕天立 记录　选自《安徽民间故事全书·来安卷》）

杨郢乡

静波村

杨郢乡静波村是为纪念烈士侯静波而命名的。

侯静波（1921年—1940年），女，安徽省肥西县人，自幼读书，其父是乡间绅士。侯静波在少年时代就接触了共产党人，懂得许多革命道理。1938年她离开条件优越的家庭，参加共产党领导的抗日游击队。同年5月，被编入新四军第四支队第八团。1939年秋，随部队来到津浦路东抗日游击根据地，被分配到来安县屯仓石固开展民运工作。石固集一带是山区，官道不经，行人不至，成为建立游击根据地的好地方。然而，也正因为这一带偏僻、闭塞，恶霸势力猖獗，为防敌人偷袭，往往一天要转移好几个地方。置身于这种险恶环境中，侯静波和民运工作队员的革命斗志丝毫不减，他们不分昼夜深入群众访贫问苦，宣传共产党的抗日主张，号召人民抗击日本侵略军。侯静波扎根群众，和群众建立了亲密关系，和群众一起下地干活，烧锅做饭，深入细致地了解情况，耐心地讲解革命道理，群众把她看成了自家人，深情地说：“静波姑娘真好！”在侯静波和民运工作队员积极努力下，群众很快被发动起来，不到半年，建立起农抗会、妇抗会和民兵组织，入会人数达到百分之八十以上。

1940年春，屯仓地区建立抗日民主基层政权，侯静波也光荣地加入中国共产党，并担任山头乡指导员。革命力量不断壮大，恶霸又恨又怕，他们盘算着要把侯静波这批共产党干部干掉。就在这一年11月2日晚上，侯静波和民兵中队长黄德太带领十多名民兵在童岗一农民家投宿。半夜，已叛变的黄德太打开大门，让埋伏的伪军闯入，民兵除个别趁乱逃脱外，其余全部被俘。侯静波被俘后被押送到龙头港，她面对伪自卫队长张道荣的威胁利诱，大义凛然，坚贞不屈，她怒斥张道荣：“你们这些小土狗子，绝没有好下场，共产党饶不了你们！”中共屯仓区委得知侯静波被俘消息，迅即组织搜山营救。其时敌人把侯静波又押解到梨园港，见势不妙，把年仅 19 岁的侯静波杀害了。

侯静波牺牲的消息传出后，战友和群众无不痛哭流涕，农民倪如扣、倪有胜冒着生命危险，在侯静波遗体周围用石头垒起一座大坟墓。

中华人民共和国成立后，为了纪念侯静波烈士，当地政府根据群众要求，把在童岗成立的农业生产合作社命名为静波农业社。此后，这里的小学、行政村都冠以静波的名字。

（叶永寿）

宝山村

杨郢乡有个宝山村，宝山村境内有座山。听老人们几代传说，原来山上四丈多高的地方有个洞口，里面深得很，从来没有人进去过。据说有一天下大雨，不知从哪里来了几个跑马卖艺的人，艺人们只好耐着性子蹲在山洞里。

到了半夜的时候，山洞里一阵响声，就像打闷雷一样，然后就闪出亮光，如同大白天一样。紧接着又从山洞的深处出来 5 个骑黄马，持黄刀，穿黄衣服的武士，半句话没讲就和卖艺的人打了起来，一直打到天亮，从山洞深处又出来一个老头，看起来有一百多岁，手里拄着一根黄拐杖，说道："儿孙们，不要打了，让他们走吧，如果还想赖在这里，就休想活命！"说罢便现出了原形。接着那几个武士也变了脸，都是些龇牙咧嘴，面目狰狞的恶鬼！几个艺人被吓得逃出了山洞。从那以后，山洞里出妖怪的事就传了出去，再也没有人敢进洞了。

过了很长时间，不知从哪里来了一个人名叫姜志殿。他和妻子带着一个儿子，终日以讨饭为生。这一天，姜志殿来到山洞前，只见一个黄脸婆婆，长着黄头毛，用一条黄毛驴，在推一盘金黄色的大磨磨黄澄澄的豆子。姜志殿向老奶奶称呼了一声便下山去了。也不知过了多长时间，经过山洞门口，仍然看见老奶奶在那里赶着毛驴在磨豆子。

有一回，老奶奶开腔了："姜志殿，你在这周边要了多长时间的饭了?”姜志殿说：“我家两代人都要饭。”老奶奶说：“你今后就不必要饭了。”姜志殿说：“我地无半分，田无半墒，又没开店，不要饭怎么糊口呢?”老奶奶说：“我看你为人很老实，心眼也好。俗话说，穷富本无根，今晚上三更天，你到这里来找我吧。”

就在当晚三更天，姜志殿一个人来到洞门口，老奶奶已经在那里等着了。老奶奶笑眯眯地说：“姜志殿啊，这头驴是金驴，那盘磨子也是金子的，你都拿回家去，是我送给你的。”姜志殿慌忙地摇着双手，说道：“老奶奶，我不能随便要你的东西。我父亲告诉我说，不义之财不能取。”老奶奶很高兴地说：“既然是这样，那么，你就把驴子屙的屎，打扫干净吧。”姜志殿愉快地答应了，便向老奶奶借了扫帚勤快地打扫起来。待把驴粪打扫干净堆起来以后，姜志殿简直被惊呆了，原来是一堆金元宝！再回头一看，老奶奶不见了，洞门也关闭了，驴和磨也不见了！姜志殿这才明白是遇见神仙了，于是跪在地上向洞口磕起头来。

原来，艺人们碰见的人和马都是金人金马。那个老奶奶就是那个一百多岁老头子的老伴。老头子专管金人金马，老奶奶专管金磨和金驴。这个地方有宝，所以，后来就叫宝山了。而姜志殿得了金元宝，分了一大半给四方穷人，自己置田买地，盖房子，生活逐渐富起来。

（刘祥才 讲述　卢光瑞 记录　选自《来安民间故事集锦》）

塔（塌）山村

杨郢乡有个塔（塌）山村，村边有一座小山，现在叫塔山，过去叫塌山，是塌了半边山的意思。好端端的一座山为什么会塌掉半边？这在当地流传着一段故事。

很久以前，老屯仓住着一个名叫蒋百万的人，是来安县有名的大地主。听当地的老一辈人说，他家的土地很多，多到什么程度呢？用两匹马换着骑，跑上三天，还是在蒋百万的土地上。不用说，雇用的长工、伙计、丫头等仆人，有好几百人。他家用钱如淌水，用出去的钱经过八道弯九道拐，最后还是回到蒋百万手里。

所以，这个老地主很狂，那些中小地主、绅士，只能在他的手丫里过日子，就是县太爷也要看他的脸色行事，连大气也不敢出一声。

有一回，蒋百万家里请客，酒席之间，蒋百万三杯老酒下肚，洋洋得意，加之众宾客溜须拍马，阿谀奉承，他更是飘飘然了。他悠然自得地理着山羊胡子，眯着眼睛说：“驴驮钥匙马驮锁，哪辈子能穷掉我！”蒋百万话音刚落，就走过来一个小伙计，接着他的话茬往下说：“一场官司两场火，想躲您也没法躲。”蒋百万睁开眼睛一看，见是专为他打洗脚水的小伙计。这还了得！他顺手就用长烟袋狠命地向小伙计的头上一敲，这小伙计哼都没哼一下，倒在地上死了。众宾客见了，唯恐引火烧身，都借口走了。

说来也巧，这小伙计刚死，家里的人就找来了。原来这小伙计是抵债来的，三年期限早满了，其家里人要把孩子带回去，结果见孩子被打死了，当然要打官司。而蒋百万也免不了暗中疏通，被判为失误，赔几个钱，买一口薄皮棺材埋掉了事。可是，此事却惹怒了乡里百姓，结果有好几千人联名上告。俗话说，众怒难犯，蒋百万也只有咬着牙赔了些钱财，将小伙计隆重安葬，才勉强了结此案。

没过两年，这蒋百万的尾巴又翘起来了，四处放出狂言：“要是穷了我，除非我家后的山塌掉半边。”话说没多久，有一天他正在家里吃中饭的时候，忽然传来一阵惊天动地的巨响。家人来报告说，后山失火不但烧了山林，山也塌掉半边。蒋百万听了这话，心里打了个寒战！心想：“我是活该倒霉，两件事都应在我的身上。”但是他转而又想：“你山能塌掉半边，我就能补上。”于是，他找来几百个石匠扑灭了山火，再没日没夜地开出大石条，一层一层地硬是将塌掉的半边山补了起来。可是到了第三天，突然天色大变，风雨交加，夹着闪电，一个惊天动地的炸雷又把刚砌好的半边山轰塌了。

这回，蒋百万亲自去看了，这时伙计又来报告，家中失火，蒋百万当时就头晕眼花，急死在塌山下边了。当地老百姓都异口同声地说：“作恶多端，天理难容。”后来，那座山就叫塌山。至今，山下还堆积着许多长石条。

（卢光瑞　选自《安徽民间故事全书·来安卷》）

方家港与樱花谷

方家港位于来安县杨郢乡陡山村，是一个仅有二十几户人家的自然村落。

樱花谷是方家港骚狗山中的幽谷，紧邻屯仓水库，群山环绕，风景秀丽，涧潭相连，溪水潺潺，四季郁郁葱葱，常年鸟语花香，远离尘嚣，安然静谧。

方家港与樱花谷的来历有着一段美丽的传说。

北宋时，有条淮六（指淮南六合）驿道。这条驿道是南北通商的主要交通线。驿道经明光涧溪、白沙王、自来桥，过来安陡山、屯仓，到六合。驿道在白沙王、屯仓一带，因山高林密，常有土匪出没，专劫南北商客。商客们怨声载道，一度这条驿道路断人稀。地方州府虽也派兵剿匪，但效果不明显。宋真宗皇帝平日在垂拱殿听政时，不断接到地方奏章说是泗州南山区土匪猖獗，南北陆路商贸交通几乎中断。真宗皇帝大怒，亲点杨六郎带兵前往剿灭。

杨六郎领旨，在点将台亲点孟良、焦赞、方圆等大将率 5000 马步兵，前往淮南路泗州招信至来安一带山区。

经考察地形，大军选择驿道旁较陡的一段靠山处，伐木、平地、建军营。大军稳定后，杨六郎选派 3 队人马，一队由孟良亲领 500 人马，负责由营地往北，重点在白沙王一带剿匪巡防；一队由方圆亲领 500 人马，负责由营地往南，重点在屯仓一带剿匪巡防；一队由焦赞亲领 500 人马，负责北接孟良军马，南接方圆军马。杨六郎下令，驿道两边 50 千米内，只要有土匪老巢，均一一剿灭。

三员大将遵命各领 500 人马奔赴剿匪前线。

孟良、焦赞的威名大家都知道，这方圆是什么来头？方圆乃是杨六郎手下的一名宣节校尉，武功不在孟、焦之下。16 岁时，一次辽军屠村中，父母被辽军所杀，方圆带妹妹方樱花投奔杨家将，因作战勇猛，屡立战功，3 年就升为武散官正八品宣节校尉。

话说，方圆率领 500 人马，浩浩荡荡过自来桥、陡山，进入来安屯仓段。沿途摇旗呐喊“杨家将威武!”“宣节校尉方圆奉命进山剿匪”。500 人的齐声呐喊，在深山里回响，响彻云霄，势如虹，声如雷，百鸟惊飞，令人胆战。最后他们选择来河上游屯仓段骚狗山南山一片较为平缓的山坡安营扎寨。

方圆安营后，派出精干人员，四下打探山匪活动地盘、人马数量、老巢位置等。

方圆采取各个击破的方式，先打万恶者，威吓轻罪者，招安动摇者，震慑流动者。

方圆首先选择攻打罪恶多端、臭名昭著的黄龙。

这日一大早，方圆率领 500 杨家军，悄无声息地来到匪巢前，士兵列队，开始叫阵。黄龙还在睡梦中，一听手下喽啰来报：杨家军已在寨前叫阵。他一骨碌爬起来，慌忙披挂，提起他那用 80 斤铁打成的大砍刀。开了寨门，200 余小喽啰排成两排，摇旗呐喊。黄龙拍马冲出，大砍刀在空中挥舞，呼呼带风，好生吓人。岂料，方圆久经沙场，武功不凡，哪里把这伙山贼放在眼里。只见方圆双腿一夹马肚，一声吆喝，战马一声长鸣冲到阵前，与黄龙展开厮杀。你来我往，只听得长矛与大刀相碰的叮当声，两人的喊叫声，以及双方人马助威声。那黄龙也确有些能耐，居然与方圆大战了 50 多回合，最终还是被方圆挑下马来，杨家军把他活捉了。杨家军乘势一阵冲杀，山匪喽啰丢盔弃甲，四处逃散，杨家军一把火烧了山寨。

剿灭黄龙一伙山贼后，方圆威名大振，其他大小山贼吓得紧闭山门。周边村庄的百姓，杀猪宰羊上营地慰问杨家军，许多热血青年结伴前往军营拜师学武。这正合方圆的心思，他因势利导，把周边村民组织起来，传授武艺，以备日后杨家军调离后，当地能有一批勇士抗匪。

村民中有些女子也巾帼不让须眉，三三两两结伴前往军营拜方樱花为师学艺。一时间，军营里好不热闹。

这日，方圆得报：石固山黑虎虽不敢上驿道造次，但又在周围村庄抢劫。方圆心想留得这伙山贼在，驿道和村民都不得安宁。于是，他亲率大军直奔石固山黑虎老巢。

黑虎一看，杨家军大队人马已围堵在寨前叫阵，他心里虽然惧怕，但碍于脸面，强撑着出寨迎战，但又怕刀枪无眼，丢了小命，于是要和方圆比画拳脚。岂料不足 10 个回合便被生擒。黑虎大声喊叫，让手下投降，不要白白丢了小命。于是，方圆毫不费力地就瓦解了石固山劫匪。

方圆生擒黄龙和黑虎后，吓得灯盏窝山匪首马小辫子连夜带人逃往其师兄处暂避。可长山那股土匪平日里总是欺负马小辫子一伙人，开始时，马小辫子长吁短叹的，让手下忍让，并向其师兄诉说，而师兄只是有一句没一句地呵斥其手下，后来，师兄也是充耳不闻。马小辫子一气之下又带人回了灯盏窝山。岂料，方圆早安排附近村民关注马小辫子的动向。这伙山匪刚一回寨，就有村民飞马向方圆传报。方圆立即带兵奇袭，马小辫子不战而降。

来河上游的一伙劫匪，匪首胡大胆，一听说黄龙、黑虎、马小辫子几伙实力较强的山匪先后被杨家军剿灭，吓得他如同热锅上的蚂蚁，坐立不安。方圆原计划乘胜带人将他们一举剿灭，其妹方樱花听说这是伙义匪，便有意招安。于是，她和身边小姐妹飞燕趁夜色使展轻功潜入匪巢，不声不响取走议事厅正中的大旗，并留下一份劝降书。第二天这伙劫匪列队来降，接受招安。

就在杨六郎派兵剿灭驿道泗州南山段土匪的同时，他要求泗州、招信、濠州、盱眙等地官府向扬州、江宁、六合、徽州等地发出公文，言明杨六郎带兵驻扎山区剿匪并大获成功；如有大批商队或贵重货物来往驿道仍有所担忧，官兵均可派员来回护送，以确保贸易榷场繁盛。很快，这条驿道又恢复初期那车水马龙的热闹场景。

樱花谷　徐艳 摄

几个月后，杨六郎被宋真宗皇帝召回，奔赴抗辽前线。

方圆率军撤走时，周围的老百姓纷纷前来欢送。军队撤走了，留下一座空营。后来许多老百姓把家搬到了营地，这里逐渐形成村落。为感恩方圆，这里有人还改姓方。为了永久纪念方圆，村民们便把由营地形成的村落取名为“方家港”。人们又在方樱花传授姐妹们武功的山谷栽种了许多樱桃，并取名为“樱花谷”。

闲云潭影日悠悠，物换星移几度秋。

2018 年，在外地打拼的方家港人张永军回到了家乡，他挖掘、整理出樱花谷沉睡数百年的美丽传说，开始盘活沉寂的文化资源，以历史传承为主题，建设集休闲、观光、采摘、美食、民宿于一体的休闲农庄。

目前，以“樱花谷”命名的休闲度假村已初具规模，游览步道、停车场、采摘园、垂钓中心、住宿餐饮等主体工程已经完成并对外开放。

张永军说：“樱花谷文化有脉，传承有根，只要经营有道，治理有方，樱花谷一定能培育成江淮乡村旅游中的一颗璀璨明珠。”

（武佩河）

长山林场

红山作业区

古老的长山绵亘几千米，像一条巨大的苍龙，横卧在离来安县城10千米的东北方，345国道穿胸而过。

山里有一处风景秀丽的林场，在场部以北2千米的345国道东侧，有一个林场下属的红山作业区，这儿原名娘娘庙。

传说从前有一年夏季炎热，久旱无雨，草木枯焦。一天，一个衣衫褴褛、怀抱男婴的逃荒女，疲惫不堪地坐在一个石头上小憩。怀中的男婴因两天未喝到奶水饿得哭不出声，睁不开眼，气息奄奄，危在旦夕。逃荒女对天长叹：苍天啊！救救我的孩子吧！话刚说完，只见不远处一个小山沟里出现一潭清水，一位姑娘，正在低头洗衣。逃荒女不由脱口而出："姑娘呀，能否给我儿一点奶水喝喝?"向姑娘讨要奶水，这不是痴人说梦吗?大千世界，无奇不有！奇迹出现了。只见姑娘羞红着脸，点了点头，两只乳房膨大了，乳汁像涌泉喷射出来。男婴咕咚咕咚喝得饱饱的，睁开两只圆溜溜的小眼，不断向姑娘微笑。两腮旁的小酒窝，显得更好看。逃荒女眼看天色不早了，连说几声谢谢就告辞赶路了。娘儿俩刚走几分钟，姑娘突然倒下，再也没有起来。

那个男婴，后来成了明朝开国皇帝朱元璋，那个逃荒女就是他的母亲。为了纪念这位姑娘，附近山民在当地建个庙，叫"娘娘庙"。1964年，长山林场在此建作业区，就将"娘娘庙"改为"红山"，作业区就定名红山作业区。从此，"娘娘庙"这一名字就被人们逐渐淡忘了。然而直径约10米、高约3米的庙墩仍在，上面长满了杨槐树，现在仍依稀可见，也有人说那个庙墩是古时的烽火台。

（杨大璞）

山川地名传奇

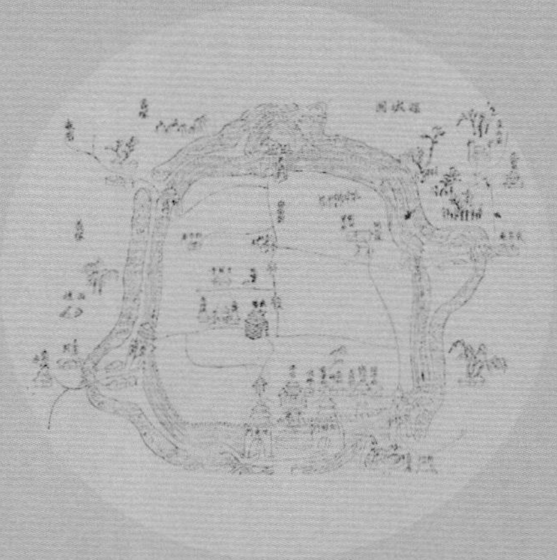

长山，横亘来安东西；来河，贯穿来安南北。长山为何名为“长山”，来河为何名为“来河”，本章给出答案。不仅如此，来安还有许多具有传奇色彩的山山水水，本章选编了30多个山川之名的传奇故事，展示出一幅幅美妙的山川图景。为了较全面介绍来安的山水，我们还从《来安县标准地名录》（2020年8月第1版）中，选录了“陆地地形”和“陆地水系”。

陆地地形

长山 明朝时在县城东北9千米有五湖，得名五湖山。因山北属白禅村，又名白禅山。据元《符图经》载“南北长二十里，广十余里”，今俗称长山。主峰海拔184米。

大墩山 位于半塔镇与江苏省淮安市盱眙县交界处。因规模较大，地势高而得名。海拔108米。

戴家山 位于半塔镇与天长市汊涧镇交界处。因山脚有戴姓人家居住而得名。

东龙山 位于施官镇与江苏省南京市六合区交界处。因传说曾有人站在山峰上眺望，在山的东面隐隐约约看见龙的影子而得名。海拔101.1米。

陡山 位于杨郢乡与明光市自来桥镇交界处。因山陡势险而得名。海拔170米。

陡山排 位于施官镇与江苏省南京市六合区交界处。因山势陡险又长而得名。海拔110米。

广佛寺大山 位于半塔镇与江苏省南京市六合区交界处。因此处曾有座广佛寺而得名。海拔138米。

尖山寺 位于张山镇与半塔镇交界处。因山形似刀尖，山上曾建有寺庙而得名。海拔161米。

焦山　位于杨郢乡与明光市自来桥镇交界处。因传说此山曾失火，整座山都被烧焦了而得名。海拔 143 米。

梁山　位于张山镇与杨郢乡交界处。因山脚有梁姓人家居住而得名。海拔 153 米。

龙王山　位于舜山镇与明光市自来桥镇交界处。因山势峻峭，形似龙，得名龙窝山。后因主峰高于四周群山，为山中之王，更为现名。海拔 219 米。

平头山　位于舜山镇与明光市自来桥镇交界处。因山顶较平而得名。海拔 172 米。

山头上　位于张山镇与半塔镇交界处。因周边地势高，此地最为突出而得名。

月亮山　位于施官镇与张山镇交界处。因山形弯曲似月牙而得名。海拔 122 米。

中山　位于张山镇与半塔镇交界处。因位于群山中间而得名。海拔 150 米。

磁山　位于独山镇与江苏省南京市六合区交界处。因山体南坡生产的石料具有磁性而得名。海拔 85 米。

仙人山　位于施官镇与江苏省南京市六合区交界处。因山上有一仙人洞，山以洞名。海拔 97.8 米。

肖家山　位于半塔镇与天长市汊涧镇交界处。因附近有肖姓人家聚居而得名。

小柱山　位于舜山镇与滁州市南谯区黄泥岗镇交界处。因此处有两座大山，此山较小而得名。海拔 153 米。

枣子山　位于半塔镇与天长市汊涧镇交界处。因山上枣树较多而得名。海拔 80.3 米。

（选自《来安县标准地名录》2020 年 8 月第 1 版，长山一条系编者所加）

新安镇

八石山得名说

从来安县城向西南望去，大约5千米处有一座突兀山峰，它就是八石山，也称八仙山，又称八公山。

据《太平寰宇记》记载："故老相传云，汉时有八仙人在寿春寻淮南王，于此山过"。这说的是淮南王刘安的故事。刘安（公元前179年—前122年），沛郡丰县（今江苏省丰县）人，生于淮南。西汉时期文学家、思想家，汉高祖刘邦的孙子，淮南厉王刘长的长子。刘安初封阜陵侯，汉文帝十六年（公元前164年）受封淮南王。他好读书鼓琴，辩博善为文辞，注意抚慰百姓，流誉天下。刘安也是豆腐制作的创始人，八公山豆腐盛名流传不衰。刘安广招宾客、方士数千人，编写巨著《淮南子》（亦称《淮南鸿烈》）和多种书籍，成就斐然。其中《淮南子》综合诸子百家学说中精华部分，对后人的相关研究起到不可替代的作用。后因涉嫌谋反案而自杀。《太平寰宇记》中提到的"八仙人"，实际是刘安的8位门客，分别是苏非、李尚、左吴、田由、雷被、毛被、伍被、晋昌。他们寻找刘安，路过来安，曾在八石山歇足，"各踞一石坐，故号八石山"。"八公"是对8位门客的尊称，后来又被演绎成仙人，一山三名由此而来。

八石山确为县境一处胜境，列为"来安十景"之"八石仙踪"。山上巨石叠摞，丛林环之，曾有八石庵一座，澹香亭一座，山麓有泉一眼。清乾隆三十一年（公元1766年），山东潍县人韩梦周宰来邑，常上八石山之澹香亭休憩饮宴，他在《澹香亭宴集诗》中写道："澹香亭畔聊置酒，八公山色城头临。"笔者少时曾登八石山，庙宇、凉亭已成废墟，仅存石鼓、石桌和砖瓦碎片，泉水仍然清冽，泻出泠泠之声，竹树葱郁，满山青翠。近期再上八石山，8块巨石犹在，周遭丛生朴树，地面有很多浮石，环境十分清幽。登临巨石，远山蒙黛，平阳水库蓝天碧水，湖光山色。新城高楼鳞次栉比，脚下清风习习，凉爽宜人，如能建成公园是很不错的选择。

（叶永寿）

八仙山的传说

相传很久以前，八石山上怪石嶙峋，其中山顶上的 8 块巨石形态各异。山坡上青松苍翠，山下树木茂盛，绿草萋萋。山北有一大片桑树林，树林后有几户农家。清晨林中百鸟齐鸣，傍晚农家采桑女裙飘带舞，神采飞扬。山东北地势低洼，一条小河穿行其中，波光粼粼。

一天，八仙从此经过，看见这儿风光如画，便到八石山上观景。韩湘子乘着游兴正浓，吹起玉箫，美妙的箫声飘到何仙姑耳里，何仙姑一边欣赏美景，一边翩翩起舞。吕洞宾、蓝采和在山脚下舞剑，剑光闪闪，衣带飘飘，令人眼花缭乱。曹国舅、汉钟离望着小河二面大片洼地，环顾四周农田，他们想：这里得天独厚，若能拦一水库造福于民多好啊（中华人民共和国成立后，这里兴修为平阳水库）。铁拐李与张果老在一块大石上下棋，他俩棋艺高超，势均力敌，因而棋局错综复杂，险象环生。一樵夫放下担子，把斧头放在石边，全神贯注地观棋，原来他是个地地道道的棋迷。当他俩激战成和，飘然而去，樵夫如梦方醒，想赶紧回家，可他一看，目瞪口呆，柴及扁担已经腐烂，坚硬的斧把已面目全非，明亮的斧头锈成了废铁，原来仙人的一局棋竟下了几十年。他一片茫然如入五里雾中，心情沉重，艰难地行走，寻找回家的路……

那时，山下还有一对夫妻，他们相敬如宾，白头偕老，儿孙满堂，令乡里人美慕。他们到山上烧香，聆听着美妙的箫声，凝视着仙姑飘逸的舞姿，如醉如痴，竟化成了两块大石，后人尊称为“石公公”“石婆婆”。

八仙远去了，但当地人因为此山有八仙的灵气，便把八石山称为“八仙山”。

（袁建华 讲述　陶文豹 记录　选自《安徽民间故事全书·来安卷》）

八仙山的来历

传说八仙山原本没有山，一次八仙路过这里，听说这里有一条蛇精。这条蛇精祸害百姓，吃牲口吃人，吓得百姓一听说它来了，便闻风丧胆，不敢出门。百姓对此叫苦不迭。

于是，8 位神仙经过商议后，决定为民除害。他们找到了蛇精，和蛇精打起来，打得天昏地暗，打了整整 5 天，也没有分出胜负。

回去后，8 位神仙在一起商量，看来硬取不是办法，必须想办法智取才行。于是，他们合力堆了一座山，把蛇精困在里面，不得出来。蛇精用尽一切办法，也无力可施。8 位神仙又合力用法术把蛇精的天灵盖打碎了，蛇精只得跪地求饶。8 位神仙一合计，害怕放了蛇精后它又会犯奸作乱，祸害百姓，于是就把蛇精给打死了。

消息传出后，当地的百姓家家张灯结彩，锣鼓喧天，庆祝八仙为百姓们打死蛇精，除了一害。从此，当地的百姓再也没有受到蛇精的祸害了。

八仙走后，当地的百姓为了感谢 8 位神仙，把他们堆起来的山取名为“八仙山”。每年正月初一、十五，当地的百姓都要来此烧香，以此来纪念 8 位神仙。

（张强 讲述　王永兴 记录　选自《安徽民间故事全书·来安卷》）

乌龙山

出县城向南，约 10 千米，有座乌龙山，周边的群众传颂着小乌龙探母的故事。这究竟是怎么回事？

相传很多年以前，有一对小夫妻在婚后的第二天上山砍柴，丈夫在草丛里捡到了一个通红得有葡萄那样大的果子，闻起来香气扑鼻，用舌头舔一下鲜甜无比，丈夫舍不得吃，就给妻子吃了。一个月以后，妻子发觉自己有孕了，就把这事告诉了丈夫，丈夫又把这事告诉了妈妈，全家喜出望外。

十个月快到了，全家人忙碌起来，准备孩子出生，可是却没有生，过了一年还是没有生。丈夫心里感到纳闷，还能是条龙？这么难生！口里却不好说出来，还是心疼妻子。紧接着四邻的流言蜚语也就跟着出来，婆母也不三不四地说了不少闲话，媳妇也不知在背后哭了多少场，暗自叹道："咳，你是龙是凤，还是鬼怪，总要出娘胎啊，可知为娘为你受了多少闷气。"五月二十五这一天，婆母实在等不得了，硬是逼着媳妇上山去砍柴，丈夫虽然疼爱妻子，但是母命难违，他把扁担绳收拾好，送妻子出了大门。妻子费尽了力气才爬上山，操起斧头砍起柴来。砍着砍着只觉得腹中隐隐作痛，她忍着痛支撑着身子继续砍。不一会，疼痛加剧，妻子满脸汗水直流，终于倒在地上，原来是一个生命出生了。待她醒来，觉得非常奇怪，婴儿为什么不哭，莫非是个死胎？用手去摸，什么也没摸着。于是，她便支撑着身子坐了起来想看个究竟。这一看不要紧，只见一条乌龙将她圈了起来，龙头不住地点着。妻子当时就被吓死了。

天近午时，丈夫不见妻子回来，便有些放心不下，便瞒着母亲，扛了一把大锹上山去了。老远看见山上堆着几捆柴，但却不见妻子的影子。他加快脚步上前去，见妻子已经死了，再转身一看，只见一条乌龙盘在那里。丈夫这一惊非同小可，心想：我的贤妻一定是被这条龙吓死了。顿时怒从心中起，举起大锹就向乌龙身上铲去。只听"呼"的一声，地上留下了一截尾巴，乌龙疼得蹿入空中。丈夫大哭一场，就将妻子埋在那个地方了。

小乌龙跃上半空以后，对地上的事情看得真切，它知道自己吓死了母亲，便牢牢地记住了这个灾难的日子。于是每年的五月二十五日，小乌龙都要到这里来探母，并掘了很多的土把母亲的坟圆好。年复一年，年年不断，这个坟也年年增大。小乌龙回来探母这天，必定打雷下雨，云雾翻腾。那雷声是小乌龙的哭声，雨就是小乌龙的眼泪，那翻腾的云雾就是小乌龙为母亲圆坟时，累得气喘吁吁，身上冒的热气。人们为乌龙的孝心感动，就把这座山起名为"乌龙山"。

（周传红 讲述　汪庭靖 记录　选自《安徽民间故事全书·来安卷》）

半塔镇

凤凰台

凤凰台坐落在来安县半塔镇之北，它南与马头山遥遥相望，北靠盱眙县的古城，东面是一片丘陵地带，西边依偎着莽莽群山。

为什么称之为“凤凰台”？

传说有一只斑斓绚丽的凤凰从西北方向飞来，当飞到半塔以北的一座山丘上空的时候，它看见此处树木葱茏，涧水淙淙，形若巨鸟，是一块山明水秀的宝地，于是，它便落在了这座山上。

凤凰的降临，引来了百鸟朝拜，百鸟每天清晨都从各自的窝里不约而同地飞到那座山上。它们有的衔着美丽的羽毛，有的衔着花朵绿叶，有的衔着鲜果，围在凤凰的周围，欢呼、跳跃，翩翩起舞。

这件事渐渐被当地百姓知道了，附近的人都前去观看，希望能够一睹凤凰的风姿。百姓们每次去观赏，都要在凤凰栖息的山头唱起祝福的歌谣，跳起请求凤凰赐予吉祥的舞蹈。而凤凰也向人们点头跳跃，展开绚丽的翅膀向人们还礼。

俗话说，凤凰不落无宝之地。由于凤凰的到来，当地百姓感到有一层吉祥的光环在照耀他们。于是他们焕发精神，决心用自己勤劳的双手改变家乡穷山恶水的面貌。天公也颇作美，连年风调雨顺，老百姓渐渐地过上了好日子。人们认为这是凤凰赐予的好日子，因此对凤凰敬若神灵。逢年过节，都要到凤凰栖息的山顶焚香祈祷。

然而好景不长，不久，这事被离此很远的3个恶少知道了。他们欺男霸女惯了，听说半塔地方来只凤凰，猎奇的兴趣顿起，并在自己的父亲面前发誓，要活捉凤凰带回来供全家观赏。

这天，3个恶少纠集一伙爪牙，身佩弓箭，手提鸟枪，来到凤凰栖息的山下，看见有只凤凰正立在一块巨石上梳理着美丽的羽毛。3个恶少被这一奇丽的景象惊呆了，突然又想起自己夸下的海口，便定了神，取下弓弩，张弓搭箭，直射凤凰。可是凤凰屹立山顶，悠然自得，用嘴和脚梳理着羽毛，不躲不藏。待箭杆飞到头前的时候，它头稍一偏，随即便张嘴咬住了箭，然后轻轻地放在地上。凤凰对着3个恶少长鸣一声，似乎是发出严正的警告：暗箭伤我，暂且饶了你们这一回。

3个恶少见状大惊，想上不敢上，要退又不能，因为人们已闻讯赶上山来了。三恶少横下一条心，伙同爪牙一起，对准凤凰用乱箭射，用鸟枪打。然而凤凰仍屹立于那块大石上纹丝不动。当地农民围上山来，和3个恶少及其爪牙展开了殊死的搏斗，终于把他们赶下山去。

3个恶少见硬的不行，便来软功。他们常常趁着夜深人静的时候到山上偷袭凤凰，都没有得逞。可他们还是贼心不死，好几次放火烧凤凰栖息的山头，但每次都被当地的农民赶来扑灭了。凤凰知道自己不能再待在这里了，必须另寻栖身之地，但是也决心惩治这3个恶少，不让他们继续为非作歹，祸害百姓。一天，3个恶少又来骚扰，农民也赶来保护凤凰。凤凰见此情景便飞到一株大梧桐树上对着赶来的农民长鸣一声，点了3次头，接着便腾空而起，在自己的身上啄下3根小羽毛，从半空中向地上一扔。说来也奇，这3根羽毛立时化成3道白光，在人们头顶上绕了3圈，化成3柄利剑，带着风声直插3个恶少的胸膛……

一阵骚乱平息以后，留下的却是凤凰由近及远的悲伤的长鸣声。

凤凰飞走了，从那以后再也没有回来。可当地的农民却永远记得它，为了报答它的恩泽，便将凤凰时常屹立的那块巨石起名为“凤凰台”。

（祝英山 讲述　高杰猛 记录　选自《安徽民间故事全书·来安卷》）

蛤蟆石

半塔镇的西北角，是来安、盱眙、明光两省三县的交界处。这里群山环绕，峰峦叠嶂，古时候野兽出没，人迹罕至。在这山连山、山套山中有一座大山叫“塔山”。塔山有许多传说被人津津乐道，其中蛤蟆石的故事广为人知。

塔山脚下一片苍翠欲滴挺拔向上的大松林后面，有一块巨石，远远看去酷似蛤蟆，这就是闻名遐迩的蛤蟆石。

传说在古时候，这里有个妖怪，经常下山危害百姓。村民们虽然怨声载道，却又毫无办法，只能唉声叹气，在无可奈何的恐惧中度日如年。有一天，玉皇大帝来到人间“私访”，听到村民们的控诉后，勃然大怒，当众表态：要从重从严捉拿这个妖怪，为人间除害。

玉皇大帝回到天上后，立即与天兵天将们商量研究捉拿方案，首派托塔天王下来，并交代尽量捉活的回来。托塔天王虽然十分勇猛，又力大无比，但由于侦察手段不佳，“定位”不准，又加上妖怪狡猾多变，行动无常，不得不无功而返。玉帝又改派雷公电母下来捕捉，同时又交代实在捉不到活的，便就地击毙，不留后患。

雷公电母火眼金睛，不停地在山上查蛛丝、寻马迹，排疑点。终于在一个风雨交加、伸手不见五指的夜晚，发现一个奇怪的“大蛤蟆”，两眼闪耀着绿色的凶光，连蹦带跳地下山来。雷公电母认定这就是妖怪，但在如此恶劣的环境中，要捉拿狡猾的妖怪难度太大，搞不好又会让它跑掉，便改变战术，决定实施地毯式轰炸，就地击毙。说时迟，那时快，数十道电光同时闪亮，连地上掉根针都能看见，阵阵炸雷声欲使山河破碎。突然妖怪不见了，变成一块巨石。从此山下太平了，人们把这块石头叫作“蛤蟆石”。这块蛤蟆石一直跪卧在山上，似乎在向人们请罪，千百年来天天如此。

（杨大璞）

龟石头和跪石头

来安县半塔镇王集村西南 2 千米处有一座山，名叫龙王山。龙王山山势较为峻拔，树木葱茏茂密。靠山顶的边沿，有几块巨大的石头相互垒叠吻合，兀自伸向山前，长约 10 米，宽约 2.5 米，高出山顶部分也有 2.5 米左右，像一只乌龟的头向前伸出，人们称它为“龟石头”或“龟石子”。其实不然，确切地说应该叫它“跪石头”或是“跪石子”。这是为何？原来这里有个故事。

相传，北宋徽宗年间，北方的金将兀术领兵入侵中原，步步进逼，宋室江山危在旦夕，软弱无能的朝廷被迫南迁。到了宋高宗时，民族英雄岳飞率领英勇善战的岳家军奋起抗击金兵的入侵，取得节节胜利。当年，他的岳家军曾在王集的龙王山这个地方驻扎。

岳家军因为训练有素，岳飞治军严谨，军纪非常严明。他们在龙王山下开辟了两块平坦的空地，一块叫“大操场”，一块叫“小操场”，岳家军就在那里操练。而岳元帅则常雄立在那块巨石之上，居高临下，举五色号旗指挥操练人马。在操演的过程中，各部首领经常到大石头前去跪拜岳元帅，并接受军令。

后来，岳元帅被奸贼所害，当地百姓为了纪念这位民族英雄，也常到大石头前祭奠，久之便叫它“跪石头”了。

（许连甲 讲述　吴德美 记录　选自《来安民间故事集锦》）

獾　墩

来安县半塔镇鱼塘村南边釜山水库里有一个土墩子，土墩子说来有点怪气，无论发多大的水，始终不会淹掉，如同荷叶一样漂在水面，这就是出了名的獾墩子。

这獾墩子并不太高，它是陈家种的地，每年都是两季三熟。不知什么时候，来了一个黄胡子过胸的老头，要在陈家借宿，陈家不肯，这老头不高兴地走了。自从那老头走后，那块地上便迁来了许多的獾子，在地里打洞，从那以后地势越来越高，地面坑坑洼洼，也实在无法耕种了。陈家气得没法了，只好在土墩上栽竹子。后来，人们把这块地起个名字叫獾墩。

原来，那个黄胡子老头是个獾子精，他为了报复陈家不借宿之怨，便把子孙都招来破坏了那块地，并且将砖块瓦砾都搬到土墩子上面去，叫陈家没法种地。

有一天，老獾子精变成一个庄稼人来到陈家，不怀好意地问：“陈老板，我只见别人田里屙狗屎，你家地里怎么屙瓦片呢?”陈老板一听，此话分明是在笑话自己，便没好气地说："砖头屙田年年在，狗屎屙田烂秧根！"听罢这些话，老獾子精却认了真，又令子孙将砖头瓦砾拾走，上面屙了一层狗屎。从此陈老板逐渐富裕了起来。一大片竹林长得都有小碗口粗，每年都要卖许多钱，而且竹子越砍越兴旺，成了周围有名的大竹园了。

这陈老板是个鬼精灵，他非常清楚自己发财来之不易，而且也知道是獾子在与自己作对，如今他用计使坏事变成好事，一旦被獾子识破，自己还是要倒大霉的。所以，他言谈举止，为人处世十分小心，生怕再惹祸端。光小心也不是事，陈老板一心要除掉心腹之患。有一年，刚收罢小麦，正处大热天，正午谁不想凉快凉快，唯独陈老板偏偏午时出门去往竹园。突然，发现有一块绿茵茵的毯子在毛竹上晒，陈老板觉得奇怪，便急忙把它带回了家，将它严严实实地藏了起来，不走漏一点风声。

原来，这块毯子是天上王母娘娘的荷叶毯，是件宝贝，睡在上面便可立地成仙。獾子精从王母娘娘那里偷来荷叶毯，不小心在偷渡银河时把毯子打湿了，才挂在竹枝上晒，刚巧这天又是端午节，各种动物都怕端午节的雄黄酒，所以这一天中午都找地方躲灾去了。而獾子精为了躲灾却把晒毯子的事情忘记了，等端午一过，再去找毯子，已是无影无踪了。

獾子精捏指算出荷叶毯是被陈老板偷去了。有一天，陈老板在耕地，獾子精变成人形，跟在他后面要荷叶毯，陈老板见机会到了，"唰啦"一鞭子不偏不歪打在那人头上，那人痛得怪叫一声，滚在地上现出原形，眼睛也被打瞎了。陈老板见状厉声喝道："畜生，还不俯首归顺！"那獾子精双眼流着血水，跪在地上求饶："愿听您老吩咐。"陈老板说："从今后你要老老实实地守在这块地方，为周围百姓看好庄稼，如再为非作歹，小心你的狗命！"獾子精夹着尾巴逃到獾墩，再也不敢兴风作浪了。

因为那片竹林被王母娘娘的荷叶毯罩过，沾上仙气，从此，不论发多大的水，獾墩子都会漂在水上面。

（王春山　选自《安徽民间故事全书·来安卷》）

白蛇泉与哼虎崖

来安县半塔镇何郢村有两处地方，一处叫白蛇泉，一处叫哼虎崖。因何而得名？有段故事。

相传在古时候，这一带山势险要，林木参天，杂草丛生，人迹罕至。那山坡上有一块硕大的岩石，石下有一个深洞，洞中有一只白额吊睛猛虎，时常出来伤人。离虎洞不远的地方有一泉水洞，泉水清澈，洞里住着一条碗口粗 6 米多长的白蟒蛇。

有一天，一个老汉上山砍柴，刚走到泉水洞跟前，忽然起了一阵狂风，紧接着一声虎啸，震得山谷回声，树叶直往下落。霎时间从草丛中窜出一只猛虎，扑向老汉。这畜生要伤人！老汉何时见过这阵势，早已吓呆了，愣在那里动弹不得。说时迟，那时快，就在这千钧一发之际，从泉水洞里窜出一条白蟒，它用头一拱，将老汉拱向一旁，然后竖起尾巴，向老虎猛地扫去，将猛虎扫得翻了几个筋斗，倒在地上不能动弹。等老汉苏醒过来，蟒蛇已经不见了，只见那只老虎一瘸一拐地躲进岩洞中，哼声不息，不久便死于洞中了。

后人便将这两个地方起名叫“白蛇泉”和“哼虎崖”。

（佚名 讲述　冯树仁 记录　选自《安徽民间故事全书·来安卷》）

独山镇

将台子

在独山镇的独山脚下、向阳河畔的一块平川上面，有一块长约 200 米、高约 50 米的平台，当地人称它为“将台子”。传说不管该地发生多大洪水都淹没不了它，原因是将台子建在一块宝地之上，有随水升降沉浮的功能。将台子的来历也被人们传得活灵活现。

相传楚汉相争时期，汉高祖刘邦任用韩信总管全军。由于韩信熟读兵书，又懂三韬六略，所以挂帅征战以后，西楚霸王被打得连连败退，最后退至建邺（今南京），利用长江之险只守不战。韩信亲率大军一路追来，先锋部队到独山边驻扎下来。汉高祖兵多粮少，不能久持，便命韩信尽快攻陷建邺。焦虑中的韩信星夜骑马巡营，来到先头部队驻地，他见独山脚下全是圩田平川，平原交战不利伏兵，应该多层包围，急速强攻，快速取胜，于是便毅然决定兵分十路，东起扬州，西到滁州，强攻建邺。因野外点兵，又在平原，难以亲睹军容阵势，韩信便与丞相萧何商量，建一座点将台。丞相命全军将士每人掼一块泥巴，砌起来作为临时点将台，军士按照丞相之命，很快就砌好了。韩信在这里指挥作战，一举取得了胜利。后来在这里留下一块平整的台子，人们把它叫作“将台子”。

（陈建国 讲述　傅国柱 记录　选自《安徽民间故事全书·来安卷》）

施官镇

龙　山

龙山，坐落在来安县的东北角，施官镇的北面，偎依在长山的怀抱之中。从长山顶峰向南俯视，可纵观龙山全貌，它犹如两条巨龙，俯卧在东西两侧，有头有尾，栩栩如生，所以人们就把这里称作“龙山”。然而，最神奇的是，它们的头都侧向中间的一个小山峰，这座小山就像一颗玉珠嵌在两条巨龙之间。人们将这巨龙似的山，一座称作“东龙山”，另一座称作“西龙山”，中间的小山称为“团山”。

明代，朱元璋登基后，在龙山突然冒出一颗硕大的玉珠，它光芒耀眼，光华四射。许多人都想得到它，可是都无法靠近它，甚至有人被玉珠的光芒刺瞎了双眼，从此再也没有人敢接近它了。

日子长久了，这宝珠的事被天上的旱龙知道了，旱龙顿时起了邪念。一日，两条旱龙卷起狂飙，风驰电掣般地来到团山的上空，都想得到此珠，于是展开了一场恶战，直把那地方搅得天昏地暗，就连朱元璋在南京的宝座都晃了好几下。

这事被朱元璋的谋臣刘伯温知道了，他连夜赶到团山。两条恶龙见刘伯温来到，收起云头就要逃跑，刘伯温祭起宝剑，立斩二龙。其中一条恶龙身着两剑，跌落在玉珠的西面，至今人们还能看到龙腰上的剑痕，已变成两条山沟。另一条恶龙毙命于玉珠的东面。说来也怪，这两条龙虽死，可是他们的头仍对着玉珠好像还在争夺不休。

（王家全　选自《安徽民间故事全书·来安卷》）

五梅山

来安县城东约 20 千米，坐落在施官镇境内有一座山，叫五梅山。

很久以前，这座山上住着一户人家，家中只有母女两人。母亲李氏，一生勤劳，心地善良；女儿梅姑，端庄、美丽又贤淑。

有一对相亲相爱的燕子，每到春天来临的时候，便到梅姑家的二梁上筑巢安家。李氏和梅姑特别喜欢它们，梅姑把最好的谷子拿来喂燕子，李氏每晚都要端着灯照照屋梁，看看有没有蛇来侵扰燕子。每天早上梅姑下地干活，燕子都要飞到梅姑肩膀上“唧唧喳喳”地喧闹一阵，然后才飞去觅食，回来时候，总是衔回一串串山果子。

又一个春天，母燕产卵了。过了不久，4 只美丽的小燕子出世了。为了哺育好小燕子，两只老燕常把小燕留在巢里，双双外出觅食。这一天，两只老燕子又出去觅食了，它们看到梅姑正在地里锄草，便飞到梅姑肩膀上欢跳起来。梅姑用手托住燕子，说：“去吧，家里还有小燕子宝宝，快去。”燕子点了点头，双双飞走了。

傍晚，两只老燕没有像往常那样按时回家，小燕子饿得叽叽叫，梅姑急得没有办法，只好一只一只地喂。天黑了，还是不见老燕子回来，母女俩急得怎么也睡不着觉。到了下半夜，她俩刚迷迷糊糊地睡去，梅姑忽然听见有呼唤她的声音。梅姑睁开眼睛循声望去，却什么也没有，便起床出门，走到山顶时，看到了两只老燕子，梅姑忙说：“小燕子宝宝在家想你们啦，快跟我回去吧!”两只老燕突然哭着说：“梅姑，我俩回不去了，我们上午在山林中觅食时，被两只老鹰撕成碎片吃掉了！梅姑啊，拜托你把我们的 4 个孩子抚养长大吧，我俩不会忘记你的恩德的。”燕子说完后，点了 3 下头就不见了。梅姑急忙喊：“燕子！燕子!”

李氏被梅姑的喊叫声惊醒，抬身问道：“梅姑，老燕子回来了?”梅姑猛地醒来，发觉自己是在做梦。她把梦中见到的事情对母亲说了，李氏听了后，泪流满面。

时间一天天过去了，4 只小燕子在梅姑精心照料下长大了。快到冬天的时候，梅姑对小燕子说：“燕宝宝，你们回到南方去吧，这里太冷了。”4 只燕子跳着、叫着，怎么也不肯离去。梅姑含着泪说：“燕子，我也舍不得你们呀，去吧，等到明年春天，我站在门口迎接你们。”4 只燕子听后，围着李氏和梅姑低飞 3 圈，依依不舍地飞去了。

燕子走后，梅姑日夜思念燕子，盼望春天到来。长时间思念，梅姑病倒了，且病得越来越重。这天，梅姑把母亲叫到床前，吃力地说："娘，我不行了，我死后，把我埋在山头上，这样每到春天，燕子飞来的时候，我就能看到它们了。"几天后，梅姑喊着"燕子"死去了。李氏哭得死去活来，按照梅姑的心愿，把她埋在山头上。

冬去春来，李氏想念自己的女儿，也盼着燕子归来。一天，从南方飞来 4 只燕子，它们先绕着李氏飞了几圈，然后飞进屋去找梅姑，没见梅姑又飞往田里找梅姑，燕子飞来飞去一直未找到梅姑，李氏见此情景便说："燕子啊，你们别找了，梅姑得了重病，没等到春天就死了。"4 只燕子听了李氏的这番话，一齐发狂地冲向天空，然后猛地收拢翅膀，由着身子直往下栽，结果全都栽死了。

看到 4 只燕子悲壮自杀，李氏伤心极了，她做了一个精巧的盒子，把 4 只燕子盛殓起来，然后把它埋在梅姑的坟旁。正当李氏放声痛哭时，梅姑突然从坟里走了出来，她穿着一身黑色衣裙，身旁还有 4 只小燕子，梅姑俯身对李氏说："娘，不要难过，每年春天，我会回来看望您老人家的。"说完，和 4 只小燕一起飞了起来，当李氏抬头向天空望去时，看到的却是 5 只燕子。从此，当地人把梅姑母女俩住过的小山叫"五梅山"，把生长在五梅山上的一种能治病的中草药叫作"燕子草"。

（储兆光　选自《安徽民间故事全书·来安卷》）

猴　山

来安民间有"狗恋恩，猫恋食"的说法。今天，我就来讲一则猴子救主人的故事。

故事的起源是在施官镇的周大郢，周大郢有个地主名叫周堂，他敲诈勒索长工很有一套。

村里有个苦孩子叫庞国，从小死了父母亲，跟着伯父过日子。后来伯父母相继去世，这孩子长到 22 岁，成了个身大力不亏的棒小伙子。他人很勤快，肯帮助人，人品很好，大家都很喜欢他。于是每家都请他去干活，给他吃喝，有时还给他做件衣服。可是，这总不是长远之计啊.有个长辈就出主意叫庞国到地主周堂家去帮工，干几年苦工，聚几个钱，就可以成家立业了。

庞国来到周堂家，地主一看就乐意。再一看，还有一只猴子紧紧抱住庞国的腿。周堂发怒了："你是来帮工干活的还是到我家来唱猴戏的！"庞国马上解释说："这只猴子是我在仙人山仙人洞里拾到的，当时它被野物咬伤，是我为他治好伤，已经跟我 3 年了，每天形影不离。你如果因为猴子不雇我，我情愿到别处去。"说毕转身就要走。"慢！"周堂见到这五大三粗的小伙子，怎能舍得放呢？就说："带猴子也可以，不过要扣除两个月的工钱！"庞国也只好忍气吞声接受了这个苛刻的条件，留在周堂家当长工了。

庞国是农家好手，耕锄犁耙，样样都来，人又勤快，品行也好，让老地主无可挑剔。庞国为人宽厚大度，肯为人解难，所以不论是长工、短工、婆子、女婢都喜欢他，有什么话都愿意跟他说。这婢女之中有一个刚满 20 岁的姑娘，名叫兰芝，从小失去了双亲，命就像黄连一样苦。她是被卖到周堂家来的，已经苦了 6 个年头了。她见到庞国以后，心里就觉得踏实多了，也觉得日子充满了希望。庞国时常帮她做些重活，兰芝也帮庞国洗洗浆浆、缝缝补补，还时常搞些瓜果之类的东西送给猴子吃，久而久之他俩逐渐产生感情。庞国和兰芝谈恋爱，那猴子既辛苦又幸福。辛苦的是，每当他俩有约会时，猴子总是攀上树望风，所以始终未被人发现；幸福的是他俩每次约会都要带些东西给猴子吃。两人感情处得深了，就私订了终身。那个朝代，私订终身是不被允许的，更不必说结婚了，何况是长工和婢女呢？

3 年后，兰芝怀孕了，开始周围的穷兄弟姊妹互相照应，老地主周堂也没觉察到什么，后来小孩生下地，那响动可就大了。古语说"没有不透风的墙"。这老地主终于知道了庞国和兰芝在他家私生了孩子，这还了得！在大厅上他吼叫起来："这是伤风败俗的事，我岂能留下他两个！"于是派了几个恶奴，准备晚上将庞国和兰芝活埋。哪知道这件事被一个老长工听到了，就告诉了庞国。兰芝也被此事吓呆了，两人商量结果还是逃走，以求生路。于是就命猴子去望风，两人急忙收拾一下破烂衣服，又将孩子包裹好背在肩上，天刚擦黑，两人便带着猴子上路了。

老地主周堂晚上喝足了酒，坐在大厅上命令恶奴下手。不一会儿恶奴来报，说是两人已经逃走了！这可把周堂气得发了昏，赶忙亲自带了5个人顺着施官到舜山这条路追了下去。

再说庞国和兰芝已经逃到舜山炮咀村这个地方，坐下来歇口气，吃点干粮，也给孩子喂口奶。那猴子仍是爬上树望风。约有一袋烟的工夫，猴子在树上“吱吱”怪叫，乱蹦乱跳，时而窜下树，时而爬上树。庞国心里明白肯定有事，攀上树一看，有一盏灯笼离自己只有30多米远了，就赶紧抱起孩子，拉着兰芝就跑。还没跑出多远，周堂带着5个恶奴就追上了他们。

这猴子站在庞国和兰芝的前面，对着周堂和恶奴龇牙咧嘴，“吱吱”直叫，双目露出凶光，大有一拼到底之势。这地主手一挥命恶奴上，就在这时，只见猴子猛地窜到周堂的胸前，“咔嚓”一口便将周堂的喉咙咬断了。众恶奴见周堂倒地，顾不上追赶，急忙上前一看，周堂已经死了。这边闹哄哄的，那边庞国和兰芝已经跑下去好远了。于是恶奴又去追赶，这时猴子又不知从哪里跳了出来见人就抓就咬，直把5个恶奴抓得浑身都是伤。最后，猴子还是被恶奴们乱棍打死了。可是，庞国和兰芝已经跑出很远了，恶奴们始终没有抓住两人。

到了第二天，庞国顺着路来找猴子，走到昨晚发生事情的地方，见地上一摊血，再往四周找去，见猴子已经直挺挺地死在那里，嘴里还咬着一块布。庞国大哭一场，用手扒土把心爱的猴子埋葬起来。说来也怪，不到几年，这埋猴子的土堆逐渐升高，竟成了一座小山。后来，人们就把这个小山起了个猴山的名字，附近村庄也叫猴山。据说18年以后，庞国的孩子长大了，进京应试，还得了一个官。全家人还特地到猴山来祭奠一番，为猴子筑了一个墓，竖了一块碑，在猴山顶上还盖了一座小庙。年深日久，这些遗迹都没有了，不过，这件事情一直流传至今。

（潘国定　选自《安徽民间故事全书·来安卷》）

仙人山

施官东 1500 米处有座小山，叫仙人山，简称仙山。以前山上有一古庙，大殿内有 3 尊大佛像，十八罗汉、千手观音佛。

为什么叫“仙人山”呢?

传说山上有个仙人洞，有两个仙人在里面下棋，山下黄郢有个农夫到此洞看二老下棋，这位农夫回庄后，庄里小孩都已成老人了。后来人们就把此山称作仙人山了。

过去还有个顺口溜：“仙人山上有一块田，弯弯扭扭像犁元，谁家种到犁元地，子子孙孙中状元。”

而今仙人山上古庙已不存在，仅留下一个小山洞，全山树木已成林。每年九月九日仍有千百人登峰，眺望美景。

（潘心田）

张山镇

长　山

长山位于来安县东北，距县城 9 千米，在张山镇境内，坐标为北纬 32°38′，东经 118°31′，呈东南—西北走向，其主峰海拔 184 米。

长山原名五湖山。据道光十年版《来安县志》载，明朝时，在县东北十八里山下有五湖，因以为名；又名白禅山，因山北属白禅村，故也。据元《符图经》载："南北长二十里，广十余里。"今俗称二十里长山，简称长山。

长山山势较平缓，森林覆盖全山，并有少量可耕地分布在森林之间，其土质属黄泥巴和冷砂土，森林资源以马尾松、黑松为主（约 3.7 万亩），345 国道从山脊横穿而过。山体石质系青岩石，是很好的建筑材料。长山还是自然地理分界线，从芝麻岭到长山一线以北属淮河流域，以南属长江流域。

据《方舆纪要》载，来安五湖山，"控扼南北，至为险要"，自古以来，都是战略要地。

（选自《安徽省来安县地名录》1986 年 8 月版　编者有改动）

昔日古战场——长山

从长山林场场部西边的石固山，到场部东边与江苏接壤的骑马岭，全长约 10 千米，山势由西向东逐渐升高并趋平坦。这里就是远近闻名的长山。

这一带是江淮分水岭的切割线，是长山林场的腹地，更是历代兵家必争之地。据史料记载，历代兵家或踞本境为险要，或以本境为战地，或在本境驻屯。早在春秋时，即为吴越争战之地，南宋时为宋金争战之地，清朝时，根据洪秀全之命，农民曾在这里举行起义，太平军、捻军多次从这里入驻来安，这里是见证一次次激烈鏖战的古战场。

20 世纪 60 年代，山上依然残留着星罗棋布的石头堆和石头墙。石头堆呈圆柱状，直径约 4～5 米，高不到 2 米。据《来安县志》（1990 年版）记载，这些石头堆和石头墙都是南宋绍兴年间，居民们在这里构筑战垒，以御金兵之用。后来因城乡建设，这些“工事”的石头都被运下山作建房铺路护坝之用。到了 20 世纪 80 年代以后，这些古迹才逐渐消失。但今天的石固山，依稀可见山腰有跑马道痕迹。红山作业区北山旁的万山，仍存有当年饮马塘、跑马道和古井的遗迹。

（杨大璞）

罗　顶

长山有个山头叫罗顶，原名叫“萝卜顶子”。因为从北面看，就像一颗巨大的萝卜被栽在那儿，所以不知从哪个朝代起，人们就叫萝卜山顶了，以“罗”代“萝”，简称为罗卜顶，后来干脆省成罗顶。

听奶奶说，罗顶原先属于张山乡管，当时叫它罗顶甲。中华人民共和国成立后，罗顶曾是西山乡政府的所在地，至今还有旧屋框子在。土地到户后，长山公社改为长山乡，罗顶大队改成罗顶村，2001 年长山乡并入张山乡，2018 年 1 月张山乡撤乡改为镇，罗顶村依然保留。

（李德新）

官塘港的仙人洞

在长山官塘港上梢的山头上，有一个天然的洞穴，人称“仙人洞”。元朝末年，白莲教传到这里，便在仙人洞前垒石设坛，聚众宣教，后来逐渐成为传法场所，现在，只剩下两层坛台和巉岩断壁上的古洞口。仙人洞在山岭顶部，面向东北，前临深壑，中华人民共和国成立前还存有条石构建的享殿，享殿所用条石共计 206 块。享殿东沿山坡建有 250 米路的长亭，远远望去，似人间仙境。在 20 世纪 50 年代初，为了水利建设的需要，享殿被拆，所有条石运往东寺港下的唐家坝去了。

（李德新）

下大院子对面的仙人洞

来安县张山镇有个下大院子，下大院子对面有座山，在半山腰有个洞，举目远望洞口，好像一只雄狮张着大口。刚入洞，还觉宽敞，越往里走，洞身越窄，行约 3 米，便急转直下，洞身忽然变大了起来。往下看，深不见底，只听泉水叮咚作响，寒气彻入筋骨。洞前有两层台阶式的平台，它用平整的方石垒成，长宽约 3 米，像一个天然舞台。

人们为什么将这个洞称为“仙人洞”呢？这里有一个古老的传说。

相传很久以前，洞里住着一位身着荷花裙、肩披绿纱巾、脚蹬莲花鞋的姑娘。由于姑娘时常在洞前跳荷花舞，老百姓都称她为“荷花仙子”。令人惊奇的是，每当荷花仙子翩翩起舞的时候，洞里的泉水也叮咚作响，而且响声越来越大，有节奏的泉水声仿佛是美妙的乐曲在为荷花仙子伴奏。此刻，天气便会由晴转阴，接着乌云翻滚，电闪雷鸣，大雨倾盆而下。荷花仙子也深知民心，平时她不跳舞，在百姓需要水的时候，她就出来舞上一番，甘霖便从天而降，旱情随即解除。因为有了荷花仙子，当地百姓过着风调雨顺、五谷丰登的好日子。荷花仙子也因此受到百姓们的敬仰和崇拜。几乎每天都有人到洞口烧香磕头，为荷花仙子祈祷祝福。

可是，不知什么原因，有一年从元宵节到端午节一场雨未下。麦苗卷了叶，玉米低下了头，眼看就要绝收了。百姓们心急如焚成群结队到洞口烧香祷告，请求荷花仙子普降雨露以救苍生。可是荷花仙子并没有出来跳舞，天也没有下雨。

端午节这天，人们在洞前照例虔诚地拜求荷花仙子。突然洞里冒出一股黑烟，隐约听见洞里传来“乒乒乓乓”的兵器声。突然，从洞里窜出一条大蟒。那大蟒身长 30 米有余，足有水桶一般粗。荷花仙子满身是血，手擎利剑也紧追了出来。那孽畜见荷花仙子穷追不舍，难以逃脱，掉转头来，“呼”地喷了一口黑雾。荷花仙子反应极快，腾地跃上半天空，看准大蟒的头部，一剑刺下来正中大蟒右眼，大蟒一阵痉挛，在空中打个滚，口吐黑雾，朝西方遁去，荷花仙子奋力追了上去，从此没有回来。

当地百姓为了怀念荷花仙子，在洞前砌上平台，盼望荷花仙子回来跳舞，并把荷花仙子居住的洞称为“仙人洞”。说来也怪，两层平台刚砌好，就听仙人洞里传来泉水声，不一会儿，流出一股清泉，水流越来越大，如同瀑布一般。泉水汇成小溪奔腾而下流向山涧，流向干枯的田野。荷花仙子又显灵了！百姓们欢呼雀跃，对荷花仙子更是顶礼膜拜，感激不已。如今每逢端午节，仙人洞香客仍然络绎不绝。

（佚名 讲述　殷文萍 记录　选自《安徽民间故事全书·来安卷》）

月亮山

张山镇长山上有个山头叫月亮山，这里多少年来一直流传着一个非常感人的故事。

不知是哪一年，山东闹饥荒，有母子俩逃荒来到长山。男孩子小名叫月亮，二十刚露头，长得五大三粗，胳臂一伸全是疙瘩肉，看样子有使不完的劲。这母子俩来到长山头，举目无亲，无处投靠，便在长山脚下搭了一个小窝棚子，作为暂时存身之处。

好在月亮年轻力壮，他晴天上山砍柴，也能换回二升米。母亲在附近挖点野菜，日子勉强也能糊过去。到了雨天，月亮只有挎着篮子到外面去要饭以侍养母亲。母子俩相依为命，紧紧巴巴地过日子。

月亮这孩子不仅孝顺母亲，而且有一颗同情穷人的仁爱之心。只要附近有穷人家缺柴烧了，他总是要连日带夜地去砍柴，然后给他们送去。所以穷人们都说，月亮这孩子人好心好。穷人家有什么大小事，也都愿意同月亮商量商量。

那时的长山人烟稀少，荒草遍野，是豺狼出没的地方，特别是到了晚上，一个人是不敢出来的，只能结伴而行。

一天，月亮挑了一担干柴到集上去卖，回到家后，看天色还早，就又挑起半担柴给山下的瞎眼奶奶送去，又帮她扫地，把缸里的水挑满。月亮没在奶奶家吃晚饭，顶着月色就回家了。走着走着，月亮听见后面有响动，回头一看，原来是一只恶狼。月亮惊出一身冷汗，停住脚不敢向前走了。狼见月亮停下，也不敢往前走，屈起两条后腿蹲了下来。因为月亮手上提着一条扁担，胆子也就壮了些。这样对峙了约个把时辰。突然，那只狼把嘴插在地里嚎叫一声。空山野洼，又是夜深人静，不一会，从树丛里又蹿上来3只狼。月亮见这情形，心想怕也没有用，只有豁出性命来拼。于是他跪在地上："俺娘啊，这一回恐怕是再也见不着你了，要是这些狼都被我打死，就算是我为地方除了一害；若是我死于狼口，你老人家就慢慢过，儿子再也不能为你老人家尽孝了！"说毕磕了3个头，站起来，抓住扁担，左冲右突，前打后砸，上戳下捣，月亮和狼大战了个把时辰，狼被月亮打死了两只。这时，月亮身上已经有好几处负了伤，血流不止。剩下的两只狼，蹲在不远的地方喘气。月亮倚在山坡上，握紧扁担，两眼瞪着狼动也不动。

大约停了半个时辰，那两只狼其中的一只又将嘴插在土里嚎叫起来。事到如今，月亮知道自己凶多吉少，早将生死置之度外了，他拿起扁担，使出最后的力气，又将这两只狼打死在地。他喘了喘气，顺着山路晃晃悠悠地向家里走去。走着走着，突然前面又出现两只狼。这时，月亮肚里饥饿，浑身无劲，再加上身上十几处伤，已经是寸步难行了。说时迟，那时快，饿狼猛扑过来，月亮想闪已经来不及了，便顺势抱住一只狼在地上打起滚来……

第二天，人们发现山脚下躺着4只狼的尸体，再循着血迹找过去，月亮躺在山坡下，已经是血肉模糊。

当天，人们凑了钱买了一口薄皮棺材，将月亮埋了。谁知过了3天以后，坟堆却变成了一座小山。为了纪念这个与穷人有深厚感情又为民除害的小伙子，就将那座山取名为"月亮山"。

（李萍　选自《安徽民间故事全书·来安卷》）

舜山镇

龙王山

龙王山位于来安西北 16 千米处，位于舜山镇与明光市自来桥镇交界处。北纬 32°35′，东经 118°24′，海拔 219 米，是来安县的最高峰。

据《来安县志》载，龙窝山在县北 16 千米，迤逦来自信山，如龙之盘曲，上有龙窝寺，今废。山体呈东南—西北走向。山体为青石岩，山势峻峭，主峰高出于周围的群山，其状似龙，为山中之王，后人故称之“龙王山”。

山上植有马尾松、黑松等树，现已成林可逐年采伐。龙王山也是历代战略要地，战略位置十分重要，抗日战争时期为我新四军皖东革命根据地。

（选自《安徽省来安县地名录》1986 年 8 月版　编者有改动）

金牛山与浮石岭

舜山镇西边有座练子山（又叫练寺山、练山），山的北面约 1 千米处有一个小村庄，名叫朱郢。庄子上有一个农民陈思友，他的父亲曾说过一个故事。

有一天，陈思友的曾祖父在练山脚下自己的地里干活，因家境贫寒，买不起牛，只能付出极其艰苦的体力劳动。尽管如此，也很难养家糊口。有一天，他的曾祖父正蹲在田埂上发愁，忽然发现有一头黄牛拖着一盘耙，在山下水塘边喝水。他看四下无人，便将牛牵来耙地，一直到中午时分，将所有田块耙完，他想把牛拉回家等人来认领，可是，那牛偏不听使唤，挣脱绳子，狂奔进林子。

陈思友的曾祖父不放心牛的事，于是，他带足了干粮，钻进老树林子，去寻找黄牛的下落。他在老树林里找了三天，结果牛毫无踪迹，干粮也吃光了，他只得往回走。当他走到树林子边沿的时候，突然发现地上有一件东西，太阳一照，闪闪发光，他非常惊奇，忙近前一看，原来是根大金耙齿！

他为人厚道，拿着耙齿在路边等了大半天也没人来认领。他也不想一想，天下哪有凡人能用得起金耙齿！他只得傍晚赶回家，和老伴商量，这钱该怎么花。一直到天亮，最后才拿定主意，置地、买牛、盖房子。

他清早赶到牛市上，看见许多人围在一起，挤进去一看，突然眼前一亮，一头强壮的五爪白牛呈现在眼前。众人正在议论纷纷，有人已经出价10两银子，牛贩子仍不肯卖。陈思友的曾祖父看在眼里，喜在心里，出银12两，双方高兴地成交。回到家里，老伴也高兴，说是奇牛，浑身白毛固然难得，五爪蹄子更是难求。牵去耕地，工效超出普通牛的两倍，全家人好不高兴，整日像过节一样。

他家的日子越来越好，子孙满堂，还时不时地接济一些穷苦的人，周围的百姓都称他为陈善人。

有一年（大约是在八国联军侵略中国的时期），有一个蓝眼睛、黄头毛、大鼻子、白皮肤的外国人来到练山脚下，找到了陈思友曾祖父住的家。那天，陈思友的曾祖父不在家，老伴出来会见这位外国人。

那人对老太太说："你们那边山里有件非常珍贵的宝贝。""从来没听人说过。""老太太，我是不会骗你的。""你是外国洋人，谁知道你说的话是真还是假?""只要一条长着白毛和五个爪子的牛，就能打开洞门，取得宝贝。"老太心里想，你一个外国洋人说的话，我凭什么相信你。于是便留了一个心眼，有意地说："白毛五爪蹄子的牛我家有。"那外国洋人欣喜地说："老太太，我出大价钱，卖给我!""不行，我要留着耕田。不过，如果真的有宝贝，我俩四六分成，你六我四。"外国人大喜："很好！很好!"

老太太问："怎样才能打开那洞门呢?"那外国人迫不及待地回答："牵白牛至山南左转三转，然后右转三转，将带去的独藤南瓜连拍三下，那洞门便打开了。"老太太牵着牛，手捧南瓜来到山前，照做一遍，山洞果然大开。外国人狂喜，直奔洞口，一头钻进去。

老太太见到这个情形，心知这个外国人来者不善，心存不良。嘴边上的话便脱口而出：“你分明是来抢劫我们中国的财宝，还假装什么正经!”心中有气，随后将南瓜扔在地上，南瓜裂成几瓣。就在这时，山洞里“轰隆隆”作响，那洞门便关了起来，外国人一辈子都没出来。

本来，外国人必须告诉老太太南瓜不能落地，否则，洞门便会自动关闭。他想留一手，以保自己的安全。哪知他弄巧成拙，反而搬石头砸了自己的脚。

此后，常见那金牛出没于山林间，后来那座山便起名“金牛山”。而今山的东部浮石传说为金牛拉的粪便，因此遍地浮石，后改为浮石岭。

（陈思友 讲述　徐英田 记录　选自《来安民间故事集锦》）

恋子山

恋子山在来安县舜山镇西边，这里树木多，鸟儿也多，环境好。恋子山海拔不到 200 米，远看山形像一条牛横立在那里，说到这里，有一个传得很久的故事，我小时就听奶奶讲过。

相传很久以前，山脚下有一条小河，河水清清，四季长流。河边有两间茅屋，茅屋里住着孤儿寡母二人。儿子约十二三岁，家里无劳力，没得吃、没得穿，但他娘儿俩心地善良，从不偷鸡摸狗，而是整天干活，用锹挖地。儿子虽然小，也用尽吃奶的力气帮助母亲挖地，一年到头勤劳辛苦，种点粮食就被当地一个恶霸地主以收租的名义抢走了。娘儿俩哭天喊地，活不下去了。这件事惊动了天上的神仙，神仙就派了条金牛来到凡间，帮助娘儿俩耕地。一天夜里，娘儿俩都梦到有人说 3 天后的早晨小河边有头牛在等他，他们将牛套上就可以耕田。到了第三天早上，娘儿俩半信半疑来到小河边，果然见到一条又高又大的黄牛。娘儿俩将牛套在犁上，牛真的直奔娘儿两家的田。娘牵着牛，儿扶着犁，没几天就把地耕好了一遍，又撒上了种子。第二年风调雨顺，娘儿俩有了余粮，生活一天天地好起来了。

一条好牛跑到娘儿两家的事传遍了四乡八村，也传到了那个恶霸地主的耳里。地主眼睛珠子一转，坏主意就来了。一天，他带了十几个狗腿子，恶狠狠地来到娘儿俩的茅屋前，硬说这头牛是他们家跑掉的，这边说着，那边就动手抢牛。儿子急了，拿起棍子，一下跳到牛背上，骑着就走，牛好像特别听话似的，走得很快。地主带着狗腿子在后面追，怎么也追不上。娘哭着呼喊着儿子的小名也紧跟在后面，眼看着就到了大山的半山腰，前面没有路了，真要被抓住了。就在这时，只听到一声巨响，大山腰忽然开了一个大口子，儿子骑着牛走进了大山的口子。地主恶仆们也到了山前，就在这时，大山又忽然慢慢合起来了，而后山也变成了牛形。地主和狗腿子干瞪眼，只得垂头丧气地溜了回去。娘也随在后面，眼睁睁地看着儿子和牛走进山里，再也看不到儿子的身影，立刻就哭倒在地，后被乡邻扶了回去。可是娘思念儿子的心情一天比一天迫切，她每天都来到山前，想看到儿子的出现。一年又一年，也没能见到儿子的影子，但娘思念儿子还是天天来到山前，久而久之，神仙点化，娘就化作一座小山峰，永远地和大山在一起，和儿子隔峰而望。乡邻为了纪念娘儿俩就把这座山起名为“恋子山”。

如今，恋子山依然屹立，娘化作的小山峰也仍然屹立在那里，不远处的金牛泉还在淌着清清的泉水，美好的传说也在代代流传。

（张少才 讲述　汪庭靖 记录　选自《安徽民间故事全书·来安卷》）

仙人庵

舜山镇西部有一座不到百米高的山，名叫练寺山。山虽不高，但因山上有孔雀寺，山腰有尼姑庵，而且风景秀美，香火极盛，所以在附近，颇有些名气。

练寺山下有一个小村庄。庄上住着一对青年夫妇，带着一个才几个月大的儿子，妻子名何春花，丈夫叫林必成。小夫妻俩在庄上人缘很好，为人又厚道，小日子过得蛮顺畅。可天有不测风云，人有旦夕祸福，不久，林必成突患奇病，医治无效，不幸亡故。自从丈夫去世以后，何春花的日子过得越来越紧，下地干活，上山砍柴，抚育儿子的重担全落在她一人的肩上。何春花起早摸黑，咬紧牙关，决心要把儿子抚养成人。她下地干活的时候，将儿子背在身上，上山砍柴时，将孩子喂饱后寄托在邻居家。回来后，她摘些能吃的野果子，挤出果汁给孩子喝，奶水不足，她抱着儿子给有奶水的妇女磕头求奶水。庄上有位老私塾先生赞美春花的品格，他说："娘亲恋子，感天动地！"春花只要有困难，乡亲们都乐意帮忙。

一天清晨，何春花照例拿着担绳上练寺山去打柴。刚到山脚下，只见练寺山头祥云缭绕，百鸟齐鸣。她正觉得十分惊奇的时候，那山忽地从中断裂开来。裂口里面有两位白发苍苍的老人，正坐在石凳上下棋。旁边还有一头毛驴正在磨着黄豆。春花被吓了一跳，山里怎么能冒出两个大活人来？她大着胆子上前，作揖请安。两位老人也不搭理，春花正要转身找地方去打柴，突然听见金鼓齐鸣，春花惊骇不已，四面看看，仍只是两位老人在下棋，棋桌旁一株桃树，花儿时开时落。春花记挂孩子，想赶紧打完柴回家。正待要走，奇事又出现了，春花又见到半空中旌旗招展，听到炮声轰鸣、士兵呐喊的声音。何春花被吓得眼都直了，跌坐在地上说不出话来。其中一位老者见状说："你快回去吧，家里人还等着你呢。"何春花弯下身子去拿扁担绳，发现放在地上的扁担绳已经变成灰了。另一老者抓了一把黄豆送给何春花说："你拿回去自有用处。"何春花心里想，磨豆浆给儿子喝也是好的。何春花叩谢以后，勉强打了一些柴，心急火燎地回家了。到了庄上，何春花大吃一惊！原来不仅她住的庄子全变了样，而且来往的人她也都不认识了。她百思不得其解，怎么也悟不出其中的道理来。

后来她与一位 80 多岁的老人交谈，原来这位老人是何春花儿子的孙子。直到此时春花才醒悟过来，原来她在山上看见的花开花落 100 多次，两位老人才下了一盘棋，世上已经过了 100 多年了！何春花再摸出黄豆来看，黄豆全都变成了金豆子。何春花懊悔极了，觉得对不起自己的儿子。看了一盘棋，耽误了许多大事。这时她似乎也明白了老者给她一把金豆子的用意和应该怎么去做，便将三分之二的金豆子变卖成钱，分发给庄上的穷人，留下一部分，在练寺山的半山腰盖起了一座尼姑庵，她在那里出家为尼，遁入空门。

善男信女们都到尼姑庵去烧香，何春花后来活到 100 多岁，无疾而终。因为何春花在半山腰遇到了神仙，又在那里盖的庵堂，后来人们就把此庵叫作“仙人庵”。

（徐文嘉 讲述　汪庭靖 记录　选自《安徽民间故事全书·来安卷》）

杨郢乡

狮子山

来安县杨郢乡乡政府向南约 1 千米的地方，有一座山，因为它的形状像狮子，所以当地老百姓便给它起了个“狮子山”的名字。

不知是哪朝哪代，在山脚下住着一户人家，只有父子二人。老父年逾花甲，儿子二十来岁。父子二人在山脚下开荒种地，相依为命。他们最擅长的是种西瓜和萝卜，每年在西瓜地里套种萝卜。年年丰收，他们把西瓜和萝卜运到集上卖掉，买回粮食和日用品，日子也还算过得去。

一年秋天，有一个外地来的人路过他们的西瓜地。他看见一片成熟的西瓜和萝卜，惊奇得不得了，又前后左右察看一遍，越看越惊奇，越看越眼热，舍不得离开。于是，他找到了父子俩说：“我出高价将你们的这一块地买下行吗?”老父亲回答说：“庄稼人靠的就是地，地是种田人的命根子。你给我再多的钱，我们也不能卖。”这个外地人看见老头子的态度很坚决，没有商量的余地，知道再说也没有用了，便说了老实话：“我见你忠诚老实，也不愿向你隐瞒。实话对你说，我并不想买你的西瓜地，而是想要你西瓜地里那棵最大的辣萝卜。”老头有些纳闷：“要买萝卜，哪里都有，何必一定要买我地里的萝卜呢?”那外地人说：“你地里的那个大萝卜，那是个绣球。”老头子更加不解了：“绣球长在地里?”“因为那是个宝贝呀。”老头子仍然半信半疑。

“这座狮子山山肚里，住着一对金狮子，每天夜里它们都要趁着没有人的时候出来活动一番。有时它们满山乱转，有时在山脚下张望，有时跃上山顶吼叫。它们要干什么？就是要找到那个绣球，只有找到了那个绣球，这对金狮子才能够在山肚里生存。”那外地人又说，“金狮子每次出来都有时辰限制，过了时辰，就回不去了。你们到时只要舞动绣球，逗得金狮子忘了回去的时间，它们就会变成黄金。得到的人就能一辈子享用不尽了。”那个外地人说完就走了。

父子二人对外地人的话不以为意。但又想，反正已到了收萝卜的季节，不妨试一试。他们从所有的萝卜中拣出一个个头足有量米斗那么大的鲜红鲜红的大萝卜，着实像个舞狮子用的绣球。

当天晚上，老汉的儿子便抱着那个萝卜在山脚下静静地等着狮子出来。半夜时分，猛听得半山腰一声巨响，紧接着闪出两道金光，只看见两只狮子从山间跳了出来，摇头摆尾，张牙舞爪地向小伙子奔来。小伙子被眼前的这一情景吓得魂飞魄散，早把外地人要他舞动“绣球”擒拿狮子的话忘得一干二净，惊叫一声，丢下“绣球”转身就逃。而金狮子扑向“绣球”，抬着它，转眼间消失在山中。

从此，再也见不着金狮子出来了。

（卢光瑞 讲述　祝英山 记录　选自《安徽民间故事全书·来安卷》）

凤凰岭

杨郢乡的西北面有个凤凰岭。站在宝山的山头上向北看，凤凰岭的形状活像一只飞舞在半空中的凤凰，这可算是杨郢山区的一大奇景。然而遗憾的是，凤凰虽美，却断了一只翅膀。这究竟是怎么回事呢？事情要从数百年前说起。

朱元璋平定天下以后，定都南京。有一天夜里，军师刘伯温夜观天象，只见来安的西北方向，金光四射，瑞气千条，顿时在半空中汇成一道彩虹，上下翻腾，霎时又变成了一只五彩斑斓的凤凰，叫声悦耳动听。

刘伯温见此奇观，心中甚是惊讶，打开罗盘推算，此彩凤来自来安城的西北乡。他又掐指细算一番，心中暗暗吃惊：我刘伯温只能从一主而终，岂可另保二主。原来，刘伯温算到在来安的西北方向，将有一个大贵人出世，将来还要和朱元璋争夺天下。他想毕，便抽出身上的佩剑，口中念念有词，叫声“着”，只见宝剑化成一道寒光，飞向西北。正在腾空的金凤凰，哪能防到有人暗算，只听“喀嚓”一声，金凤凰的一只翅膀被砍断了，顿时彩凤跌落尘埃，顷刻间化成一座大山。刘伯温此时才放下心来，念起咒语，收回宝剑，回房歇息去了。后来，当地人就把这座山叫作“凤凰岭”。

（卢光瑞 讲述　陈甦 记录　选自《安徽民间故事全书·来安卷》）

槭树沟

在杨郢乡静波村北棚基北面，原半塔林场有个分场叫红旗林场，红旗林场里有一个小山沟，现在人们都叫它“槭树沟”，因为这里生长着许多槭树。可是在以前山里人都管它叫“鬼树沟”，因为山里的好几个人都被这山沟里的一种树“咬”死了。

红旗林场范围很大，山多，又很陡，终年树木丛生，怪石嶙峋，除了打猎的或者是采草药的，平时很少有人到山里去。这个林场北面有一个村庄，叫上河郢。上河郢有一个老贺，60多岁了。有一天，他闲来无事，便背上竹篓，扛着铁锹，想上山沟里挖点草药卖两个钱。此时正是春夏之交，树木正长得茂盛。他没走多远，便闻到山沟里飘出来一股股淡淡的清香。他觉得很稀奇，这里的山山岭岭，他这么多年月还是走过几遭的，是什么东西散发出这么香的味道呢？于是，他就顺着羊肠小道想要看个究竟。一袋烟的工夫，他不知不觉来到一处田地。只见山涧水在小溪里哗哗地流着，两边山坡上都长着碗口粗的大树，树干表面并不光滑，树枝也并不是很茂密，倒是枝头的树叶却非常茂盛，并开着一串串小花。他再仔细地闻闻，原来这香味就是从这树上散发出来的。老贺虽然也算上是个“山里通”，但是这里他倒是第一次来。于是，他就找了一块石头坐下来，掏出烟袋按上烟末“吧嗒吧嗒”地抽了起来，一边在心里嘀咕着这是怎么回事。山沟里的树荫下，凉爽得很，不知不觉，太阳已经到了头顶，老贺也无心再去找什么草药，便拾起家伙照着原来的小路回了家。

老贺回到家，为了不被老婆责怪，他便把这个发现添油加醋地讲给老婆听，他老婆并没感到奇怪，只是一笑了之。这几天相安无事，老贺也没再去那地方。可过不了几天，老贺渐渐地感觉到不对劲，先是身上感到非常痒，接着全身的皮肤出现疱疹，疱疹继而破皮流出水来。在那个时代，山里人出现了头疼脑热的毛病顶多也就是到当地医生那里拿两颗药吃吃。可是，几小片药丸子并没有治好他的病，他全身皮肤很快就烂了，不久便离开了人世。仅仅是进了一次山沟，就得了这种怪病，还因此送了命。这件事让老贺老婆怎么也搞不懂，于是，她自然地把老贺的死与那些不知名却能散发香气的树联系在一起。于是，时隔不久，山里的人几乎都知道，这个山沟里有很多“鬼树”能咬人，不能去。

这个山沟从此在村民的心里充满了死亡的恐惧，再也没有谁敢轻易进去，而这里大树咬人之谜也数十年无人解开。其实，这种树叫槭树，落叶小乔木，木质坚硬，用途很广泛，甚至可以做食用器具，只是这种树在盛花期会散发出一种香气，有的人闻了会引起过敏反应等不良症状。如果麻痹大意而不去及时治疗，错过了治疗的最佳时机，就有可能带来大麻烦。

槭树“咬”人，甚至致人丧命（当然还有其他综合因素）其实就是这么简单。

（贺文举 讲述　朱模升 记录　选自《安徽民间故事全书·来安卷》）

陆地水系

白塔河 起源于半塔镇，至江苏省盱眙县流出。因发源于半塔低丘区，半塔镇古时有白塔而得名。县境内长 1 千米。

滁河 由汊河镇流入，流经大英镇、雷官镇，至江苏省南京市流出。古称涂水，“涂”通“滁”，别名滁水，后称现名。县境内长 26.5 千米。

二道河 为新安镇与南谯区黄泥岗镇界河，因有两道源头，得名双源沛，后改为二道河。县境内长 4 千米。

来安河 由明光市自来桥镇流入，流经杨郢乡、舜山镇、张山镇、新安镇、水口镇、三城镇，至汊河镇与清流河汇合后入滁河。又名来河，古称来安水，长江一级支流滁河支流清流河的左岸支流，是来安县境内最长的河流。据《太平寰宇记》载，“来安水在县东三里，源出马岭山。东流至来安村为名”。县境内长 72 千米。

练子山之水 起源于舜山镇练子山水库，至南谯区黄泥岗镇流出。因发源于练子山水库而得名。县境内长 0.3 千米。

清流河 由南谯区腰铺镇流入，流经三城镇，于汊河镇汇入滁河。因滁州古名清流而得名。又因流经乌衣镇，别名乌衣河。县境内长 27 千米。

施河 起源于张山镇，流经施官镇、水口镇、独山镇、雷官镇，至大英镇汇入滁河。因流经施官镇而得名。长 33 千米。

施雷河 因施河于施官镇分此支流，流经独山镇，于雷官镇又汇入施河而得名。长 7.1 千米。

五加河 起源于舜山镇，流经新安镇，至水口镇汇入来安河。古称小涧水。清光绪年间，当地伍姓人上京揭发当时的来安县令贪赃枉法，朝廷惩治了县令，并赐伍姓人百亩地，给大伍郢下方的一条河取名伍家河，“伍”与“五”同音而得名。县境内长 36.3 千米。

武西河 起源于施官镇，流经水口镇、大英镇、雷官镇，汇入施河。

因发源于西武村附近而得名。长 28.8 千米。

新白塔河　起源于半塔镇，汇入釜山水库。因较白塔河形成时间晚，位于半塔低丘区而得名。县境内长 22.9 千米。

皂河　起源于半塔镇，至江苏省南京市六合区竹镇镇流出，又由独山镇入境，流经雷官镇，至江苏省南京市流出。因河边原种皂角而得名。县境内长 13 千米。

朱桥河　起源于施官镇，流经独山镇，自江苏省南京市六合区竹镇镇流出。因河上有座朱桥而得名。县境内长 9.8 千米。

（选自《来安县标准地名录》2020 年 8 月第 1 版）

新安镇

来河古今

来河古称来安水，曾因“水行沙石间，澄清澈底”又名沙河。南唐改“永阳”称“来安”即缘此河而得县名。来河发源于明光境内的马岭山，涓涓聚流，从容南下，经宝山、尖山和石固山脚下，峰回路转后，豁然开朗而至县城东郊。在此接纳了高官、龙尾二溪之水流，南流 15 千米后，至水口集，越过观风桥，再越板桥，接纳大、小二涧水后，直奔小河口而汇入清流河。

来河是条古老的天然河，难免会发生冲刷和淤积，给两岸百姓带来洪患灾害。据史料记载，明代时，来河下游的圩田常遭水灾，虽间有疏治，却不能根治。直到清朝乾隆年间，来安知县韩梦周，重新规划来河下游两岸的圩田，才初步具有“旱时能灌，涝时能排”的调节功能，基本做到旱涝无忧。诚如民谚所说：“圩田收，食三秋。”然来河中游却常有泄洪不及而广淹田舍之洪患，未能根治。

明清时的来河，自水口街镇至小河口的深水段，可以行船，是古来安重要水道。彼时来安的商人将粮食和土特产品，先运到水口集观风桥处的来河码头，装上船只，顺流而下，由小河口入清流河，再从清流河至汊河入滁河，进而至六合县瓜埠口进入长江，由长江运往南京、常州、无锡等江南的大商埠销售。又从大商埠购进布匹、绸缎及手工业品、日用品等，由原水道运回来安经营。当年的水口码头很是繁华，清雍正版《来安县志》中有一首《水口风帆》诗，“抓拍”了一道古码头风景线：

百川南汇接清流，桥畔重杨古渡头。
暮雨垂空唯小艇，朝烟映日解轻舟。
片帆远落桃花市，双桨横飞蓼叶洲。
每听商人催棹发，几声欸乃韵悠悠。

自清代中后期至20世纪初的一百多年中，来河故态复萌，圩田水灾卷土重来，灾害频仍。

20世纪70年代，政府开始实施根治来河计划，对来河进行了一系列大规模疏治。治理工程主要是将县城东郊对河桥以南至汊河陈沟与清流河汇合处，长38.6千米的河道，取直、拓宽、掘深。此乃来安历史上一项重大的水利工程，全部工程共挖土方650万立方米。疏治后河道至河底高程分为四级：3.5米、9.5米、17米、20米。河道底宽为13米至15米。设计流量为650立方米每秒。

治理后的来河，流经杨郢、舜山、张山、新安、水口、三城、汊河等乡镇，全长70多千米；流域面积为714平方千米，泄洪量为500立方米每秒，水口以下的18.5千米河段，可以全年通航。

来安人的母亲河经过如此大规模治理，增强了为两岸造福的功能，初步做到旱涝保收。旧貌换新颜的新来河，将为全县人民做出更大的奉献。

（周元桂）

新来河

新来河（又叫来安河，简称来河），自北向南，贯穿来安县全境。据道光十年版《来安县志》载，新来河原名“来安水”，“县东三里”“其水行沙石间，澄清澈底，又名沙河”。后开挖了新河道，又叫新河。1971年来安县人民在党和政府领导下，对来河重新进行了治理，开阔和取直了河道，故名“新来河”。

新来河是我县境内最长的河流，其源于大宝山、红土山和嘉山境内的团山、寨山，山涧的涓涓细流，汇集于屯仓水库后直下东南流经杨郢乡、舜山镇、张山镇、新安镇、水口镇、三城镇、汊河镇，由汊河镇注入清流河，全长72千米。河床最宽处约100米，流域面积714平方千米，属季节性河流，无结冰期。新来河流经的各乡镇都因地制宜地发展了淡水养鱼事业。从水口以下的河段可全年通航，通航河段约18.5千米，极大便利了来河两岸人民的交通事业。

汉河船闸桥　朱明 摄

新来河的疏浚和治理，防洪标准大为提高。老河泄洪量 120 立方米每秒，新河泄洪量为 500 立方米每秒，大大提高了防洪标准。为了发展灌溉事业，并建成汉河闸、水口闸两个水闸，以节制水位。

（选自《安徽省来安县地名录》1986 年 8 月版　编者有改动）

半塔镇

贾大山与龙潭河

相传在古代，半塔这里群山叠翠，绿水环绕，竹茂林深，獐鹿雉兔满山跑。西南面一条河流蜿蜒曲折流过，东南面沃野千顷，稻花飘香，人们过着幸福的生活。

天有不测风云，有一年六月的一天，忽然乌云翻滚、狂风大作，下起了瓢泼大雨。大雨过后，走出家门的百姓惊奇地发现在半塔西南的田地里躺着一条小龙。这条小龙是东海龙王的太子，乘风西行，外出嬉戏，不幸坠落于此。接连着，数日无雨，晴空烈日，几乎把小龙晒焦了。善良的半塔人用脸盆端水，用肩膀挑水，把水往小龙身上洒，希望小龙恢复元气重新回到属于它的大海。可是这条生命垂危的小龙再也无力回到父母的身边了，好心的人们只能把它挪到半塔西南的河里，从此人们便把这条河叫作“龙潭河”。人们从家里拿来鸡、鹅、鸭、鸟，牵来猪、马、牛、羊喂养它，小龙得救了，慢慢地长大了，变成了一条巨龙。它时常把身子挂在附近的白塔上，头伸到塔南的官塘里饮水，尾巴拖在光山头上。随着小龙长大，善良的半塔人的幸福生活也慢慢地消失了。人们供奉的鸡、鸭、猪、牛等再也不能满足它的需要，它的恶劣本性也开始暴露出来。一方面要人们不断加大供奉来满足它的食欲，另一方面不断地兴风作浪，嬉戏玩闹，百姓的房屋被掀翻，树木被大风连根刮起。老百姓恨透了这条忘恩负义的恶龙。

当地百姓想出种种办法对付恶龙，无奈恶龙神通广大，前去降龙的勇士要么被恶龙吃掉，要么被恶龙喷出的大水卷入河底，无一生还。

半塔北面有个小村庄名叫贾郢，世世代代居住着贾氏族人。族里有一个名叫贾大山的后生，他力大无穷，机智神勇，练就了一身好武艺，他决心消灭这条恶龙。一切准备停当，贾大山带上长枪大刀去和恶龙决一雌雄。他们打了三天三夜，可是恶龙皮坚肉厚，刀怎么也砍不透恶龙的肌肤，枪也刺不透恶龙的鳞甲。贾大山虽没有彻底斩除这条恶龙，但经此一战，恶龙也有些惧怕，便钻入深深的河中不敢露头。贾大山一时无法，也只得回家另想办法。激战三天的贾大山回家刚刚睡下，忽然梦到一个天神向他走来，天神告诉他：“只有山神的护山神斧才能斩杀恶龙，可是山神的护山神斧却藏在恶狼洞，由一窝恶狼看管，要取神斧只有先消灭恶狼。”贾大山一觉醒来，顿觉神清气爽，他带了一把砍刀，前往山中的恶狼洞。

贾大山一路披荆斩棘，攀悬崖、登峭壁，终于来到了恶狼洞外，他趴在洞外的一块大石头后面对洞内仔细瞧看，只见两只老狼足有小牛犊那么大，老狼旁边有几只小狼崽正在吃老狼前天晚上叼来的小猪。贾大山等啊等，天终于黑了，两只老狼伸懒腰，打了一个哈欠，懒洋洋地出去找食。贾大山见老狼走远了，钻入狼洞，将几只小狼崽全部杀死，拿起了神斧准备离去。走了几步，他转念一想，恶狼也是坏东西，经常伤害老百姓的牲畜，不如把它们一起解决了。盘算好以后，他不急不忙地把小狼崽放到小猪身上，从远处看就好像小狼崽正啃食小猪一样。等到黎明时分，就听远处传来一声狼嚎，贾大山知道老狼打食回来了，便迅速隐蔽好，这时只见老狼嘴里叼着一只肥羊回来了。老狼到洞口放下肥羊，四周巡视一遍没有发现什么异样，向洞内一看，它的小宝宝正在啃食小猪呢，老狼又叼起肥羊，头朝洞外，屁股后退着退入狼洞。贾大山一看机不可失，迅速用左手逮着老狼的后腿，右手用力一刀刺入老狼的胸膛，老狼哼都没哼就一命呜呼。刚刚结束这条老狼，另一只老狼也回来了，贾大山用同样的办法顺利地结束了另一只老狼的性命，随后贾大山拿起神斧回到了河边。

恶龙一觉醒来，正准备到外面玩耍，忽然看到贾大山拿着神斧来和它决战，吓得胆战心惊，用它的利爪抓起白塔的上半截向贾大山砸去，贾大山一斧将半截塔打飞，这半截塔一直飞到了黄河北岸的空中。从此以后这里的白塔只剩下半截塔身。恶龙见塔没有砸到贾大山，慌忙之间用尾巴来扫击贾大山，结果没有打到贾大山，倒是把后面山上的树木都打飞了，只剩下光秃的山头，后来人们把这座山叫“光山头”。恶龙没有什么狠招了，只有躲到河底，贾大山举起神斧用力砍向河底，河水被激起三四十米高的浪花，还掺着血迹，恶龙被斩成三截，死在河底。据说龙潭河底至今仍躺着一条石龙，石龙身上有被斧头劈出的两道沟痕。

斩杀恶龙以后，贾大山已经精疲力竭，回家途中，昏倒在庄后的荒野中。奇怪的是，在贾大山昏倒的地方，平地突起了一座高山，人们为了纪念贾大山斩龙的功绩就把这座山取名叫“贾大山”。

（唐杰 讲述　郝惠芳 记录　选自《安徽民间故事全书·来安卷》）

龙潭河传奇

在半塔镇兴隆村有一条河名叫龙潭河。相传在古代，龙潭河里曾经生活着一条黄龙。那黄龙原是西海龙王的太子，被玉帝封为八河都总管、司雨大龙神。在王母娘娘宫中有一个宫女，长得如花似玉，深得王母娘娘的宠爱，被收为义女。时间一久，黄龙与那宫女十分投缘，经常瞒着王母幽会。

一年春季，天下大旱，连续几十天，滴雨没下，田里的庄稼都快干枯了，塘里都见了底，连人畜的饮用水也没有了，百姓们都在祈求上苍普降甘露。

玉帝得报之后，派大神告知黄龙到人间施云布雨。临行时，玉帝说：“而今普天之下，旱情严重，明日辰时布云，巳时发雷，午时下雨，未时雨足，下毛毛细雨七十二阵，瓢泼大雨三十六点。”

大神传令时，小黄龙正与那宫女饮酒，根本就没有听清楚，只听到“三十六点”“七十二阵”。

黄龙得令后，很不情愿，但是天意难违。一想既然天旱，还不如早点去，快点回来，也好与宫女继续幽会。于是黄龙点拨风伯、雷公、云童、电母，即刻前去布雨。

一时间，空中乌云密布，天昏地暗，电闪雷鸣。瓢泼大雨整整下了七十二阵，毛毛细雨却只下了三十六点。那雨下得真是江河猛涨，山洪暴发，大地一片汪洋。庄稼冲走大半，牲畜淹死无数，村庄里房屋倒塌，百姓们无家可归。

此事传到玉帝那里，玉帝十分震怒，命人将黄龙拉出去斩首。那宫女得知后，急忙请王母娘娘说情，饶黄龙不死。王母十分宠爱她，所以只好答应。在王母娘娘的再三请求下，玉帝传旨："死罪可免，活罪难饶。如果我今天不处罚小黄龙，如何能对得起普天之下芸芸众生。"于是，黄龙被除去神力，打下凡尘。

再说，黄龙被发落到凡间，正落在兴隆村境内。它躺在地上，不能动弹。当时，烈日炎炎，黄龙又渴又热，大口喘着粗气。不久，它身上的龙鳞被太阳晒得翘了起来，无数的苍蝇蚊虫在身上叮咬。

周围的百姓不忍心看到黄龙受此大罪，就到附近的河里挑水来浇在它身上。整整七七四十九天，天仍然没有雨下，塘里的水都干了，但那河里的水却不见少。百姓们为了救这条黄龙就挖了一条大水渠通到河里。这样，黄龙在乡民的帮助下来到了河里。从此生活下来，并逐渐恢复了元气。

此后，黄龙为了反省自己的错误，报答救它的乡民，每逢干旱时节，就腾空而起，施云布雨。使这里的人们过着风调雨顺、丰衣足食的生活。他们都把黄龙当成保护神来尊敬和膜拜。

黄龙有一个远房亲戚，是一条黑龙。一次，黑龙因嬉戏撞断了南天门的一根玉柱，触犯天条，也被玉皇大帝打下凡间，以示惩戒。黑龙四处飘荡，无处栖身，被善良的黄龙收留，并给予热情的款待。但是，黑龙却恶习难改，经常吞食来河边喝水的牛羊，吐水淹没百姓的良田，周围的百姓对黑龙恨之入骨。

黄龙发现了黑龙为非作歹的罪恶行径之后，十分气愤，就找到黑龙令其改过，并要求黑龙立即离开。可是，黑龙却说："这里有吃有喝，谁也别想把我赶走。"结果双方争执不下，大打出手。他们从河里打到空中，又从空中打到河里。一时间，天昏地暗，巨浪翻滚。就这样，黄龙和黑龙一直打了七天七夜。

周围的百姓知道黄龙和黑龙恶战的事情之后，都来到河边观看。他们多么希望黄龙能够战胜黑龙，还给他们一个幸福安宁的家园。可是，人们发现：黄龙好像越来越没力气了。就在大家唉声叹气束手无策的时候，有一位头发花白的老者高声说道："大家要想让黄龙战胜黑龙，就赶快回去拿些白米大肉，再抬些铁块和石头来。"虽然大家不太明白老者的用意，但是人们仍然按照老者的要求，很快拿来白米大肉，抬来了铁块石头。

这时，黄龙和黑龙都已精疲力竭，无法在天空打斗，双双落入河中，但仍然拼命厮杀，并不断将头伸出水面，大口喘着粗气。这时白发老者高声对大家说："看到黄龙伸出头来张口喘气的时候，大家就扔米和肉；看到黑龙伸出头来张口喘气的时候，大家就扔铁块和石头。"大家一听，立刻明白了老者的用意，都纷纷照办。结果黄龙吃了白米和大肉精神抖擞，越战越勇，越战越强。黑龙吞下了铁块和石头，无法消化，肚子疼痛难忍，像刀子割的一样，一点力气也没有。黑龙只好向黄龙投降，承认错误，并保证再也不敢为非作歹，做出伤害百姓的事情了。

从此以后，龙潭河又恢复了往日的宁静与生机。人们又过上了美满幸福的生活。

几十年后，人们已经渐渐忘却了这段不愉快的往事。一天，突然晴空响起霹雳，下起了暴雨，就在人们惊慌之时，有人看见龙潭河里有一黄一黑两条巨龙腾空而去，直上天庭。

人们为了纪念这条黄龙，就把当年黄龙龙头所在的村子称为"大龙窝"，龙尾所在的村子称为"小龙窝"，把黄龙所在的这条河称为"龙潭河"。

（佚名 讲述　胡子波 董薇薇 记录　选自《安徽民间故事全书·来安卷》）

乳娘坝

来安县半塔镇鱼塘村有道不大也不小的水坝，它和普通塘坝一样，没有什么特别之处，更没有使人流连忘返的地方。可是，说来也怪，只要一提起这条坝的名字，人们的脸色就会立即严肃起来，接着就能讲出这条坝的来历。

传说是感人的，让我从头说起。

因为时间太长，人们也记不清年代了，不知是哪朝哪代，有个皇帝亲自统帅大军出征去了，有个奸臣将倾城空虚的情况密告给敌人，结果敌人又发来一路人马，绕道而行，深夜将京城围了个水泄不通。情况十分危急，才出生 3 个月的皇太子也被困在城里，怎么办呢？这时敌人已经架梯爬上城头，双方短兵相接，一片刀光剑影。

这时，另一个大臣见形势危急，慌忙跑进正宫，将外面情况说了一遍，娘娘当机立断，委托这个大臣将太子转移出宫。大臣怀揣太子，从暗道逃出城外，挥鞭策马飞奔而去。敌人攻破了城池，抄了皇宫，发现太子不见了，便贴告示四处搜寻。话说大臣怀揣太子路经鱼塘村这个地方的时候，太子突然嗷嗷大哭起来，那哭声真是惊天动地，好不叫人心焦，哭着哭着正好来到一条坝埂上。大臣抬头一看，只见坝边有个女子正在淘米，他便跳下马来，上前躬身说道：“大嫂，请救幼主一命，他已经两天没吃奶了。”

原来这女子还是一位姑娘，听见有人喊自己大嫂，正想发脾气，突然觉得胸前奇痒难忍，便不自觉去抚摸两个乳房。说来也怪，这一摸不要紧，顿时从乳房里流出来许多乳白色的汁水，这姑娘不觉大惊失色。那位大臣恳求道：“请救幼主一命吧！”待大臣看清楚对面是一姑娘而正准备离开时，那姑娘已悄然接过太子，背过身去让太子喝了个饱，太子脸上顿时露出笑容。大臣接过太子翻身上马，对她说：“救命之恩，容改期报答！”说罢扬鞭跃马而去。

大臣走后，姑娘疑惑不解。她想，自己还没有出嫁便有了奶水，如果让别人知道，岂不让人笑话！说来更怪，正当姑娘一筹莫展时，一切又恢复正常，奶水没有了，好像什么事都没发生一样，她原来寻死的念头也就打消了。不一会，敌人的马队追到这里，追问大臣和太子的下落，姑娘死活不愿说出半个字。领头的敌兵想乘机奸污她，便嬉皮笑脸地走了过去欲行不轨，姑娘顺手抽出敌兵身上挂的腰刀刺了过去，其余敌兵见状便一拥而上，要抓姑娘。说时迟、那时快，这个烈性的姑娘向坝里一跳，淹没在水中，敌兵见状也只好作罢。

数年后，敌兵被赶出中原，皇帝派大臣带来很多礼物，来找这位姑娘，可姑娘早已不在人间了。人们为了纪念这位姑娘不畏强暴、见义勇为的精神，便将那条坝起名为“乳娘坝”。听老百姓说，过去乳娘坝的水就像米汤一样，又白又浓，流到哪里，哪里便长出好庄稼。一直到今天，乳娘坝周围的土地都很肥沃，种出来的庄稼收成好。

（许能萍 讲述　王春山 记录　选自《安徽民间故事全书·来安卷》）

水口镇

观风桥

水口镇自古以来堪为县境重镇。秦置建阳县，其治所在水口东城埂，明清时水口设镇，并有“塘汛”“铺司”等机构，派兵丁驻守。水口自古不仅陆路交通便捷，而且设有观风桥码头，水运船只可达长江，古人说“扼四冲而七省差务行旅络绎”。

观风桥横卧在来安河上，其位置在水口镇西小街街口，大约建于明朝，始建架木为之。清嘉庆中，县令伍士超欲修观风桥，置簿劝捐，因费用巨大，未能修成。至嘉庆二十二年（公元 1817 年）云南举人杨炘任来安县令，锐意修葺观风桥。道光元年（公元 1821 年）杨炘倡导捐款捐廉，仍愁资金不足，一位名叫徐步云的乡绅捐银 1400 两，县令大喜，设董事购木石等材料于次年（公元 1822 年）仲冬开工。不久，县令杨炘调任蒙城，湖南益阳进士符鸿继任县令，主持修桥工程，道光三年（公元 1823 年）四月终于告成。其制式为桥墩由方石垒砌、桥面由木板铺设，桥身高约 7 米，桥面长约 26 米，宽约 3 米，坚整平固。此桥之所以修成，既有杨令倡议之诚，又有徐步云乐善好施，更有众人齐心协力。桥的原名观风，大有为政者风清气正的意思，以此次重建其乐善好施之风亦足以观之。

观风桥在当时对于交通运输、商旅往来起到重大的作用。碧流小艇，古渡垂杨，商人催棹，片帆落市，差旅行匆，商贾云集，客栈店铺，林立桥头，好一番繁荣景象。如今，观风桥已退出历史舞台，但它曾经的辉煌仍留在历史古籍中。

（叶永寿）

王大桥的来历

靠近水口镇 6 千米的 104 国道北侧，坐落着一座水库，叫王大桥水库。水库南侧，原有一座大桥，叫王大桥。日军入侵中国以后，修造一条通往南京的公路，大桥因此被毁。20 世纪 50 年代还可以在大桥原址上看到巨大的石碑横卧在路边，上面是密密麻麻的碑文。修建国道以后，这块石碑不知所终。石碑虽然不见了，但当年发生在王大桥附近的故事却在当地一代一代地流传着，而王大桥这个地名也一直沿用至今。

清朝某年，太原王姓有弟兄两人因忠直难容于当地，遂举家南迁。途中，老大见路南有一块地方，树木葱郁，百鸟啼鸣，就定居在那里，这就是现在的黑树村；老二见路北一处有大片柿子林，有山有水，就定居那里，这就是现在的柿子王。经过多少代的经营，王族富甲一方。

有一天，一个风水先生路过柿子王，停在一家门楼前，往里张望，好一户人家！他对守门人说："烦请禀告你家主人，就说我前来贺喜。"不一会，守门人出来相请。这风水先生被带进一个堂屋，只见椅子上坐着本地有名的大地主王长宝。先生长揖就座，说道："太爷，这几年财星高照，可喜可贺。"王长宝道："不是我夸口，我到县城办事，不经过别姓的田地。""你还想发财吗，你想子孙做官吗?""怎么不想，虽说我王家家大业大，可就是官运不通，倒要请教先生。"风水先生沉吟不语。王长宝立即唤人递烟沏茶。风水先生道："你王家兴旺，那是因为西河地脉好，河里有两只金泥鳅。官运不通，主要是西河地气在不断向南潜移，地气一旦移尽，金泥鳅也要跟着南游，到那时，你王家就要败下去了。"王长宝坐不住了，立即命人准备酒宴。席间，王长宝再三恳请赐教，而风水先生只是不言语，王长宝看出他的心思，诚恳地说："只要事情办成，什么条件我都答应。""事情办成后，不管我出了什么事，你都养我一辈子。""一定，一定，大鱼大肉，一天一只老母鸡，住楼穿锦，叫你受用一辈子。""这是真心话?""我对天发誓……"这时，风水先生才说道："为了防止地气南移，不让金泥鳅跑掉，须在西河南边造一小山，截住南移的通道，保住地脉，方能无虞。"

风水先生和王长宝从西河往南察看地形，风水先生停在一块地上说，就在这里造山。王长宝一看，这块地是章大郢章三家的，不觉皱眉，转而说道："行，我出钱买章三的就是了。"王长宝找来章三，提出买地的事，章三执意不卖，好说歹说就是不肯。王长宝和风水先生为这事商量好长一段时间，终于想出一个好办法。

一天，一件事惊动了四乡八镇。章三家的那块地出怪事了，一夜之间竟长出一座山，山上芳草萋萋，树木葱茏。原来王长宝发动全村人，宰了18头肥猪，一夜之间，在章三那块地上堆起小山，移来草皮和树木。章三在章姓族人的支持下来找王长宝论理。"你强夺我家田地，是何道理?""胡说！神山一夜之间长成，与我何干?你说我强夺你田地，证据何在?"章三说他不过，怏怏而回。不久，因泄漏天机，风水先生的双眼瞎了。

章三咽不下这口气，就到县衙告状。县太爷开堂审案，原告和被告在公堂上争执不下。县太爷一拍惊堂木，喝道："章三，你无凭无据，还咆哮公堂。就如王长宝说的，你能一夜之间长出山来，就算你赢。"县太爷早就得了王长宝的钱财，自然帮他说话。

退堂后，章三对王长宝说："人家都说你和县太爷要好。要是你敢在公堂上去摸老爷的屁股，我万事皆休，不再告了。"王长宝说："明日过堂，你看着好了。"

第二天过堂。只见王长宝走到县太爷身边，弯腰伸手去摸县太爷的屁股。县太爷刚要发作，忽感屁股下面有一块硬硬的东西。斜眼一看，竟是黄灿灿的金元宝，转怒为笑了。

章三一看这情景，掉头就走，他来到了铁匠铺，买了一把尖刀。王长宝出了县衙，立即上马，飞快地往回跑。这章三提着尖刀跟后面撵，人一急跑得飞快，追着不放。哪知王长宝马失前蹄，掉下马来，眼看章三就要追到。王长宝立即从口袋里掏出一个元宝，扔给一个正在路边锄田的农夫，急急地说："大哥，这元宝你收下，请去挡一挡那追来的人，问他有什么事，这么急。"这农夫拾起元宝，急忙去挡住章三，章三跑得急，猛然一停，一下血满心，倒地便死了。

果然，不几年，王家出一个文秀才，一个武秀才。风水先生说先小后大，以后出的就是大官。

起初，王家对风水先生照顾得很好，可渐渐地就不行了。一天风水先生吃鸡觉得味道不对，就问身边的小孩。小孩说："这只鸡是掉到茅坑里淹死的。"这以后就衣食不周了。一天风水先生对王长宝说："你还想发更大的财吗？想子孙当更大的官吗?"王长宝听了，又好话说了一大堆，问有什么高见。风水先生说："西河沟和南边河流沟通，上面造一座大桥，这样，地气畅通，你家还要大发。"王长宝高兴极了，如实照办了。兴造的这座桥就叫王大桥。办完后，风水先生不见了。

这样一来，地气南移，金泥鳅也趁机南游，一直游到板桥章。从此章姓兴旺，出了不少大人物。章姓发达了，而王姓却从此衰败了。

20 世纪 80 年代，县里经过勘测，西河沟一带可以蓄水，于是南侧筑起一道高坝，这绿波浩渺的王大桥水库就建成了。

（王毓才 搜集整理　选自《永阳风物》）

野马塘

水口镇周大郢，那里住着许多姓周的人家，因此而得名。村庄里有一位爱打抱不平的小伙子，名叫周二愣子，在地主张百万家做长工，由于当时老百姓都很穷，交不起各种苛捐杂税，周二愣子带头闹起抗租抗税，当地地主老财对他恨之入骨，心想总有一天要将他整死。

不久，机会果然来了。传说，在来安县南面和水口交界处有口塘出现了野马，只要天黑便出来吃人，不少人都被野马吃掉了。地主张百万听到此消息，觉得这是一个除掉周二愣子的好机会。第二天傍晚，他派人把周二愣子叫到面前说："二愣子，明天老爷我要请客，家里没有州牌（当时的一种赌博工具）了，你现在替我赶到滁州去买几副州牌回来，务必在明天天亮之前赶到家。"老地主张百万心里想："你这一去必定要经过那口有野马的塘，定会被野马吃掉，也好除我心头大患。"

二愣子不知地主的歹意，吃了晚饭，拿着老爷给的银子赶往滁州去买州牌。周大郢距离滁州少说也有 25 千米的路。二愣子行至野马塘地界，时间已到三更天。突然传说有野马的塘边红光一闪，一头大红马从天而降。周二愣子定神一看，好一匹骏马，此马见到他不但没有发怒，反而低下头来，像见到主人一样服服帖帖地让二愣子骑上往滁州而去。

地主张百万见到周二愣子在天亮前赶了回来，周二愣子不但没有被野马吃掉，反而降服了野马。老地主气得口吐鲜血，从此卧床不起。后来周二愣子骑着得来的宝马当了武官，在战斗中所到之处敌人都被打得人仰马翻，立下了许多战功。从此人们就称那口塘为“野马塘”。

（周绪仁 讲述　李圣明 记录　选自《安徽民间故事全书・来安卷》）

汉河镇

哈哒圩

哈哒圩在来安县汉河镇文山境内，是滁河流域 72 圩中最大的圩，南临滁河，与江浦的北城圩、浦口的阎安圩相望，东与大英镇的下青圩接壤，西与汉河镇的江青圩毗邻，呈月牙形，总面积 14.43 平方千米。圩内沟渠纵横，两大蓄水荡，均为鱼鳖虾蟹繁衍区域，野鸭大雁栖息场所。建圩以来，经历 600 余年，多次筑堤建埂，开沟渠，修道路，保留水面，尚有可耕地 1.1 万多亩。

建圩

朱元璋攻占集庆（南京）第二年（公元 1357 年），徽州儒生朱升“高筑墙，广积粮，缓称王”的建议得到了朱元璋的采纳。朱元璋以集庆为中心建立起自己的管辖区，在这个区域内大兴水利，屯兵垦荒，恢复生产，安定农民生活，使其有了削平群雄，统一中国的雄厚物质基础。哈哒圩就是在这个时期建筑的。全圩分段建筑，共有十门、三闸。十门是大陡、何营、曾营、金庄、邵营、吕营、梁营、倪湾、丰庄、刘桥；三闸是哈庄、高涵、梁营。圩内干渠子沟，四通八达，相互交流，配套成龙，形成灌溉排涝水系。所以，哈哒圩农田水利旱涝保收，优于其他圩，有“铁打的哈哒，纸糊的江青”之说。建圩时，朱元璋指派哈、哒两姓军官来圩督工，圩建成后，明王朝就把这座圩赐给两军官作为封地，故名“哈哒圩”。

管圩

圩建好后，如何管理是件大事。通过民众选举，选举圩董事长一人总管圩务。按陡门所在地段各推圩长一人，共十人，负责各段圩堤的维修、保养和陡门进出水的工作事务。每年冬春进行的全面整修由董事长统一安排，分段负责。董事长对全圩农家田亩逐户登记造册，按照“三三制”，即一担种（4 亩为 1 担）交费一斗米，圩工一方土。按每户田亩多少负担公费、圩工。董事长及圩长则免征本人的公费及圩工。修圩时，督工圩长享受免费中餐。

每年农历六月六日，相传是“圩神菩萨”生辰，董事长召集圩长参加“圩神会”，总结前一年圩务工作，把财务收支、土石方完成情况，出榜公布于民，并把下一年圩务计划落实下去，群众称为“民心榜”。农民在当年内因土地买卖而引起产权变更，必须到董事长那里申请过户。所以，董事长必须每年汇编新册。

虽数次改朝换代，但旧制沿用多年未变，直到中华人民共和国成立，实行土地国家所有制，新的行政管理方法代替了圩董旧制。

修圩

哈哒圩常因河道淤塞，堤埂坍塌，尤其在滁河与清流河的汇流处汊河一段，每当梅雨季节，风逐浪高，险象环生。为防汛保苗，明末清初，成立哈哒圩、北城圩、阎安圩、江青圩四圩联防机构，地址设在北城圩的宝公庙。历史上做了两件兴利除害的大事。一是清代光绪年间，浦镇商民出钱，四圩农民出工，用以工代赈的办法，疏通了阎安、北城两圩之间的“改水河”，更名为“新桃河”。它不仅使滁河、清流河、来河水直入长江，减低对四圩的威胁，而且沟通了浦镇与外地的水上交通。二是哈哒圩在中华人民共和国成立前属六合县，为抗旱保苗，四圩群众曾多次联合向六合县政府提出申请。经批准，在哈哒圩的卞家湾和阎安圩的车家湾之间拦河筑坝，截流蓄水，命名为“老官坝”，并勒石坝头。至今碑文尚存，坝上农民受益匪浅。

中华人民共和国成立后，为了改善生产条件，人民政府领导群众，先后在张堡、秦庄、范郢等地建立了各种类型的大小排灌站。1969 年，修建汊河节制闸，调剂水位。1976 年，返堤整直圩埂，拓宽河道。在下游六合区境内的长城圩与双城圩之间，开挖马汊河，使滁河水流入长江，又添垂直渠道。圩内以中心沟为干渠，调整为方田化，田、路、桥、沟、树井然有序，在没有特大自然灾害的情况下，哈达圩完全做到旱涝保收。

（黄经权）

胡母圩和金边玛瑙碗

1972 年 3 月，来安县相官公社西小圩农民在兴修水利时挖到一只金边玛瑙碗。该碗高 5.9 厘米，口径 13.2 厘米，底径 7.5 厘米。该碗由一块巨大玛瑙琢磨而成，通体透明，碗口用纯金镶嵌。当年 5 月，来安县将玛瑙碗送交省博物馆。经过专家鉴定，此碗为宋代器物，工艺水平相当精湛，是国家一级文物，属国宝，价值连城。此器照片载于《安徽省文物志稿》，还参加了《中国文物精华展》。如此巨大的金边玛瑙碗，据说在全国只有两只，来安出土的为最大，是中华人民共和国成立以来来安发现的最有价值的文物。

关于这只玛瑙碗，当地有许多传说。那是在明朝初年，明太祖朱元璋手下有一员大将叫胡大海。朱元璋起兵以后，胡大海率领将士英勇善战，屡立战功，深得太祖朱元璋赏识。这一年夏天，胡大海的老母过六十大寿，朝中大臣纷纷前去祝贺。一时间，宾客盈门，高朋满座，胡府上下觥筹交错，笑语喧哗，热闹非凡。

太祖朱元璋得知这一喜讯，也十分高兴。他想给老太太也送一份礼物，但一时又不知该送什么。就在这时，太监总管奉上一盘西瓜和一碗葡萄。太祖看那盛葡萄的大碗，想起当年在胡大海家不慎把胡大海家祖传的一只玉碗给碰碎了的往事。尽管太祖当时南征北战，无暇顾及那个玉碗，但他暗下决心，以后一定还一个世上最好的碗给胡大海家。想到这里，太祖便命令太监总管将最大的金边玛瑙碗送到胡大海府上。并传知胡大海，赐金边玛瑙碗，一则为胡大海母亲祝寿，二则也为补偿碰碎玉碗的遗憾。

胡大海全家自然是感激不尽，将此碗当作圣物悉心保管。胡大海的母亲对这个玛瑙碗更是爱不释手。这只碗还有一个特异功能，即使夏天盛上食物十几天也不会变质。

数年后，胡母病逝。胡大海将他的母亲葬在了现在的汊河镇相官的小圩。临安葬的时候，胡大海依照老母亲的心愿，就把太祖御赐的宋代金边玛瑙碗放在墓中，让它陪伴着老母亲。就这样，六百多年来，尽管墓葬经历了明末农民战争，太平天国起义和无数战火洗礼，但金边玛瑙碗一直陪伴着胡大海的老母亲长眠于地下。后来人们就把这个圩叫作“胡母圩”。

直到20世纪70年代，稀世珍宝金边玛瑙碗才得以重见天日，再次绽放出璀璨的光芒。

（胡子波 讲述　董薇薇 记录　选自《来安民间故事集锦》）

胡母圩

胡母圩位于原相官镇西小圩村境内，占地千余亩，圩虽不大，但它的传说却十分惊奇。

相传在明代此地有一个叫胡大海的，此人力大无比，一手能托千斤，而食量惊人，每晚盛饭需用水桶来盛。一桶饭，一桶汤茶，一口气便吃得精光。因此他被朱元璋招为部下，封为大将。胡大海被封将后，日夜转战沙场，母亲病故时没有归家守孝，由当地官员安葬其母。当战事平定，胡大海回家来到母亲坟前，看母亲坟墓严重受损，便问地方百姓为何会出现此种情况。地方百姓告诉他，每当洪水时节，其母坟便受到水淹，所以造成坟墓损坏。胡大海看了一下母亲坟墓，前面是一个平滩，后面是一山丘，是安葬母亲的风水宝地。他什么也没有说，只是跑到铁匠铺打了一把特别大

金边玛瑙碗

金手镯

的铁锹。铁锹打好后，已是傍晚。胡大海吃罢晚饭，拿起铁锹便在母亲坟前打起埂来。第二天，当地方的百姓起床时，被眼前的一切惊呆了。一条千余米长，有五六米高的圩堤被围起来了，而且只是一夜之间。百姓们看到胡大海一身汗水和泥土站在母亲坟前，大家对他肃然起敬。后来百姓在圩内安种粮食，年年能得到丰收。人们为纪念此事，便把此圩取名为胡母圩。

1972 年在小圩里出土一座墓，内有金银首饰，玉镯、玛瑙碗（现在省博物馆，属国家一级文物）。人们都说，这就是胡大海母亲墓，但经省、县专家考证，未下结论。

（张思发　选自《安徽民间故事全书·来安卷》）

编者按：据天启六年（公元 1626 年）版《来安县志》记载：明嘉靖四十五年（公元 1566 年）知县刘正亨组织兴修的 11 座圩里，湖母圩为其一。而以上两文所说的“胡母圩”，究其所处的地理位置看，也就是当年的“湖母圩”。

大英镇

三八湖

1958 年秋天，秋收还未结束，大部分男劳动力都被抽调到津浦铁路修路，更有一大批青年人被抽派到蚌埠等地大炼钢铁。后方只剩下妇女和一些不能外出的年老体弱者。当时每个乡镇（当时称公社）都有大量的兴修水利任务。大英重点任务之一就是开挖童郢连接广洋斗门组的一片荒滩湿地，把这片荒滩湿地变为一个大蓄水池，直接与广洋圩的河网贯通，以便灌溉广洋圩里的千亩良田。

1958 年秋冬两季，大英公社（现在为大英镇）前后调动了近 3000 名妇女，采用手挖、肩挑、背驮、筐抬的原始劳动方式，历时 3 个月的艰辛苦干，终于完成了既定任务。湖挖好后为了纪念“妇女能顶半边天”的苦干精神，就把此湖定名为“三八湖”，并立碑作为纪念。

（大英镇人民政府办公室供稿）

施官镇

施　河

施河，起源在来安县的10千米的长山，其主要河段贯穿施官镇全境，故名施河。施河从长山的东南流经龙山、施官、独山、雷官、大英，汇入滁河，全长33千米。流域面积260平方千米，上游河床宽约30米，下游约90米。从雷官向东南河段可全年通航，属常流河，无结冰期。沿河各社队均发展了淡水养鱼事业。

（摘自《安徽省来安县地名录》1986年8月版　编者有改动）

璘星桥

在来安县施官镇西武村砂子山组的屯仓水库三段节制闸左侧有一座桥，长约6米，宽5米，护栏两旁的大理石碑刻上标明“璘星桥”。为什么取名叫璘星桥呢？说起来还有一个感人的故事呢。

砂子山节制闸原本有一座桥，建于20世纪60年代，经过近几十个春秋的雨雪风霜，桥体不堪重负，桥梁坍塌，桥板断裂，过往车辆、行人多次出现交通事故，好在有惊无险没出人命。

西武村沈郢组有个青年沈开飞，初中未毕业便只身前往上海打拼，他先是从事小吃生意，凭着敏锐的观察力发现商机，后期投资房地产业，经过几年的奋斗有了一定的经济基础。他精明能干，很快便卓有成就，当回到家乡见此情景，他便萌发了捐资修桥的念头。可叹他在2003年的一次意外事故中英年早逝，使他的愿望未能实现，成了遗憾。沈开飞爱人张爱芳女士为了实现丈夫的遗愿，她慷慨解囊，在2004年10月捐款1.2万元给当时的丁桥村（现并入西武村）村民委员会用于修桥，历时一个多月工程顺利竣工。

沈开飞与张爱芳夫妇生育两个女儿，乡亲们为了表达对沈开飞的怀念，在征得其家人同意后，分别以其两个女儿名字最后一字“璘”和

“星”来命名此桥，故称“璘星桥”。这正是：“古有丁姓把桥造，今人又建璘星桥，但愿善举能传承，子子孙孙皆仿效。”

（丁忠诚）

龙王坝

龙王坝是一条狭长的酷似龙形的具有传奇色彩的水库。它有近200亩水面，位于皖苏交界处的施官镇仙人山脚下。

很久以前，仙人山脚下，住着一对年近半百的无儿无女的老夫妻，他俩相依为命，靠打柴度日。一天，老妻从山中打柴归来，觉得腹中似有一物在蠕动，老夫妻俩欣喜万分，疑为怀孕。可是3年后妻子仍未分娩，村民们议论纷纷。有人说，此胎必是贵人；有人说，此胎必是妖孽。一日午时，妻子忽觉腹中疼痛难忍，邻居们七手八脚把她扶到床上，不一会婴儿降生了，却是一长串花花绿绿牛头鱼尾样的东西，整整盛了一脚盆。邻居们惊得目瞪口呆，不知如何是好。这时一位自以为见多识广的长者说：“这是一怪物，趁它刚生下地，尚未作孽之时，赶快弄死，以绝后患。”一位胆大的邻居听此话后，操起一把铁锹，趁老夫妻俩不备，用力向盆中铲去，由于心慌，大锹铲断了尾巴，只听一声怪叫，盆内血流如注，那怪物从盆中猛地跃起，一道白光，飞向屋外，天空中顿时乌云翻滚，大雨倾盆。那怪物在风雨中，逐渐变成一条小白龙，向东南方向飞去。人们这才醒悟，这是一条借腹降世的小白龙。数年之后，这条秃尾巴小白龙，当上了东海龙王，它决意要报这一锹之仇，便利用掌管水权，对这一带的居民进行报复。玉帝降旨要他行雨，他总是阳奉阴违，不是有意降错地方，就是滴上两滴敷衍了事，弄得这一带树木枯萎，田地龟裂，青山变色，禾苗不长，这里的人们携儿带女，被迫流浪他乡。

秃尾巴龙王有4个儿子，唯有四太子，血气方刚，敢于直言，他见父亲心胸狭窄，公报私仇，早有不满。他对父王说：“父王，过去的事情是乡邻们不知您借腹降世，误伤龙体，现今您身为东海的群龙之首，食玉帝的俸禄，受人间香火，不应耿耿于怀，报那一锹之仇。”龙王听后，很不高兴，教训四太子道：“你年幼无知，那一年为父差一点被送了性命，不是念及凡尘的生母，早将那里夷为平地!”四太子听了龙王这番话，便据理力争道：“父王，望您老不要固执己见。这样做，上违玉帝圣旨，下对不起黎民百姓，将来若被天庭查知，必当受罚，望父王三思而行。”龙王听了四太子一番话，气得双手直抖，龙须倒竖，大怒道：“你这个乳臭未干吃里爬外的孽子，倒教训起父王来了，我要让他们大旱 3 年，颗粒无收!”

龙王听说四太子私自呼风降雨，大为震怒，令虾兵蟹将将四太子带至龙宫，将四太子严刑拷打，然后将其监禁起来。四太子被打得遍体鳞伤，伤口腐烂化脓，逐渐引蝇生蛆。蛆在四太子身上越长越大，钻肉挖洞，疼得他遍地打滚，奄奄一息。龙王见机会已到，便命人把他抬到殿下说：“只要你从此悔悟，不再对人间施舍怜悯之心，便把你放出囚牢。”四太子听后对龙王说：“挽救生灵是我的意愿，要想改变除非太阳西出，海水倒流。父王如不悬崖勒马，继续作孽，到头来，非落个身败名裂的下场。”龙王恼羞成怒，一气之下，命殿头官，剥除四太子魔法，将四太子抛至民间。殿头官同情四太子的遭遇，可又不能违抗龙王的旨意，只得将四太子抛入民间，也就是今天的施官乡仙人山脚下的原周桥村（现并入施官村）。

四太子见父亲丝毫没有悔改之意，又目睹仙人山一带的旱情，心如刀绞，同情心和正义感使他顾不得龙宫的禁令，他决心挽救生灵。趁父王外出之机，他私自出海，驾云布雨。顷刻间，乌云翻滚，瓢泼大雨在仙人山一带整整下了一天一夜，枯萎的秧苗顿时生机勃勃，树木抽芽，青山变绿，百鸟欢唱，人们的脸上又绽开了笑容。外出逃荒的人听此消息也纷纷扶老携幼，回到自己的故乡。

龙太子在天上使劲地翻动身子，想让雨量更大一些，不一会，地面上便一片汪洋。龙太子见地面的水白白地流淌，便降下云头落在山脚下，使劲地拱起一条水坝，水坝越拱越大，越拱越长。龙太子力气也越来越小，最终因劳累过度，口吐鲜血，累死在地上。后人为了纪念这条小龙，就把四太子拱出的那道坝，称作“龙王坝”。之后，又在当地修建了一个龙王坟，建了一座龙王庙，怀念这位为民献身的龙太子。

（于莫名　选自《安徽民间故事全书·来安卷》）

凤凰桥

凤凰桥原本坐落在施官西沛河边。沛河原名叫吴沛河，三国时代属于东吴界，现改为西河。凤凰桥原名叫大石桥，此桥是长方形石桥。据传说，凤凰曾落此桥鸣叫，故称凤凰桥。桥下流水潺潺，清澈见底。后来凤凰桥也变成废墟。

（潘心田）

金鱼塘

在施官街东巷口，有个金鱼塘，原名叫金牛塘，其面积大约 750 平方米。传说这面塘是大油坊汪牛的大塘。油坊有 99 条牛下了塘，数来数去是 100 条牛，因为有一条金牛在里面“打汪”，故名金牛塘，后来又改叫金鱼塘。

（潘心田）

舜山镇

石塘罗

舜山镇境内有一面莲花塘，名字很美。然而这面塘既无藕又无莲，为什么称作莲花塘，这就引出了一段传说。

话说东海龙王敖广，一日闲暇无事，想出海游乐一番，于是摇身一变，变成一个道士，云游各地。有一天，他来到舜歌山脚下，心中思忖：玉帝曾经有过旨意，滁州地面要降生真龙天子，万事需要照应。可是滁州上下却是大旱三载，颗粒无收，许多百姓已离乡背井，逃荒到别的地方去了。如果真龙天子降生，此地仍是饥荒不断，倘若被玉帝知道，轻则受责，重则性命难保。想到这里，龙王便加快了脚步。龙王走不多远，觉得天气突然凉爽了不少，抬眼一看，原来山脚下面紧紧相连着两面大塘，塘内碧水荡漾，周围的庄稼茂盛，一片翠绿。龙王细看这两面塘，上塘如莲花一般，下塘像个石臼，中间一条大渠如莲梗一样将两面塘连接在一起。真像一朵盛开的莲花栽在石臼之中，好看极了！龙王看后感叹：滁州地面干旱三年，而这里却有这样的风水宝地，真是百姓的福气啊。

龙王正向前走时，忽然听见人声嘈杂，他放眼望去，只见数十个贫苦百姓围着一个衣着讲究手执纸扇留着八字胡的人，向他在苦苦乞求着什么。龙王就站在旁边听着看个究竟。

原来那个有身份的人是当地的林员外，莲花塘周围 5 千米内都是他的家产。林员外家大业大心更大，为人古怪刁奸。他见天旱无雨，便将塘水控制起来。凡是要用水的，必须先把银子放在他家的桌面子上，然后按照银子的多少放水，而且还绞尽脑汁地想法子扣水的数量。这些穷困老百姓无钱买水，所以来求林员外开恩，放水救苗。

龙王见此情景，不由得动了恻隐之心，走上前去，和颜悦色地对林员外说：“施主，贫道这里有礼了！”林员外似理非理答道：“要化斋到石塘南面的罗家，那里正在施粥。”说罢撩起长衫就要走。龙王迎面拦住道：

“施主，贫道并非化斋，望施主听我进一言，这些穷苦百姓乃员外近邻，常言道远亲不如近邻，有道是与人方便，与己方便。望员外看在乡亲面上，放些水给他们，让他们得以生存，不知施主意下如何？”那林员外听罢冷冷地说道：“我方便人，只怕是银子不方便我。这两面塘是我用了万两银子买来的。用水不给银子，喝水也要卡牙，道士休得多管闲事！”龙王强压怒气道：“不知员外将塘水如何卖法？”员外答：“不贵，看在乡亲们的面子上，一两银子一担水。”龙王说：“这又算得了什么，这两塘水我全包了。”林员外听了哈哈大笑：“只怕你包不起。”龙王又深深地打了一个稽首说道：“你两塘水能值得多少银子？”林员外最后交了底：“你这道士，别以为这塘是平常的塘坝，实话相告，下面这口塘名叫石塘，形如白石坚固无比，便是发洪水也休想冲毁，它好比是王母娘娘的水桶，任你多少水都能装得下。”龙王心想，果然不比寻常，只可惜落在这个“铁公鸡”之手。于是故意说：“石塘虽好，只怕老天不下雨，石塘无水可装，留作何用？”那员外又说：“你这游方道士，只知其一，不知其二，这上面那口塘名叫莲花塘，是莲花宝地。塘内有与莲蓬相似的9个泉眼，雨水多时，莲花塘便自动上升，泉眼也不出水。如天旱无雨，莲花塘便自动下降，塘内泉眼便喷出水来。天越是干旱，泉眼越大，出水越多。这里已三载无雨，泉眼已大如鸡蛋，昼夜万担水。莲花塘装满了便流入石塘。纵然老天不下雨，其奈我何！”龙王听了大怒：“天下之水乃为龙王所管，百姓皆可用之，为何你独占水塘，断绝水源，不怕受到惩罚吗？”林员外听了也不搭理，掉头就走，口中说道：“上有莲花下有塘，中有莲泉在中央。不怕龙王不下雨，三年不下照收粮。”

龙王转身对众百姓说道：“各位乡亲，林员外为富不仁，实在可恶。不过，大家也不必心焦，依贫道算来，今夜子时有大雨，林员外必遭报应。你们速回去将田缺子、塘缺子都打起来。”众人听后半信半疑地回家打田缺子、塘缺子去了。

龙王敖广上了天庭，奏报此事。玉帝震怒，命严惩林员外。于是龙王带雷公、电母、风婆、雨伯，于当夜子时赶到舜歌山上空，作起法术。霎时天昏地暗，电闪雷鸣，风狂雨骤。众神作法将石塘打成两半，拎到半空中，一半扔进莲花塘，塞住了泉眼，另一半扔在石塘与莲花塘之间，化作一座乱石山，压断了地脉，从此将莲花塘、石塘分开了。

传说地脉被毁，如莲花断了莲梗，莲花塘从那以后就不能升降，泉眼也不出水了，石塘也变成土塘了。那乱石山如人头上的瘌痢一样，后来人称瘌痢山。林员外被雷打死了，家道也逐渐败落，他的子孙将石塘卖给了罗家，因而此地改名为石塘罗，这里后来修建的水库就叫石塘罗水库。

（武峻 讲述　陈文瑜 记录　选自《安徽民间故事全书·来安卷》）

张山镇

鸡心港

长山罗顶西南，棋盘之东，有三山两沟壑，其中一丘壑被溪流冲积成淤滩恰似心形，故名鸡心港。

鸡心港在古道旁，隐藏山间，背靠罗顶，南有明塘，左有青龙昂首，右有白虎安卧，前瞻馒头山，暗喻粮食满仓，是一块风水宝地。旧时，孙姓财主，劈为林地，后孙家势去，流走他乡，土地回到人民手中。

现在，345 国道经过鸡心港，鸡心港鸡心形状已不复存在。

（李德新）

三城镇

广大圩

广大圩位于三城镇东南，在清流河下游北岸，与江苏省南京市浦口区仅一河之隔，是来安南区的鱼米之乡。广大圩东起汪波荡农场的陈家沟，西至与乌衣镇交界的小河口，南倚清流河，北靠新来河。全圩面积 25.5 平方千米，四周环水，圩堤高筑。

据雍正版《来安县志》载，广大圩早在明代就已开发，该圩划分为 3 个小圩口，即广东圩、广西圩和广北圩。同年代人们还在该圩修建了两座佛庵，即广东庵和广中庵。广西庵建在三城寺，广东庵为大门，广中庵为中堂，广西庵为后门。

为确保农业大丰收，每隔两个村庄都要在堤埂下面建一座陡门（涵闸），内圩的闸口上方都用石头雕刻着龙头，外河的闸口上方雕刻着龙尾，栩栩如生。每年人们都会到闸口处烧香祭拜。

广大圩原为广东圩，以广东庵而命名。中华人民共和国成立后，勤劳耕作的广大人民在党的领导下，不仅物质生活水平提高了，而且文化水平也提高了不少。1952 年来安县第一个民间剧团——“来安县青年剧团”在原广大乡青年村成立了。他们为部队、铁路工人和治理淮河的民工慰问演出。每年举办的各种灯会大大丰富了群众的文娱生活。

广大圩土地肥沃，人们勤劳耕作。如今，这里的标准化农田更适应机械化耕作，水利设施沟渠纵横，有东西走向 3 大沟（南大沟、中大沟、北大沟），南北走向 9 道渠。全圩大小电站 8 座，布局合理，保障广大圩的农业生产顺利进行。今天的广大圩村村通水泥路，宽阔的乌汊路直穿广大圩而过，靠近广大圩的清流河大桥和来河大桥给当地带来了无限的生机和活力。

（李步龙）

景观地名由来

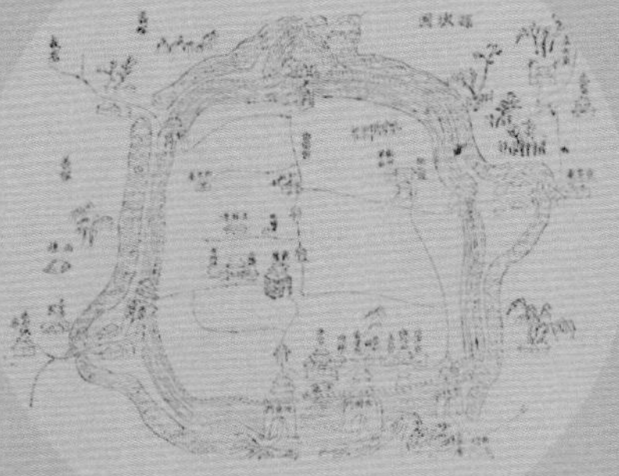

来安素有江淮翡翠之称，山河清秀，气候宜人。这里既有半塔保卫战旧址等革命纪念地，又有池杉湖湿地等自然景点，是旅游度假、接受历史熏陶和革命传统教育的绝佳之地。

这些景观地名是怎么得来的，为何以此名之，本章选录了《来安县标准地名录》（2020 年 8 月第 1 版）中《纪念地与旅游景点》这一部分，让读者对 14 处纪念地和旅游景点地名的由来有个简单了解。同时选编了几篇文章对几个纪念地和景点做了较为详细的介绍，以使读者对这些地名形成的过程、缘由和现状有深入的了解。

来安历史上有古十景的记载，这十景指何处，现在情况如何，本章也专门做了介绍。

纪念地与旅游景点

皖东烈士陵园

皖东烈士陵园是全国重点烈士纪念建筑物保护单位，位于半塔镇半塔村。为了纪念在半塔保卫战与抗日战争中英勇牺牲的革命烈士，1944 年罗炳辉负责建造一座革命烈士纪念塔。1946 年，因我军战略转移，撤离半塔，烈士塔在建造一半时停建。1958 年，续建烈士塔，并以烈士塔为中心，兴建半塔烈士陵园。后来，更名为皖东烈士陵园，2009 年被国务院批准为“全国重点烈士纪念建筑物保护单位”。

刘少奇在皖东纪念馆

刘少奇在皖东纪念馆是省级重点文物保护单位，位于半塔镇半塔村。该馆展出内容重点突出刘少奇同志在皖东 11 个月的革命工作历程。1958 年设立革命斗争纪念馆，1989 年革命斗争纪念馆改名为刘少奇在皖东纪念馆。

新四军二师烈士纪念林

新四军二师烈士纪念林是省级重点文物保护单位，位于半塔镇大刘郢村。20 世纪 80 年代，县政府重新整修烈士墓，并立碑纪念，缅怀先烈，激励后人。2005 年，县委、县政府在烈士墓园兴建纪念林，在林内修路植树，栽花种草，重修 3 个合并墓和二师某团参谋长王凤岐的墓冢，新建牌坊和接待室。2009 年清明节正式对外开放。

顿丘山遗址

顿丘山遗址是县级重点文物保护单位，位于新安镇。因是东晋侨置的顿丘郡之所，故得名，1972 年该遗址出土一批石器、陶器、蚌器、骨器、铜镞、卜甲等珍贵文物，其中卜甲在安徽省江淮地区为首次发现。经考证，该遗址下限为殷商早期文化遗址。

胡松墓

胡松墓是县级重点文物保护单位，位于水口镇新和村，又名天官墓，为明朝嘉靖年间的古墓葬。胡松，明朝吏部尚书，谥号庄肃公，旧称吏部尚书为天官。1987 年，被列为县级重点文物保护单位。

吴王城遗址

吴王城遗址是县级重点文物保护单位，位于雷官镇高场村。遗址呈方台形，古城垣尚存，遗址内残存大量瓦砾。据清光绪癸未年（公元 1883 年）《六合县志》记载，吴王城为三国东吴所建，因吴王孙权而得名。北齐瓦梁郡治所置于吴王城故垒之上，南唐时废。1985 年县文物工作组普查文物时发现该遗址。

半塔保卫战旧址

半塔保卫战旧址是全国重点文物保护单位，位于半塔镇半塔村。1984 年被安徽省人民政府审核、公布为安徽省重点文物保护单位。2006 年 5 月 25 日，经国务院审核为全国重点文物保护单位。

孔雀寺

孔雀寺是省级重点文物保护单位。位于舜山镇练山村，原名名胜寺。唐朝开元年间天竺国的不空大师奉皇帝诏云游此寺，时有孔雀飞临寺院树上，大师赠送咒经，供奉孔雀明王菩萨像而得名。清乾隆九年（公元 1744 年）山东王伦以“明王出世”相号召，聚众起义遭败，流民窜至孔雀寺。咸丰六年（公元 1856 年），安庆棚民高必泉、葛高培、太平军检点吴江，聚众数千占领古寺，滁州知州陈麒昌来师，于孔雀寺大败高、葛，祸及该寺，自此孔雀寺逐渐败落。

尊胜禅院旧址

尊胜禅院旧址是省级重点文物保护单位，位于舜山镇大安村，别名吉祥庵。建于元至正二年（公元 1342 年），距今 600 余年。2004 年 10 月被列为安徽省重点文物保护单位。2005 年，文化部门筹集资金，对古迹进行全面修缮。

大庵山遗址

大庵山遗址位于舜山镇大庵山。元至正年间（公元 1341 年—公元 1368 年）此处兴建尊胜禅院，毁于何时不详。

景华生态文化园

景华生态文化园是文化景区，位于汊河镇延塘村，取景色华美之意。2007 年建园。

安徽来安池杉湖国家湿地公园

安徽来安池杉湖国家级湿地公园，位于雷官镇杨渡村。景区由森林沼泽、草本沼泽、河流湿地、运河输水河、库塘、水田等组成，是华东地区最大的池杉林，长江下游沿江地区鸟类重要的集中栖居地，素有“百鸟天堂”之美誉。2006 年设立，2017 年被认定为国家湿地公园试点建设单位，2023 年，国家林业和草原局正式授予安徽来安池杉湖湿地公园国家级称号。

白鹭岛生态旅游风景区

白鹭岛生态旅游风景区，位于舜山镇西部，因众多白鹭在此繁衍栖息而得名。2002 年经省林业厅批准为省级森林公园。2005 年，景区已初具规模。景区内有峰峦叠翠的练子山、秀色宜人的舜歌山、洞天明镜的练子湖、碧波荡漾的舜歌湖、香烟弥漫的孔雀寺、古色古香的赏鹭亭等景观。

龙窝寺省级森林公园

龙窝寺省级森林公园，位于半塔镇西北部，因此地原有龙窝寺而得名。于 2010 年 8 月批建。

（选自《来安县标准地名录》2020 年 8 月第 1 版）

光山上的红色印记

紧靠半塔镇西南边的山头，名叫光山，这里曾是半塔保卫战的主战场，在它的身上镌刻着深深的红色印记。

1940 年 3 月，在蒋介石策划下，驻大别山的国民党军李品仙部和驻苏北的韩德勤部调集优势兵力，对皖东地区进行夹击，严重威胁皖东新四军的生存和发展。在这紧急关头，中共中央中原局和新四军江北指挥部决定，集中主力于津浦路西，反击威胁最大的李品仙部，再挥戈东进，击破韩德勤的进攻。

正当新四军第 5 支队主力和苏皖支队开赴路西作战时，韩德勤调集 8 个团 1 万余人的兵力，于 3 月 21 日凌晨向新四军第 5 支队后方所在地半塔集一带发起大规模围攻。当时留守半塔地区的只有第 5 支队第 10 团、第 15 团的一部和一个特务营以及机关工作人员、学校师生共约 1000 人。在这兵力多寡悬殊的情况下，新四军留守部队根据中原局和江北指挥部的指示，在邓子恢、郭述申、周骏鸣、方毅、张劲夫等人的直接指挥下，组织一切力量，积极防御，固守待援。经过 7 天 7 夜浴血奋战，击退国民党军 10 余次进攻，终于坚持到新四军大部队赶到。3 月底至 4 月初，在新四军全线反击下，韩德勤部主力仓皇逃至三河以北，至此，半塔保卫战取得全面胜利。

半塔保卫战的胜利，对创建淮南抗日根据地具有十分重要意义。陈毅曾经指出："在华中，先有半塔，后有郭村""有了半塔，就有了黄桥"。

"皖东大地育英躯，英雄血肉筑长城。"在抗日民族解放斗争中，不少革命同志，血染疆场，献出宝贵的生命。1944 年 3 月为纪念在半塔保卫战中英勇牺牲的革命烈士，淮南苏皖边区行政公署主任方毅在二师师长罗炳辉召开的军政民座谈会上，提议社会各界人士捐款，在半塔保卫战主战场——光山上修建烈士纪念塔一座。与会代表一致通过，并当场推荐罗炳

皖东烈士陵园和半塔保卫战旧址　徐斌 摄

辉、方毅、萧望东（二师政治部主任）、朱雨江（路东参议会副参议长）等 9 人组成筑塔委员会，负责筑塔事宜。1946 年，新四军二师因战略转移，撤离半塔，烈士塔建造一半就停工了。

1958 年续建烈士纪念塔，并以纪念塔为中心，建造了一座气势雄伟的半塔烈士陵园。塔的正面由陈毅元帅题写“革命先烈永垂不朽”。在陵园里，先后建造了“皖东革命纪念馆”“半塔革命纪念馆”“新四军二师纪念馆”“刘少奇在皖东纪念馆”“烈士墓区”“无名烈士墓碑”等。

2006 年，半塔保卫战旧址经国务院审核为全国重点文物保护单位。2007 年，经安徽省民政厅批准，并报中华人民共和国民政部备案，将“半塔烈士陵园”更名为“皖东烈士陵园”，2009 年，被国务院批准为“全国重点烈士纪念建筑物保护单位”。皖东烈士陵园还是安徽省爱国主义教育基地和安徽省国防教育基地。

（编者根据《来安县志》和《红色半塔》整理）

顿丘山遗址考

顿丘山遗址位于新安镇顿丘路东赵坝境内。1972 年安徽省博物馆考古工作者在这里发掘，出土一批石器、陶器、蚌器、骨器、铜镞、卜甲等文物，其中卜甲在安徽省江淮地区首次发现，极其珍贵。经考证，顿丘山遗址为殷商早期文化遗址，新石器时期便有人类在这里繁衍生息。

时至东晋元帝司马睿（公元 317 年—公元 322 年在位）侨置顿丘郡，属北徐州，郡治在顿丘。现存遗址呈台型，南北长 200 米，东西长 120 米，文化层厚度平均为 2.5 米。到了安帝司马德宗（公元 397 年—公元 418 年在位），废郡为顿丘县属雍州秦郡。南宋仍称顿丘县，属秦郡豫州。到了后废帝刘昱元徽元年（公元 473 年）在此置新昌郡，至齐顿丘仍为郡县治。其后梁、东魏、北齐、陈、北周各朝顿丘均为州郡治。隋朝至唐朝景龙三年（公元 709 年）顿丘仍是新昌、清流县治。在近 400 年的时间里，顿丘一直是来安这片土地的政治、文化中心。

顿丘山石斧和石斧

顿丘也是出人才的地方。北魏时，李姓一

位姑娘受封文成皇帝拓跋濬的皇后，称为文成元皇后（拓跋氏后改为元氏）。她的侄儿李崇，十四岁即拜主文中散，孝文帝（公元 471 年—公元 499 年在位）初为荆州刺史，甚有成绩。后缉盗除寇有功，进号镇南将军。李崇深沉有将略，宽厚善御众，进号骠骑将军，仪同三司，后为大都督，节度诸军事。孝明帝孝昌元年（公元 525 年）薨，谥武康，赠太尉。李崇的从弟李平在孝文帝太和初拜通直散骑侍郎，历官河南尹，因平叛有功，领相州大中正，封武邑郡公。梁将赵祖悦兵逼寿春，李平奉使持节镇军大将军兼尚书左仆射解了寿春之危，以功迁尚书左仆射，卒侍中、谥文烈。李平之子李奖，当世才俊，任中书侍郎，兼尚书，出使相州，官散骑常侍、河南尹等职，诏赠冀州刺史。李平次子李谐袭爵彭城侯，历官中书侍郎，后迁秘书监，卒于大司农。李谐之子李岳，官中散大夫。李谐之子李蔚，襟期伦理，涉观史传，官尚书左兵郎，卒于秘书丞。李家一门多人封侯拜将，文武人才层出，顿丘可谓人杰地灵的好地方。

（叶永寿）

孔雀寺变迁

从来安县城向西北望去，群山环绕，其中一山突兀，云雾缭绕，那就是练寺山（也称练子山和练山）。孔雀寺的原址在山之南坡。它和琅琊寺、白云寺是江淮间皖东的三大名刹。

孔雀寺也称名胜寺，寺前有铁孔雀一尊。寺东有浮林，一名浮石岭，产浮石，体轻质黄，入水不沉。滁人石玺（明成化丙午亦即公元1486年，授沾化令，继守蕲，升开封同知），曾立碑作记，记中说，孔雀寺肇于唐玄宗开元年间（公元713年—公元741年），井床（井栏）勒宋仁宗天圣年号（公元1023年—公元1032年），寺钟上铸明英宗正统（公元1436年—公元1449年），瓶记明宪宗成化（公元1465—公元1487年）。明世宗嘉靖丙寅（公元1566年）整修殿宇，广栽松竹，垒石疏泉，清雅幽邃，可与琅琊争胜。后岁久荒落，清朝雍正五年（公元1727年）重修。由是观之，孔雀寺实乃千年大刹。据传当年庙宇三重，山门三道，殿堂两百余间，僧众百余。每日骑马关开山门，至今留有跑马堂遗迹，关门湖一泓碧水仍在。

现在遗址上唯一保存下来的是公元1918年来安县知事万琅立的孔雀寺告示碑。此碑经风雨剥蚀，字迹漫灭，很难辨识。后来请专家拓碑。拓片上仍有些字模糊不清，又从当地一位文化工作者手中获得二十年前手抄碑文，两相对照，方得端倪。此碑系县知事万琅据孔雀寺监理禀报："孔雀寺载在邑乘，攸关名胜，兵燹后，庙宇虽未复旧，而竹木颇有生机。……为国存古迹起见，联名禀降公民为监理该寺，并蒙委任在案。……所有在持僧道，以其余力，整理竹园，栽种树木……不数年，其风景当可供人游览，赏目骋怀也。"但"因偷窃该寺竹木之事层见叠出"，"曾经禀蒙给事悬挂，奈因风吹雨湿，日久无存"。根据森林法及管理寺庙条例，所以"禀请给示勒石永禁"。县府接禀后，转禀省府，省府认为"古刹载在邑乘，依法尤应保护”故“除此示外，合行给示勒石布告……倘有不肖之徒，仍……砍窃焚烧该寺竹木，或糟蹋庙宇，侵占财产……尽法惩办……决不稍贷。事关保存古迹，各宜遵照”。从引述碑文中，有三点值得注意。其一，孔雀寺因遭兵燹虽未恢复旧观，但仍有在持僧道，说明其时寺庙尚有一定规模；其二，至 20 世纪初，孔雀寺监理组织仍然存在，并履行职责；其三，民国政府对保护这一古刹胜迹是十分重视的。由此想到一个问题，20 年前碑文尚可读而抄之，仅仅 20 年后，字迹漫灭得难以辨识，看来是环境污染，酸雨所至，现在如不采取措施，若干年后就有可能成为一块无字之碑！另外，研读碑文显见，这方碑并非人们传说的仅仅是护林碑，其重点是为保护孔雀寺名胜而立。现在，孔雀寺除了这碑之外，则是残砖碎瓦，荒烟茂草，篁竹一片！

孔雀寺到了清朝乾隆年间（公元 1736 年—公元 1795 年）迎来了荣耀，传说乾隆下江南时在寺里留宿过，并下旨拨给银两和庙田。请来道德高僧，香火也重新兴盛起来。到了咸丰年间（公元 1851 年—公元 1861 年），由于战火，孔雀寺再次遭到兵燹的创伤。至于这座古寺最后毁于何时，据一位姓万的老窑匠回忆说，直到他记事时，寺庙还在，仍有和尚主持。每年正月十六庙会，盱眙、嘉山等地的信徒香客前来赶庙会，人山人海，热闹非凡。20 世纪中期，取消了庙会，遣散了和尚，拆毁庙宇移作他用。从此，孔雀寺的传说与往昔只保留在老一辈人的记忆中。

再说那千年古刹孔雀寺被毁是不幸的，但孔雀寺又是幸运的。1997 年，南京栖霞寺高僧辉坚大法师来到来安复兴，选址重建孔雀寺。选中了石桥水库之畔竹树掩映环境清幽的山峦，在山上建起了两座佛殿。朝北佛殿供奉阿弥陀、观世音、大势至西方三圣，朝南佛殿供奉药师佛、日光、月光东方三圣和护法韦陀、弥勒等佛。寺内还供奉地藏菩萨、四大金刚等 20 来尊佛像。孔雀寺重建以来，皈依佛教的居士多达 300 余人。每逢农历初一、十五，二月十九日观音圣诞，六月十九日观音成道，九月十九日观音出家，腊月初八日释迦佛圣诞，佛徒香客都要顶礼膜拜，并且恢复了正月十六日的庙会，募集100多万元建设大雄宝殿。在孔雀寺两大殿建成和大雄宝殿奠基的两大佛事中，来自蚌埠、滁州、南京、苏州、上海等地的信徒香客上万人。

孔雀寺是目前全县唯一的一座经宗教管理部门登记开放的佛教活动场所，其周边的山水风景资源，人文景观和佛教文化资源都十分丰富。其南有练寺山太平庵、仙人庵、乌龙庙遗址，有盛产浮石的浮石岭景观。其东有石壁峭立，古树槎丫的尊胜禅院、山势嵯峨的石固遗垒、宝积寺遗址，以及嘉靖状元丁士美的祖墓，再向东便是红色旅游胜地——皖东烈士陵园。其北有宋朝大观元年建的宝乘寺、宋朝元祐六年建的普贤寺遗址和江淮间三大名刹之一的白云寺。尤其是原属县境的嘉山上曾有法华寺、七盘岭、锦绣谷、清凉源、白云涧、过溪桥、丹枫栈、分宝岩、钓鱼台诸景，宋将李全抗金的故垒犹在。

（叶永寿）

尊胜禅院名考

来安城北，群山环绕，其中有座林壑优美的舜耕山，老人们说舜帝曾在这里躬耕，因此而得名。在舜耕山竹树掩映中有座近千年古刹，它就是尊胜禅院。亦称吉祥庵、吉祥禅院，还有人称之为吉祥寺。关于这座古寺，有两点内容，做如下探讨。

吉祥寺和吉祥庵

其实舜耕山里的这座古寺不叫吉祥寺而叫吉祥庵，名吉祥的另有寺在。清道光十年刊《来安县志·营建志》载："吉祥寺，县治后。宋绍兴二年（公元 1132 年）建。寺内恭设龙亭，为三大节朝贺所。"又见明朝本县人郝孔昭所写的《重修吉祥寺记》，记中明确写道：吉祥寺"地在县治后，稍偏西北隅，邑之龙脉实钟之。万岁圣牌巍峙其中，朝贺之仪胥此习焉，亦地方一胜概也"。重修时间是隆庆三年（公元 1569 年）十二月开工，翌年五月竣工。修后的吉祥寺"率金碧辉煌，峁如焕如"，并竖钟鼓二楼。按记中提供的地理位置，吉祥寺的遗址在今西城河路的仁和小区。明天启元年（公元 1621 年）浙江归安（在今湖州）人尹梦璧任滁州判署来安县事。到任第二年（公元 1622 年）在琉璃古井旁建亭一座称漱芳亭，并写《漱芳亭记》一篇。记中也明确指出吉祥寺在"来安邑署之阴"，琉璃井在"吉祥寺之左"。还写一首《憩吉祥寺》诗："暂于琴署谢尘缘，投体空林一问禅。数去诸天经几劫，坐来半日似长年。环中好韵风鸣竹，方外清谭舌吐莲。世味从来尝不尽，只应邻井汲芳泉。"把吉祥寺、琉璃井纳入诗句中。近日，我见到一份介绍尊胜禅院的材料，编辑人把《重修吉祥寺记》《憩吉祥寺》诗都借到舜耕山（舜山）尊胜禅院去了，这恐怕不妥，从拙文上述内容可知，《重修吉祥寺记》和《憩吉祥寺》真的与尊胜禅院无关。这份材料上还说郝孔昭是来安县令。郝孔昭是来安人，字起潜，号鹿野，隆庆辛未进士，有《四书、诗经讲义》《式蒙初稿》《采毂》

等书风行海内。隆庆是明穆宗朱载垕的年号，朱载垕在位 6 年（公元 1567 年—公元 1572 年）。“辛未”是公元 1571 年。郝孔昭“登第后任常山知县”，并未担任过来安县令，其时来安县令是衡阳举人曹维高（见清道光十年刊《来安县志·职官志》）。挖掘历史文化用移花接木可不是个办法，这样会掩盖历史原来面目的。尊胜禅院（也称吉祥禅院和吉祥庵）自身的历史文化是很厚重的。在清道光十年刊《来安县志·营建志》中就有记载：“吉祥庵，县北舜歌山（舜耕山又名舜歌山、舜山）。创自元至正二年（公元 1342 年），倚山壁构殿，两旁禅室斋堂悉自上而下因势为台砌，中殿侧为山门，标题：尊胜禅院。游者取道舜歌山脚地藏庵前，迤西竹树盈十亩，苔茵草径，履藉无声。殿前桂二株，可荫数亩，殿后石壁峭立，古树槎丫，下有泉，大旱不竭。”这段美妙文字把尊胜禅院（吉祥庵）描绘得如仙境一般。清雍正版《来安县志》收有朱巘《游舜山吉祥庵》诗一首：“顿觉情怀淡，经声引客筇。路穿残叶乱，门锁冷烟浓。黯讶山含雨，清闻寺扣钟。何当携敝箧，坐卧对晴峰。”朱巘，清康熙年间隐士，来安县人，工诗善画，书法具体襄阳（米芾），零缣断纸人珍藏之。自号“半颠”。这位“半颠”如此喜爱舜山（即舜耕山）和山中的吉祥庵，竟然想带上书籍行囊，天天听叩钟，日日对晴峰。是的，这样的美景足以激发文人墨客吟诗作对，让游人流连忘返。这首诗也为我们表明在舜山的是吉祥庵而不是吉祥寺。

曹寅和《尊胜院碑记》

曹寅（公元 1658 年—公元 1712 年），是《红楼梦》作者曹雪芹的祖父，也是清朝著名文学家。曹寅是康熙帝的伴读，后受康熙皇帝的信用。康熙二十三年（公元 1684 年）出任苏州织造，继而任江宁织造。织造，官无常品，但属于内务府，是肥缺。康熙 4 次南巡，曹家接驾 4 次，其中曹寅就接驾 3 次，这是曹家鼎盛时期。直到雍正二年（公元 1724 年）曹頫（曹雪芹之父）继任织造时，由于统治阶级内部斗争的牵连，被罢官抄家，离开江宁，迁回京城居住。古时候自江宁（南京）至北京有一条官道，途经来安的屯仓古镇，舜耕山上的尊胜禅院就在官道旁边，是曹寅往返京宁必经之处。游览名山、寺院，住在寺庙里和高僧谈经论道是士大夫、文人的雅事。而且据说曹寅在南方有几处田产，舜山一带是其中一处。由此看来，曹寅到尊胜禅院就不奇怪了。次哲禅师是康熙六年（公元1667 年）开始住持禅院，直到康熙三十二年（公元 1693 年）圆寂共 26 年，其中后 9 年时间正值曹寅任苏州织造和江宁织造，他们之间应该交往，可能还结缘很深。当次哲圆寂后，曹寅再次来到尊胜禅院，次哲“上足”请这位皇室亲信写一篇碑记则是顺理成章的事了。写碑记的时间不详，而建碑是在康熙六十一年（公元 1722 年）七月十六日，其时曹寅已去世 10 年。这篇《尊胜院碑记》是很有价值的文献，向我们提供了很多有关尊胜禅院的史料：诸如尊胜禅院创建于元至正年间；之所以有吉祥禅院的名称是因为某吉祥寺的和尚驻锡；明朝天启初年南京灵谷寺的超然法师来院住持，整修庙宇，香火盛极一时；明朝末年至清朝初年，乏人主持日久倾圮，建置多委荒烟茂草，到了康熙六年（公元 1667 年）请来了道行高尚和法眼明澈的次哲法师，院内堂阁香灯永辉不夜，一切规模几如大刹；次哲圆寂后，其高足继承衣钵，更在原有的基础上扩大建置。这些史料对于了解和研究尊胜禅院是极有价值的。

自康熙末年至中华人民共和国成立，这期间风云变幻，尊胜禅院也遭遇了衰落。20 世纪 50 年代初，笔者曾随学校组织的远足上过舜山，山水竹木依然而寺院已经倾圮。那是儿时，什么也不懂，只留下一片废墟的印象。今逢盛世，尊胜禅院也迎来了新的发展机遇，2004 年 10 月被列为省级重点文物保护单位。住持果隆法师向我们介绍尊胜禅院地呈龙椅状，三面环山，一面临水，正所谓前有照，后有靠，头顶青天，脚踏银河，呈五凤朝阳盘龙卧虎之势，是一块风水宝地。现在面对莲花清月的莲花塘建起气势雄浑的天王殿，天王殿后的大雄宝殿、僧房、庖厨正在筹划中。山坡上七层浮屠普同塔林已经建成。地面遗存古银杏、古桂、淡竹园、观音泉、碑刻、墓塔、石鼓，文化底蕴深厚。自古“舜歌樵乐”就是来安十景

尊胜禅院旧址　吴宗宝 摄

之一，加之相距不远的“石固呈祥”和“都堂坟”，向西又有林桥花木种植区、白鹭岛、孔雀寺，这丰富的人文历史，庄肃的佛教文化和秀丽的湖光山色融合在一起，形成了具有独特品位的风景长廊，确是难得的休闲旅游好去处。真可谓：翘首四维诸峰美，放眼岚光满目新。千年天地回元气，几度兴废又逢春。

（叶永寿）

从荒草圩到池杉湖

池杉湖，位于来安县雷官镇杨渡村，与江苏省程桥镇相邻，距离南京市区 50 千米。这里原来叫作黄大圩，属北亚热带北缘，气候温和，是一处由皂河新河与皂河老河围绕而成，由森林沼泽、草本沼泽、河流湿地、库塘、水田等组成的圩区。因黄大圩地势低洼，沟壑纵横，常年积水，植被茂盛，圩内有华东地区最大的池杉林，故而得名“池杉湖湿地”。

黄大圩总面积 2200 亩，当年，这里浊水漫流，杂草丛生。当时的乡（烟陈乡，现并入雷官镇）政府，不忍心让荒滩沉睡，想方设法集资 15 万元筑堤养鱼，可是水源不足，没有成功。1981 年，乡里又集中劳力加以改造，种植红苇，又因土质不宜，苗势不均，收益微薄。1984 年，烟陈乡新任党委书记威启发带领党委、政府一班人和农技人员开进黄大圩，认真考察地质地貌，分析以前养鱼种苇失败的原因。通过调查研究，他们初步认定，这里最适合栽植成材快、不怕渍的池杉。为了确定其可行性，他们专门聘请地县（现为市）林业专家到黄大圩验证，结果得到一致肯定，并且就实施计划请专家提出了宝贵意见。

1984 年冬，一场改造荒滩栽植池杉的战斗打响了，全乡 4000 多劳力一起上阵，破冰雪，斗严寒，在荒滩周围开挖水圩，降低水位，使中间形成一片荒岛，然后翻土整地，开洞打穴。乡政府又筹集了 6 万元，买来池杉苗，一个冬春，使荒滩出现了生机，11 万株绿苗在这里成活。政府在林子中间盖上 3 间大瓦房，把这里称作“黄大圩林场”，又选派一名老党员护林，每年按时中耕、除草、施肥，使荒圩树木生长很快。原有的植被、鸟禽、兽类、鱼类等物种得到了有效保护，茂盛的池杉林、芦苇荡以及库塘、沼泽地等独特的生态环境，为珍稀水禽、鱼类和底栖动物以及鹭类、雁鸭类等鸟类提供了重要的栖息地和繁育场所以及丰富的食物来源，池杉木逐年长大成形，故又被称为“水上森林”。

为了更好地保护黄大圩生态资源，扩大“水上森林”的名片效应，2004年雷官镇政府积极开展对外招商工作，实行保护性生态修复与开发。通过不断修复扩大生物栖息地的数量和面积，并适当引进区域缺失的乡土物种，进一步丰富了湿地的生物多样性，逐步构建了较为完善的生态链和湿地生态系统，野生动物繁衍生存环境得到了进一步的改善，生态景观多样性也得到了有效保护。丰富的林鸟资源，优美的生态风光，共同构筑了一幅“池杉魅影，林鸟依依”的独特湿地风景。园区内森林茂密，环境幽静，植被良好，为数以万计的禽鸟提供了良好的栖息之地，因野生鸟类资源丰富，又被誉为“百鸟天堂”。

池杉湖于2013年正式获批省级湿地公园试点，2015年通过省级验收。2016年湿地公园面积增至5800亩，同年加入长江湿地保护网络。2017年4月被列入安徽省第一批省级重要湿地名录，2017年8月作为生态保护典型被中央电视台《绿色中国》栏目作专题报道。2017年12月经

池杉湖湿地　吕华 摄

原国家林业局批准开展国家湿地公园试点建设，2019 年 12 月被审定批准为国家 AAA 级湿地公园。

池杉湖湿地园区内千亩池杉林以其奇特的生长造型，在清澈的水面上亭亭玉立、红绿相间、错落有致，各种野生鸟类安逸地栖息枝头，依托池杉林这个独特的森林湿地繁衍生存，这里最具代表性和观赏性的鸟类有天鹅、鸳鸯、丹顶鹤、白鹭等，园区内分布的动植物以及迁徙于此的候鸟，组成了池杉湖湿地“水中有林，林中有鸟”最美妙的生命之歌，池杉湖美丽的自然景观，迎来无数游客，游人赞不绝口。现在园区内不仅有“水上森林”，还有“千亩荷塘”“睡莲长廊”“百荷园”“天鹅湖”“鳄鱼潭”“松鹤岛”等著名景点。

（雷官镇人民政府办公室供稿　编者有改动）

白鹭岛游记

听说练子山被赋予恋子山的美名，练子山水库改建成了恋子湖，湖中有座半岛，每年有数万只白鹭栖息在岛上和林场的一大片森林中，还建成了森林公园，并有一个诗意的名字，叫白鹭岛森林公园。我早就在心里盘算着，能前往这个美妙的景区一睹为快。

终于有了机会。

阳春三月，我和诗友们一道来到坐落在离来安县城只有 12 千米的白鹭岛森林公园。

葱翠的群山环抱中矗立一座高大的坊式大门，门坊上“白鹭岛森林公园”几个金色大字在和煦的阳光里熠熠生辉。透过门坊，有一座似乎是门坊屏风的古朴而雄浑的假山，它不是石头垒砌的，但无论从纹理还是色彩看都如此地逼真。踏入门坊，经过两百来米的宽敞大道，前面出现了岔道。我们沿左手那条林荫覆盖的起伏水泥路走去，一路上但见茂密的山林、青翠的篁竹，凌空欲飞的凉亭，护栏内散放的马匹和熙熙攘攘的游人。谈笑间，突然眼前一片开阔，原来已经到了恋湖之滨。一泓碧水，荡涤游人的心胸。

山坡上有座茗鹭阁，是品茗、观鹭、赏景极佳之处。宽敞的茗鹭阁是用竹木构建的，下面埋设木桩，房子架在木桩上，这样可以保持室内干燥和通风，而且形成了独特的吊脚楼风格。室内四周雕花镂窗可供游人远眺。造型高雅的竹制桌椅和门窗墙壁一律古檀色，其匾额也是古檀色底，镶上“茗鹭阁”三个翠绿色的字，使整座建筑显得古色古香，典雅大方，而缀饰的几只大红灯笼更烘托出带有民族风情的喜庆气氛。登上茗鹭阁，凭窗眺望，湖对面连绵起伏的青山倒映水中，一架卧波的长桥直通湖的彼岸。湖滨广场上一枚巨石上赫然写着“恋湖”两个笔画缠绵耐人寻思的大字。岸边泊着数艘小巧精致的游轮，已有几对情侣荡漾在湖中。蓝天、白云、青山、碧水、白鹭、游鱼，还有穿红挂绿泛舟的游人，好一幅人与自然相和谐的画图。一位游客即兴写下了这样的诗句："临窗品茗手扶笻，水色天容醉惺忪。青山摇动碧波里，锦鳞浮沉细浪中。白鹭游弋戏浅水，翠鸟吟唱隐树丛。柳荫长堤比肩过，游人脸上绽芙蓉。"活脱脱的人间仙境！

转过曲径，一阵悠扬的丝竹伴着歌声随风飘来。循声探去，原来，湖边凉亭里集聚几位老人，有男有女，有的拉二胡，有的吹箫笛，唱着五六十年代流行的《社会主义好》《珊瑚颂》。听了这久违的歌曲，倍感亲切。过了一会，他们准备吃午餐了，从几辆电瓶车上取出白酒、卤菜、面包、饮料，铺陈在凉亭的木椅上。原来，他们是滁州市一个部门的退休职工，骑着电瓶车带着"干粮"来到白鹭岛，回归自然，追求野趣，品味山林之乐。他们虽已暮年，但在这大好的春光里，仍激越地跳动着很强的生命音符。

告别了这些热爱自然，很会享受人生的老人们继续前行。绕过一座山弯，驱车岛内一座大山——舜帝的塑像就在那里。

舜，是华夏民族的大英雄，是值得全民族引以为骄傲的祖先。他曾经躬耕于来安的舜耕山，给这块古老的土地留下舜文化。他为民族的生存巡行四方，南极潇湘，他太累了，最后长眠于苍梧之九嶷。舜帝塑像在高山之巅，必须攀登上百级石阶才能到达山顶。石阶中又设有几处广阔的平台，建好后可以供万人祭祀瞻仰。

与舜帝塑像毗邻的另一座山峰上建有望火楼一座，这座高耸的望火楼是全公园的制高点。征得同意，我们攀上瞭望火楼的顶层。

在望火楼上放眼四望，白鹭保护区、湖泊观光区、万亩森林公园、佛教文化区，四万多亩的宏伟规划，有序的布局尽收眼底。在这块神奇的土地上汇聚着极其丰富的山水文化、佛教文化、人文景观、饮食文化。向东南望去，饱含母子深情的恋子山、恋子湖向你彰显伟大的母爱、朝夕不离的恋子之情。山坡上孔雀寺原址至今流传着乾隆皇帝下江南留宿孔雀寺的

白鹭岛　徐斌 摄

美谈，刘墉奉命三打孔雀寺还这座寺庙一份清白的故事。新址上的孔雀寺如今已香烟缭绕，佛事兴隆，还将逐步恢复重建山门、照壁、普渡桥、放生池、大雄宝殿、天王殿、钟鼓楼、藏经楼，从而再度显现大刹的风貌，它将和舜耕山中的大安寺一起传承和发扬古老的佛教文化。还有白鹭岛周边的辽东巡抚李植文的坟墓，俗称都堂坟，状元丁士美的祖墓、石固山的古战场、宋将李全抗击金兵的遗垒；还有岛内的烤全羊、恋湖一网捞、鹅煲、烧全羊、无公害的特色农家菜。这一件件传说，一处处胜迹，一道道美味菜肴，怎不令人心仪神往，流连忘返。

白鹭岛四时美景数不尽，玩不够，如果遇上丹青妙笔，一定能描绘出一幅现代版的清明上河图。

（叶永寿）

龙窝寺遗址考探

2010年12月24日县地方志办公室、县老科协一行6人冒着凛冽寒风对龙窝寺遗址做初步考察。

龙窝寺遗址在来安县半塔镇西部的龙窝山上，距半塔镇7千米。据县文管所存档资料记载，龙窝寺建于南朝梁武帝（萧衍）大同三年（公元537年），曾毁于宋金战乱，后屡毁屡建，延续至20世纪中期，仍有石墙草顶之寺庙，僧人居守。后僧人被遣散，房屋遂毁。这座寺庙最后毁于何时，沦为庵棚寮房有待进一步考证。从现有资料分析，该寺约废于清道光十年（公元1830年）之前。理由有二：其一，清乾隆年间本县举人武家彦（乾隆二十一年即公元1756年丙子科举人）有《偕友宿龙窝寺》诗一首，其内容反映，时寺庙、僧人、香火俱有；其二，遗址上今存石础一个，正面镌刻“大清道光二年”，背面“龙窝寺　佛　法海敬立”，这说明那时寺庙尚存。由此推断该寺圮于清道光十年之前。

今存寺庙遗址广约二十亩，当年寺庙山门朝北，向南倚山而建，势如蟠龙。三层平台应是寺庙的天王殿、大雄宝殿、藏经楼和僧房之所在。就其范围可以想见当年龙窝寺建筑规模之宏大。至今约一百米的登寺石级，寺庙部分墙垣仍清晰可见。寺前广场上，我们发现残破石香炉一只，两面各镌“福”“寿”一字。大石础一个，小石础数个，可能是经幢的基石。莲花座一个，古井一口。井旁原有石碑一座，为清道光九年（公元1829年）立，内容不详，现在石碑被一位护林员深埋于地下，林场负责人与其联系未果，所以未得一见。在第三个平台上发现辅地已断为两截，长约两米许的大天炉一只，上面刻有莲花、云朵，但没有文字。这层平台的右侧有屋形石垒一处，可能是寺庙被毁后僧人搭建的寮房。遗址上房屋已荡然无存，唯见悠悠篁竹，莽莽树林和芊芊细草。可是，老百姓对龙窝寺的怀念却是代代相因，直到现在还流传着：龙窝寺有三缸金、三缸银，不在庙前，就在庙后，不在庙左，就在庙右，有缘人若得三金三银，定要重修龙

龙窝寺遗址　吴宗宝 摄

窝寺。这表现了当地百姓对重建龙窝寺的深切期盼。

陪同考察的林场负责人领我们攀上峰顶，远眺群山起伏，沟壑纵横，万亩林海，风吹林响，如波涛涌向天际，云天相接，蔚为壮观。十余公顷毛竹园，婆娑起舞，幽雅别致，颇有“竹林葱郁千山翠，绿海苍茫万顷涛”的韵致。

龙窝山属于暖温带和北亚热带过渡性气候，加之当地优越的小气候，夏天无酷暑，冬天无严寒。春天春风和煦，鸟鸣枝头，正是龙窝寺新茶上市之时，宜品茗、踏青、春游；夏天，置身于万亩林海，享受青山碧水的夏日清凉；秋天，红叶满山，果挂枝头，野味飘香，令人沉醉；冬天，满山遍野素裹银装，青松、翠竹、白雪相映成趣，分外妖娆。龙窝寺的周边还有很多历史遗迹，如霸王城的太平天国遗垒，凤凰台无产阶级革命烈士的忠魂，以及诸如美人塘、豆腐店等神话般的美丽传说。再加上满山雄立的风力发电塔座，更增添一道亮丽的风景线。

这里交通便捷，与古城南京、扬州、滁州、天长、盱眙相距不远，区位条件十分优越，和琅琊山、皇甫山、韭山、南屏山、白鹭岛、盱眙铁山寺、皖东烈士陵园基本连成一片，生态旅游、红色旅游格局已基本形成。

目前，龙窝寺碑已出土，保存尚好。

（叶永寿）

银杏王的将相缘

“笑他主帅怕交兵，巾帼胸怀抱不平，替父代郎牵战马，加鞭塞外共长征。”这是20世纪30年代安徽《旅窗泪集》的作者唐少卿女士为巾帼英雄穆桂英所做的一首怀古诗，描写了穆桂英在古银杏树下操练兵马，准备出征的场景。

这株古银杏树，位于安徽省来安县杨郢乡宝山村的上庵岭回龙庵大殿前。树高24米，可与一幢8层楼房比高下。它的最大直径6.4米，三四个人手拉手也抱不住它，树冠直径28米，蔽荫投影面一亩多地。它的根基部，萌生出8株不同年代的小银杏树，形成老、壮、中、青、幼“五代同堂”。据测算，树龄在1500年左右，被誉为“滁州银杏王”。

传说，赵匡胤还没有取得帝位的时候，因为有事曾经从宝山这个地方经过，与几个山民在银杏树下喝茶谈心，并顺手将马拴在银杏树干上。后来，他得帝位，这里的山民们得到消息，于是，对这棵银杏树便格外另眼相看了。山民们把它称为神树。每年的正月里，山民们从四方赶来，向银杏树祭拜，祈求一方平安，同时将红布条结在它的枝杈上，表示大吉大利，还有的山民让自己的孩子给银杏树做干儿子，以求长命富贵。

有一年，穆桂英统帅着军队驻扎在离宝山不远的石固山上。她隔三岔五地带着自己的女卫队到石固山周围巡逻。远处骑马，近处步行，倒也平安无事。穆桂英她们时常到宝山，巡逻时常在那里歇脚，同时结识了不少当地群众，关系处得很好。尤其是女兵们经常在银杏树下练武，引起村民们的兴趣。休息的时候，许多村民都把自己保管得很好的银杏果子，炒熟了以后送给穆桂英她们吃。因此，每年的春秋两季，穆桂英都要带着自己的卫队，来给银杏树松土、追施农家肥。说来也怪，那银杏树从那以后便长得特别茂盛。老百姓都说，这银杏树是名树、神树、仙树。到正月祭拜银杏树的时节，穆桂英是一定要带人去参加活动的。由此，宝山的村民们和穆桂英的感情更加亲切。

宝山村有一位赵大娘，身边有两儿三女。大女儿菊花，二女儿兰花，三女儿梅花，人品出众，远近闻名，故有宝山“三朵花”的美称。三姐妹和穆桂英的关系特别好，好像亲姊妹一般，无话不说。穆桂英闲来无事，便到宝山教她们识字、练武，三位姑娘聪敏，功课很好，穆桂英心中暗自高兴。

有一天晚上，姐妹三人在家练字，正在兴头上，也不知道从什么地方窜出来十几个土匪，要抢她们到什么山上做压寨夫人。三位姑娘是何等样人，岂能让土匪们侮辱，操起宝剑便和土匪们打了起来，从里屋打到院子，情势对三姐妹十分不利。正紧急之时，穆桂英带领卫队准备回石固山，从这里经过，突然听见有兵器的格斗声。穆桂英寻声追了过来，便发现众匪徒将三姐妹团团围住，三姐妹难以脱身。穆桂英等一声呐喊，冲了进去，三下五除二便把两个匪首的脑袋瓜子砍掉了。其余的土匪见状不妙，赶紧跪地求饶。穆桂英将他们交给地方处理。

经过这次事件以后，宝山村的安全，引起了穆桂英的高度重视。事隔两天之后，穆桂英在银杏树下，召集宝山的乡亲们开大会，并赠送一批兵器给他们，鼓励他们保卫自己的家园。

又过了一段时间，边关军情紧急，皇帝来圣旨，召穆桂英赴边关迎敌，保卫国家的安全。接旨后穆桂英积极准备，三姐妹也应征参军，出征前，宝山村的乡亲们杀猪宰羊，为穆桂英等送行。她们最后在银杏树下宣誓，誓死保家卫国。她们拜别了众乡亲，拜别了银杏树，向边关开拔。不久，前方便传来捷报。三姐妹从军卫国，在当地传为佳话。

（徐荼谱 讲述　彭怀远 记录　选自《来安民间故事集锦》）

永安桥的悠久与浪漫

在来安县独山乡东约2千米的地方有一条河，由于这条河流经此地时和另外两条河流汇合，人们便给这条河起名叫三汊河。三汊河上有一座古桥，名叫永安桥。永安桥因附近有个永安庙而得名。

永安桥始建于明朝天启年间。300多年来，永安桥与永安庙朝夕相伴，共睹人间冷暖，世道变迁。永安桥给人们生产生活带来便利，永安庙常年香火不断。

永安桥无论是从建筑学还是从美学来说都是一座值得称道的桥。它是一座3孔石拱桥，桥面宽丈余，桥基是用数百棵杉木排成的。而这些杉木在桐油中浸泡数载，不怕水蚀虫蛀，坚如磐石。桥面用一色方石铺砌，桥下用石块浇注糯米汁砌成拱形桥孔，因而异常坚固。桥面虽历经数百年的车碾马踏，但至今石块上未见一道车辙，可见这种石材质地之好。不知什么缘故，桥面上的石板顺数倒数就是不一致，顺数一行一百零四块，倒数不是多就是少，有时相差很大。当地人说，他们数了几辈人了，到现在还是数不准。在中间的桥墩上，雕有龙凤图案，桥拱上端，雕有数个活灵活现的龙头，石栏扶手也精雕细刻，其风格庄重古朴。

永安桥是如何建造起来的呢？

相传在很久以前，三汊河就是一个远近闻名的鱼米之乡，它南邻古都金陵（今南京），北通广袤苏北平原，东至苏中腹地，西接琅琊山下滁州，境内有多处水旱码头。金陵古道从此经过，乘坐马车两个时辰就到达金陵。如乘船顺流而下，经皂河、滁河直至长江。由于优越的地理位置和十分便利的交通环境，三汊河由一个名不见经传的小村落迅速成为云集四海商贾，诚招八方来客的商贸重镇。

喧闹繁忙代替了往日的宁静，最忙碌的地方要算是渡口。三汊河是一条秀美的小河，绵延数十里，河岸树木葱郁，河水清澈见底，它从巍峨的独山脚下蜿蜒而过，三折九回直通皂河。这条河世代养育着三汊河儿女，也给人们生产生活带来不便。在三汊河上建一座桥成为过往商贾、三乡九邻的期盼。有一个名叫叶福禄的徽州商人，经常来往此地做生意，有人说他是盐商，又有人说他是猪贩子。此人生意做得好，人也做得好。他为人豪爽，处事果断，在商贾和小镇中都有较高威望。他召集镇上几个殷实人家商讨建桥大计，他说：桥由我叶福禄修建，但修桥工匠的小菜饭（家常便饭）由你们几家大户分摊。几家大户觉得这个条件并不苛刻，便一口应允下来。待到桥建成时，镇上几家大户对小菜饭已经供应不起了，永安桥耗资之大，民工之多，造桥时间之长，由此可见。

当地建桥有个习俗，就是在新桥将要合龙时，工匠们要停工等待第一个过桥人。等到这人上了桥，工匠们便喊他一声，这人如果有了回应，工匠们就铺上最后一块石板，新桥落成，而那个答应的人则厄运临头。如没有回应，铺上最后一块石块那个工匠就会招灾引祸，甚至折寿殒命。因此，每当新桥即将竣工时，工匠们守候在桥边，耐心地等待第一个过桥人。永安桥也不例外，眼看桥快造好，工匠们谁也不敢铺上最后一块石板。他们聚集在河边树荫下，眼睛不时瞟着桥面，不放过任何一个过桥人。恰在此时，从远处传来鼓乐声，接着工匠们看到一行人马，最前面是一位小伙子，骑着一匹高头大马，胸前挂着大红花，紧接其后是一顶大花轿，最后是鼓乐班子，原来这是一支接亲的队伍。这一行人吹吹打打，浩浩荡荡即将上桥。工匠们见此欣喜若狂，涌向桥边。等到大花轿上到桥中央时，一工匠高声念道：“新桥新路新人走，我拿新娘被龙口。”此刻，鼓乐声、说笑声戛然而止，接亲的队伍也止住了脚步，场面一片寂静。新郎被这突如其来的情势给弄蒙了，不知如何作答。只见从轿里走下新娘，她芳龄二八，瓜子脸，柳叶眉，樱桃口，杨柳腰，皮肤白皙，是个小美人。只见她迈动三寸金莲，缓步走到桥顶，瞥了一眼合龙处，又扫视一下桥下的人群，淡淡一笑，用纤细的手指从发髻上取下一枚金簪，随手投向河里。人群立刻发出一片唏嘘声。只听新娘说道：“我拿金簪买路走，留下石匠被龙口。”说完登上花轿，鼓乐声顿起，这一行人过了桥扬长而去。大桥终于建成了，这铺上最后一块石板的工匠却没有像传说中的那样招来灾祸。

过了四百来年，永安桥依然能够屹立在三汊河上，可见当年对施工质量的要求有多高。由于后来时有大型车辆从桥上通过，致使桥面破坏严重，桥栏被毁，形成了安全隐患。前几年，县里投资对永安桥进行了改建。2017 年 6 月滁州市文广新局在桥头立碑，确定永安桥为市级文物保护单位。

（涂必武 讲述　徐明星 记录　选自《安徽民间故事全书·来安卷》）

来安古十景

来安古有十大美景，明万历四十六年（公元 1618 年）县令周之冕主修的《来安县志》中刊有十景图，周之冕作十景诗。其后，天启间县令尹梦璧、明御史张维恕、崇祯间贡生张应辰、清乾隆间贡生张瑀、周家相及本县朱恬、严九苞等文人雅士都为来安十景留下诗篇。其中以邑令伍斯瑸“来安十景”诗保存较为完好，现抄录于下，并就十景略加说明。

伍斯瑸，字非石，江西新建人，康熙甲午（公元 1714 年）五经中试，雍正八年（公元 1730 年）任来安邑令，是一位饱学之士，任期内曾和教谕项世荣编纂县志，即存世的雍正版《来安县志》。

琉璃日影

云根劈破露华鲜，梧叶银床覆未偏。
色借琉璃红日下，声传环佩玉珂前。
千门杳霭资膏沐，一气清泠润管弦。
所虑汲长偏绠短，寸心愁绝不成眠。

琉璃日影。琉璃指琉璃井，在古县衙后面，今仁和小区东侧。此井大旱不竭，中午日影射入其中，光若琉璃，掷以石，发出清脆悦耳之声，如鸣珮环。古时琉璃井西面有称之为邑之龙脉的吉祥寺。明天启壬戌（公元 1622 年）县令尹梦璧又在井之侧构亭，起名为“漱芳亭”。尹令公余，在亭中啜饮甘泉，发表“浓则毒流等于甘露，淡则贪水可为廉泉”的议论，并描绘出“不敢依栏频照影，恐惊潭底老蛟眠”恬静而幽雅的环境。今寺、亭不存，井尚在。

玉石霞光

石壁玲珑环佛寺，瞻花恍觉晚霞高。
不开日彩翻江药，疑有春风醉绯桃。

暗室借光翻贝叶，绮窗分影照绨袍。

若教勾令当年住，不羡丹砂驻二毛。

玉石霞光。遗址在今县东南 10 千米水口镇金刚村境内。嘉靖三年（公元 1524 年）县令李时泰建金刚寺，嘉靖二十二年（公元 1543 年）县令顾问在武集西又建一寺名玉石寺。康熙五十八年（公元 1719 年）修缮。这里树林荫翳，朝夕霞光，隐映禅林。古人周道贵也曾有诗赞道：“奇石磨追色斓然，周环古刹照林泉。岩深仙客时迷路，树老僧人不记年。”玉石寺景观确为来安一处胜境。

沙河带练

连山附郭势周遭，驱马纡回不惮劳。

两岸沙融新草合，连霄雨歇宿云高。

渔舠唱月摇清渚，凫雁惊霜下浅壕。

解道澄江浑似此，苦吟应有谢功曹。

沙河带练。县东来安水，发源于马岭山下，属长江水系，一名沙河。水行沙石间，澄清澈底，源远流长，绕顿丘古邑，拱抱有情。古人周道贵是这样描述的：“曲岸晴沙绕碧流，波纹蹙似练光浮。浑疑龙女曾居此，遗下鲛绡尚未收。”现在这段地带处在金禾公司和赛华厂区之间，更是一番“田畴油绿衔山远，厂房巍峨连成群”的时代新景象。

石固呈祥

太平天子正当阳，山岳纷纷纪降祥。

遂有驺虞登赋咏，始知国老善文章。

灵芝浥露尝分甲，嘉树交花不断香。

近欲勒成忠孝传，自惭无路颂陶唐。

石固呈祥。石固即石固山，在屯仓水库南岸，与尖山对峙，山顶平坦，面积约 8 万平方米，可容数千人。山上原有两座寺庙，宝积寺、清源真君庙，均建于元至正元年（公元 1341 年）。山腰有跑马道环绕，山势陡险，易守难攻，是县境北端御敌的门户。南宋绍兴年间（公元 1131 年—

公元 1162 年）金人南侵（公元 1161 年），山民在山上筑垒以御金兵。一梅姓壮士挽弩射中酋首，余下金兵纷纷逃遁。清咸丰年间（公元 1851 年—公元 1861 年），棚民高必泉等率数千名义军，奉洪秀全之命，发动起义，据守该山。山上建筑后来毁于兵燹。今仍存系马石一方及遍地瓦砾。山北有荀孝子母墓，宋宣和年（公元 1119 年—公元 1125 年），山隅长出人们视为吉祥物的灵芝草。明朝宣德四年（公元 1429 年），石固一山民家中产两头驺虞。知县晁济、州守唐振将其献于朝，宣宗不以为意，经户部尚书黄福《瑞应驺虞颂》呈上，方得赏识。石固呈祥之说约略从此而来。现在这里“叠嶂层峦绝佳处，绿波深处响机帆”。

五湖环秀

山前车马似云屯，环绕湖光日未昏。
几处溪桥堪入画，数家篱落自成村。
田因春雨兴禾稼，民以时和长子孙。
我是一官同魏史，向来陈迹与谁论。

五湖环秀。长山在县东北 9 千米，西南有北茆村，北面有白禅村，村下即五湖，湖已湮没。其地在今二十里长山境内，故长山亦称五湖山。泗州官路行山脊上，山中有驿站二处，《方舆纪要》中记载：“山有涧道，控扼南北，至为险要。”上有双鹤庙，凿石而成，拾级而上，五湖美景尽收眼底。古人金映月赞美说：“……秀耸峰尖看叠叠，清流石涧听潺潺。朱鱼时跃澄潭下，黄鸟争鸣密林间。一叶扁舟何处去，桃花溪畔白云边。”可以想见当年之景美不胜收。

王母仙踪

蓬莱远隔白云边，帝母何缘驻彩軿。
玉检不传鸿宝术，石梁空忆太华篇。
苔封旧刻虚鸾信，草没荒池废楮钱。
正值圣明宵旰日，敢将心力佞神仙。

王母仙踪。在县东北 28 千米处的王母山。山上有池，径三丈。过往游客甚多。一说王母池在城东。张瑀作《王母仙踪》诗曰:“城东景色郁苍苍,传说仙踪已渺茫。水绕凤矶闲自漱,花间龙涧淡逾香。谁逢曼倩供桃实,几见双成酌羽觞。愿得一天新雨泽,瑶池满泛即琼浆。”何等浪漫!以超人想象,描绘了这一胜境。此外,周道贵的“咫尺蓬莱望眼迷,步虚声里降仙姬”,骆昱的“龙尾桥头春稼茂,为瞻仙阙祝丰年”,张应辰的“竭来沧海归人间,蹑景飞霞独驻颜”,同题诗句都具有浪漫主义和现实主义的魅力。

不过,据《滁志摭遗》说:“尝见万历年县志(指万历四十六年——编者注)县令周之冕主修的《来安县志》十景图作‘八石仙踪’……事详《十道志》《太平寰宇记》。”八石仙踪亦乃来安美景之一。八石,指八石山,在城西南十里,巨石叠砌,耸立山岭,丛林环绕。据传西汉时有8位仙人在寿春(今寿县)寻淮南王刘安,道经来安,留仙踪于此山。山上有八石庵、澹香亭,亭建于明中叶,清乾隆三十一年(公元1766年)知县韩梦周每于公事完毕,常在此亭休憩、饮宴,留下“澹香亭畔聊置酒,八公山色城头临”的诗句。张瑀在《八石遗枰》中写道:“安得提携餐玉液,尘客顿令化童颜。”项世荣在《八公憩处》中说:“逼城七八里,平山望如黛。有石攒遥青,参差亘山背。挺姿多奇秀,位置更潇洒。雅宜松竹邻,静与梅花配。可以延凉风,清谈有余快……”这真是绝妙的人间仙境!

舜哥樵乐

攀缘萝薜逐春风,游与深山鹿豕同。
玉斧数声沉远壑,清歌一曲出深丛。
闲沽浊酒醺犹酌,冷爇枯枝暖自烘。
应笑道旁名利客,一生劳扰梦魂中。

“舜哥”即“舜歌”,“哥”通“歌”。舜歌山,即舜山,亦即舜耕山。元至正二年(公元1342年)创建尊胜禅院(后又称吉祥禅院)。明熹宗天启年间(公元1621年—公元1627年)修葺,康熙年间,清初大文学家、康熙伴读曹寅(《红楼梦》作者曹雪芹祖父)在任江宁织造期间撰写《尊胜院碑记》，记述了该禅院规模及兴衰过程。刻碑时间为康熙六十一年（公元 1722 年）。现在寺院在遗址上开始重建，已建成天王殿和纳骨普同塔林。大雄宝殿、藏经塔等在筹建中。天王殿侧两棵千年古银杏枝繁叶茂，古桂飘香，满山丛林修竹，观音泉流水淙淙。舜歌山的樵歌互答之太平乐境又迎来了兴盛的春天。

天竺迎晖

青山遥对梵王家，万里扶桑入望赊。
未见碧梧栖凤鸟，但留金粟照袈裟。
恒河水溢飞成彩，祇树光生幻作花。
薄露浮云何处去，空明争得演三车。

天竺迎晖。天竺寺遗址在今龙山境内，有东西二龙山，状似卧龙，二山中间有一座团山，形如二龙抢珠。天竺寺建于元至正三年（公元 1343 年）。山之东坡有药师寺，康熙年间（公元 1662 年—公元 1722 年）建。西龙山上有朝阳寺、般若庵、鹫峰庵，明州同裴骞在鹫峰庵内题诗一首。寺后有一座石塔，元至正年间（公元 1341 年—公元 1368 年）有一年来安大旱，祈雨有应，敕建石塔。龙山山口幽邃，沿溪而上，行约 3 千米，至水穷处，竹木阴翳，天竺寺居隐其中。古人金映月游览后写道：“寺傍深林映早晖，晴明叠翠四山围。夭桃几树红留客，杨柳千条绿染衣。奇石堪令人下拜，幽庭频见鸟争飞。何惭天竺西湖上，万颗珊瑚竹实肥。”优美诗句让景致跃然于纸上。

龙泉云气

石梁幽咽泻琅玕，乔木阴森六月寒。
云气夜嘘腾碧落，龙光晓出护青峦。
化为霖雨霑新稼，散作晴岚复古坛。
神物由来多会合，几人翘首望长安。

龙泉云气。龙泉山在县城东 15 千米，一名武宅山，势如龙蟠。东有伏虎岩，南有飞泉，悬泉幽咽，云气郁葱。龙泉山内有寺庙七座：老龙寺、新兴寺皆元至正元年（公元 1341 年）建；普贤寺，宋元祐六年（公元 1091 年）建，明正德年间（公元 1506 年—公元 1521 年）修；宝乘寺即大兴寺，宋大观元年（公元 1107 年）建；白云寺，元天历年间（公元 1328 年—公元 1330 年）建，明嘉靖年间（公元 1522—公元 1566 年）修；龙泉寺，元天历年间建，明嘉靖年间修。寺内有菩提树、锥栗、黄金嵌碧玉、碧玉嵌黄金二竹，花木丛茂。古人骆昙诗云："白云叆叇覆灵泉，中有龙潜莫记年。……遥望郁葱环古刹，浑疑此境近瑶天。"周道贵的《龙泉云气》"吴头楚尾足登临，表里江淮一望深，云影重重似楼橹，山光滴翠满衣襟"，更是把这景色描绘到极致。古有龙泉铺在来安至盱眙驿道中，过往名贤多留有题咏。当年一定是车马匆匆，人行如织。

马岭风声

一山突起势骁腾，风作嘶声谷互应。
松吼浑疑鬣振摆，草靡还似足凭陵。
交河戍客魂应断，绝塞飞鸿集未能。
中夜更闻长啸者，好将名姓访孙登。

马岭风声。马岭距县城 45 千米，来安、明光、盱眙交界的马岭山是江淮分水岭，来安水发源于南麓。邑令尹梦璧曾以《马岭风声》为题，赋诗一首："忽闻岭上卷风声，杖舄凌云碟躞轻。泉响岩扉晴雨急，云开石径晚凉生。秋时绝塞双鸿断，吊古荒凉匹马鸣。伫想雄图歌壮士，萧疏华发不胜情。"正如这位县太爷所说，山高林茂，风声飒然而至，披襟望月，雄图壮怀，必生远想。另外，历代文人雅士吟咏来安的诗歌甚多，这是一笔宝贵的文化财富。一个地方的特色是基于文化传统及其人文精神的，如能再现"来安十景"这一文化品牌，无疑会大大提高来安的魅力。

（叶永寿）

附录

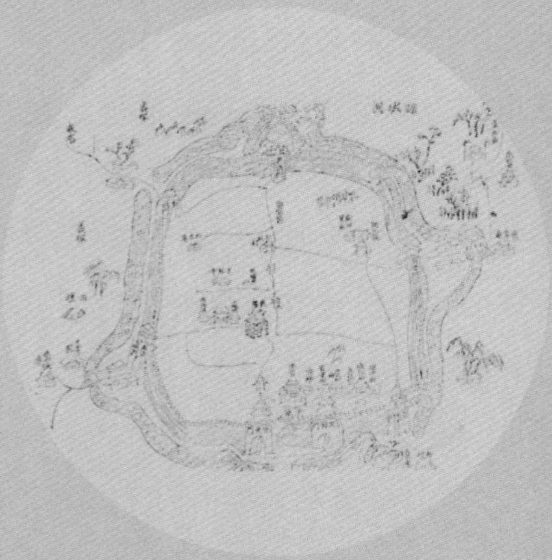

来安地名中的“郢”和“营”

打开地图，江苏省南京市六合区和安徽省来安县的苏皖两地，笔者几乎能够一眼识别苏皖两地分界线。有人说你是生活在当地当然知道了，那倒不是。这里和东部虽然是一水相隔，容易区分，但是向西再向南，山岭延绵数十千米，村庄众多，有很多地方我还真没有去过。但是地图上即使没有标注分界线也能够从这里独特的地名文化区分个大概，哪些村庄属于安徽，哪些村庄属于江苏，这一独特的地名文化也许在全国也很罕见，具体是哪一时代出现的这个区别有待进一步考证。

说到地名区分这里将为你呈现两个神秘的但是在当地应用非常广泛的字“郢”和“营”。我们的身边有众多带有“郢”或“营”的村庄，这些村庄已经有两千多年的历史，如果你的姓氏与带有“郢”或“营”的村庄第一个字一致，或许你的家族已经在这里繁衍生息了两千多年。

一、“郢”字全国最多县市

据滁州市地名委员会统计，滁州地区带有“郢”的乡镇和自然村落共计1857个，而带有“郢”字乡镇和自然村落最多的就是与六合一衣带水的来安县，共计有749处，来安县也是全国地名带“郢”字最多的县。而紧邻六合与来安同属滁州地区的天长市只有一个村庄带“郢”字。更为奇怪的是，与来安天长交界的江苏省南京市六合区全区境内几乎没有带“郢”字的乡镇或自然村落，倒是带“营”字的乡镇和自然村落不计其数。

二、楚地地名传承

据说六合地名中的“营”与安徽地名中的“郢”，都与先秦时代的楚国有关。楚国曾经多次迁都，迁都所至之地均命名为“郢”，比如，楚国曾迁都寿春，就“命曰郢”。

楚亡国以后，项梁起兵反秦，立楚怀王建都“盱台”（距离六合不远的盱眙），在当地留下了很多包含“郢”的地名。想必六合民间也是当时兴起，此后历代，很多村庄的名字中都包含一个“郢”字，后来是如何演化成了“营”，这也许要问当地地名管理部门了。究竟是哪一个时代更改的？还真的值得研究一下，是为了区分两省交界处的相同地名还是另有说法？这里究竟隐藏着什么样的秘密和不为人知的故事呢？先让我们了解一下这“郢”和“营”的区别究竟在哪里。

三、“郢”和“营”

郢，地名，楚国国都。秦亡楚国后，称楚国国民居住地为某某郢，这也是绵延800年楚国国民为了纪念自己国家消亡的一种方式，用国都取名而沿袭至今。公元前278年，秦将白起攻破楚都郢（今湖北江陵），屈原悲愤交加，怀石自沉于汨罗江，以身殉国。

营，从荧从宫。以荧光外射、环宫而垒。宫，房子，与居住有关。本义：四周垒土而居。营还有多个义项，基本意思有，军队、军营，军队的单位，筹划、管理、建设、谋求等；又如：营防（营防及防御工事）、营门（军营之门）、营卫（军营的护卫）、营壁（营垒）。

四、郢与营的区别及混用

郢，原意为楚国都城，后来人们习惯把它用于楚国统辖区内重要村落的称谓。多以屯垦将士基层头目之姓氏去命名，渐成村落。如夏郢，一定是夏氏在此屯垦；汤郢，一定是汤氏在此屯垦；而长房郢、九房郢就很好理解，定是某氏的大儿子和九儿子另立门户的居住地；再如“前叶郢”和“后叶郢”就是叶氏在前后两个村落屯垦；东郢、南郢、西郢定是以自己为中心另辟的各屯垦地；还有上郢、下郢等等。大致意思可以从字面上就能理解，也许这样的地名在一定范围内重复得很多，但是并不影响他们的生活。

营，士兵解甲务农，入籍屯垦形成的村庄。现在有些地方“郢”和“营”混用，已很难界分。但是，这些村庄多为屯垦将士的后人所居，是无可争议的。以“营”的村落大多也是以姓氏、方位来命名，与“郢”的命名方式如出一辙。从苏皖交界的六合、盱眙、来安、明光带有众多的

“营”或“郢”的地名来看，这里遗留下的楚国文化遗产还是值得研究的。

五、独特的地域地名文化

在来安县带有“郢”的乡镇如“杨郢”、曾经的“大余郢”。而带有“郢”的众多自然村落不计其数，就拿来安县最东部的原兴隆乡（今半塔镇兴隆村）来说，从东向西就有夏郢、梁郢、小武郢、南郢子、张郢、汤郢、前叶郢、后叶郢、肖郢、霍郢、长房郢、九房郢、南郢、西郢、蔡郢、林郢、章郢、姚郢、双郢、何郢、大刘郢、小刘郢、王郢、小东郢、掌管郢、豆腐郢等等。这只是来安东北部地区与六合竹镇大河桥水库到止马岭沿线带有“郢”字的部分村落。

非常有意思的是大河桥一水相隔的河对岸的江苏省南京市六合区竹镇镇却是截然不同，这里的村落却是以“营”命名，同样以此南北轴线向西推，这里坐落着许多带“营”的自然村落，如：小李营、李大营、杨营、张营、赵营、曾营、姚营、欧营、靳营、大余营、草营、东营子、小杨营、下营、史营、大宋营、小宋营、孟营、孙营、小李营、大张营、侯营、蔡营等等。在这里可谓是“步步为营”，这只是安徽省来安县的“郢”与江苏省南京市六合区的“营”部分地名的缩影。而六合区耳熟能详的地名中带“营”的还有常家营、马营、龙虎营等，据说龙虎营和马营在清代还真的驻扎过部队。

六、新四军扎营于“郢”

抗日战争时期，创建皖东（淮南）抗日根据地的领导者在来安县战斗于半塔、桥王、竹镇一线。

中共中央中原局书记刘少奇驻半塔，经常到大刘郢、大田郢视察工作；张云逸在新四军江北指挥部工作，驻半塔大田郢。

罗炳辉，新四军第五支队司令员，驻半塔苏郢。新四军第二师师长，驻大刘郢。

谭震林，中共淮南区党委书记、新四军第二师政治委员，驻大刘郢。

邓子恢，新四军江北指挥部政治部主任，中共皖东津浦路东各县联防办事处主任，分别驻大田郢、半塔集。

郭述申，新四军第五支队政治委员，驻冯郢。

周骏鸣，新四军第五支队副司令员、新四军第二师师长，分别驻半塔苏郢、大刘郢。

李世农，中共皖中工委书记、中共皖东省委组织部部长、中共淮南区党委组织部部长，分别住大余郢陈家洼、大刘郢，身后骨灰安葬在半塔。

刘顺元，中共皖东津浦路东区党委书记、中共淮南区党委副书记，分别住半塔集、大刘郢。身后骨灰安葬在半塔。

方毅，新四军第五支队政治部主任、中共皖东津浦路东省委书记、中共皖东津浦路东联防办办事处主任，分别住冯郢、陈家洼、半塔集。

张劲夫，新四军第五支队政治部主任、中共皖东津浦路东省委书记、淮南区党委宣传部部长，长期住冯郢、陈家洼、半塔集、大刘郢。

以大田郢、大刘郢兵工厂为根据地，向南下延大田郢、小田郢、南大塘郢、小魏郢、后洪郢、大洪郢、小洪郢、兴隆、南郢、张郢、南郢子；越过大河桥水系，再延张营、严家岗、赵营、曾营、后吴、前吴、陆家楼到达竹镇镇抗日民主政府所在地，沿途地名带有“郢”或“营”的达十几处，可想而知在苏皖边界“郢”或“营”的地名真的是数不胜数。而当年苏皖边区革命根据地的领导们也都驻扎在带有“郢”的地方，虽然是军营驻扎地，但是地名为“郢”而不是泛指军营的“营”，说明这里的地名古就有之。而六合北部山区这些带有“营”的地名不见得是驻扎军队的地方，也许过去都是叫某某郢，而是随着时间的流逝将地名更改了，但是如果真的为了纪念楚国的消亡而设立的这么多带有“郢”的地名，在皖东江北大地上居然还保留着三里一郢、步步为营的古老地名，证明这里很好地保留继承了楚文化的脉络，这是楚文化的重要组成部分，也是当代人了解学习楚文化的一种渠道，传承沿袭下去非常好，这是古人给后人留下的一段珍贵历史文化遗产。

（吴银川）

马政引起来安带“马”字地名多

来安、全椒、老滁县（古清流县）境内叫“马场”的地名很多。何故？是有历史渊源的，与明朝时为满足国防需要，大兴养马事业密切相关。

有史学家认为，历史上的北宋亡于金，南宋亡于元，军事上的一个重要原因，就在于没有重视养马业，缺乏健壮强悍、优良品种的战马，不能适应游牧民族的骑兵战，最终败亡。而要克服这一弱弊，就必须有计划有组织地饲养、繁殖良马，增强战斗力。

从唐朝至明朝，来安均属滁州管辖，真正有组织、上规模地大量养马始于明朝初期。明朝开国皇帝朱元璋，从老家凤阳起兵，打下滁州后，便把滁州作为第一块根据地。他深谋远虑，开始养马、练兵以壮大军事实力，为跨江攻下集庆（今南京，明建立后改称应天府）打下坚实的基础。不久攻下集庆，从而为大明王朝的建立奠定了良好基础。建都南京之后，滁州属于都城的拱卫之地，其区位优势使朱元璋一直看好滁州这块宝地。史料载，朱元璋还没有定都南京尚称吴王时，就开始加强滁州的养马措施，设置了管理养马的官员“群牧监”。朱元璋建立明朝后的洪武六年（公元 1373 年），特意在滁州大兴土木设立了“太仆寺”。太仆寺乃级别高、权力大、地位特殊，专管全国养马事业的行政机构。

马匹在冷兵器时代是重要的战争力量，设立太仆寺，乃国家的重要战略储备措施。太仆寺常从全国各地挑选良驹健马，精心饲养，精心训练。这些马，平时供皇帝和官员当坐骑使用，战时则供兵部调遣派用。明代时滁州属于直隶州（朝廷直辖），领来安、清流、全椒三县，乃大明的京郊之地，江北的门户，故滁州太仆寺有着极其重要的战略地位，滁州太仆寺乃中央级机构。太仆寺行使朝廷的强硬性职权，其所制定的“牧马法”，也就强硬性坐派（定下严格的养马任务和要求）对各地各方面指定养马数额。

据《明史・兵志》载，明初军民均需养马以供军需，牧马法规定，每十匹马设群头一人，每五十匹马设群长一人。马丁（养马人）可享受减免租税的优待。道光版《来安县志》“食货志”的“兽之属”条目中，就将马列为家畜之首。《来安县志》之“马政”篇云：“本州以田养马者十一，以丁养马者十九。”可见，滁州因是中央机构太仆寺所在地，被坐派的养马任务很苛重，滁州一直有着繁重的养马任务。明中期，滁州还有着为北方边塞地区代养良马的摊派任务，如弘治九年（公元 1496 年）带（代）养霸州马 280 余匹，暂拨滁州卫寄养，故县（指来安）亦带养。后续增，共种儿骒马（雌性马）304 匹，分六群散养县境。难怪县志载其时的“家畜”条目把马列在第一位。

太仆寺首先在紫金山东麓开辟了大型养马场，继而在南京城郊出现了大大小小的养马据点。来安县因与南京的地缘关系，就更不例外，尤其在北部山区，有着得天独厚的养马牧马的好条件，养马户相对较多。因此带“马”字的特色命名便顺理成章地纷然而出，仅半塔镇就有马场、马头、马港、马郢等地名。

（周元桂）

《来安文化丛书》编撰后记

2021年1月29日，来安县十七届人民政府第74次常务会议研究通过《来安文化丛书》编撰出版实施方案。2月20日，时任县委副书记、县长杨文萍签发《来安县人民政府办公室关于开展〈来安文化丛书〉编撰工作的通知》（来政办电〔2021〕9号），时任副县长魏凯主持召开《来安文化丛书》编撰启动会。

历经两年多时间，《来安文化丛书》编撰告竣。在这套书籍即将出版之际，特作此后记。

《来安文化丛书》是中华人民共和国成立后首套反映来安地域文化的综合性书籍，也是来安县文联自1991年成立后首次承担大型政府文化工程。丛书编撰任务是光荣而艰巨的，对于地方文化和文学艺术创作的总结、传承与发展，具有历史意义。对来安人民负责，对来安历史负责，对来安文化文艺事业负责——正是本着这样的初心和信念，以来安县委宣传部原副部长、县作家协会顾问黄学海，县文联主席、县作家协会会长王道琼，县作家协会秘书长王强等为主要成员的丛书编撰者们克服一切困难，砥砺前行。两年多来，有些人没有等到丛书编撰完成便离开人世，这样的遗憾无法言说。他们中，既有最初拟定的编撰人员，也有拟选编作品的关键作者，还有相关书稿中的当事人。《来安风采》主编、来安县原文化局退休干部田玉龙在2021年8月25日突然去世，享年73岁；2022年2月17日，《影像来安》拟选编老照片作者朱明突然去世，享年88岁；2022年7月25日，《来安风采》收录的现代人物、上海市政府原副秘书长李开亚因病去世，享年93岁；2023年2月15日，《永阳墨韵》初期参与者、来安县美术协会会长梁士军因病去世，享年60岁……所以，从某种程度上来说，《来安文化丛书》也是在与时间赛跑，趁着了解、熟悉来安地域文化的专家或当事人还健在，最大限度抢救性地搜集、整理、挖掘、编撰，使之成书，以期为来安，为后世留存下可资借鉴参考的地域文化书籍。

为了编好这套丛书，来安县政府批拨专项经费，县政协、县委宣传部、县财政局、县民政局、县文旅局、县教体局、县统计局、县卫健委、县水利局、县交通局、县农业农村局、县林业局、县经信局、县委史志研究室、县档案馆、县文物所（博物馆）、县供电公司等有关部门、单位和各乡镇均给予大力支持和积极配合。为了编好这套丛书，众多作者积极投稿，编撰者不分昼夜加紧赶稿，滁州市文联、滁州市委史志研究室、滁州市作家协会等部门的领导、专家，以及省内外相关单位的负责同志和文联同仁也给予热情帮助……

在此，我们谨向所有为《来安文化丛书》付出过辛勤劳动的人们表示衷心的感谢！

由于编撰者水平有限和缺乏经验，本套丛书不足之处在所难免，敬请广大读者批评指正。

来安县文学艺术界联合会

2023年8月17日